YUWEN ZIXUE NENGLI PEIYANGFA

语文自学能力培养法

吴桐祯　著

语文出版社

·北京·

图书在版编目（ＣＩＰ）数据

语文自学能力培养法 / 吴桐祯著. -- 北京 ： 语文
出版社，2015.8（2023.2重印）
ISBN 978-7-5187-0178-0

Ⅰ．①语… Ⅱ．①吴… Ⅲ．①语文课－自学－能力培
养 Ⅳ．①G423.02

中国版本图书馆CIP数据核字(2015)第160437号

责任编辑	李世江　张家智	
装帧设计	郑　毅	
出　版	语文出版社	
地　址	北京市东城区朝阳门内南小街51号　100010	
电子信箱	ywcbsywp@163.com	
排　版	北京科教创新书刊社有限公司	
印刷装订	保定市正大印刷有限公司	
发　行	语文出版社　新华书店经销	
规　格	787mm×1092mm	
开　本	1 / 16	
印　张	23	
字　数	287千字	
版　次	2015年8月第1版	
印　次	2023年2月第2次印刷	
印　数	3,001-8,000	
定　价	45.00元	

☎ 010-65253954(咨询) 010-65251033(购书) 010-65250075(印装质量)

国家宣传文化发展专项资金项目

编者的话

　　《语文自学能力培养法》作者吴桐祯，是北京市中学特级教师、全国优秀语文教师，从事语文教学和研究工作已44年。此书在以下几个方面很有建树：

　　一、为了让学生"学会生存"，适应"终身学习"的需要，广大中学语文教师已认识到要培养学生具有语文自学能力，但是如何进行培养，如何把培养语文自学能力这一抽象概念变为可控制、可具体操作的教学步骤，广大教师尚缺少切实可行的方案。《语文自学能力培养法》在这方面则作出了可喜的成绩。它经过13年的教学实验，使培养语文自学能力的教学过程形成了一个按一定程序把许多活动（包括思维活动）组织在一起的较为稳定的动作系统。这个系统强调以规律性的知识为指导，以学生的自学实践为桥梁，以教师的检查自学成果和精讲为保证，促进学生提高自学能力。关于如何指导学生，本书中有详细的说明。

　　二、教学本来包含"教"与"学"两个方面，但过去的语文教学中长期存在着"重教，不重学"的现象，这样不仅使学生不"会学"，也使教师的"教"失去了针对性，减弱了实效性。《语文自学能力培养法》则不同，它是立足于让学生今后在没有教师又无人帮助的情况下，能独立地获取知识、运用知识、整理知识，因此它对当前的语文教学改革会有一定的推动作用。

三、让学生不仅"学会"而且"会学"，同时在"学会学习"的过程中还要在心智和情意诸方面得到全面发展，这是培养现代人特质的需要。《语文自学能力培养法》在安排教学过程时，既重视学生认识活动的参与，又重视学生的兴趣、注意力、性格、情感、意志等其他心理成分的培养，重视上述各方面在教学过程中受到教学的影响而发生的变化（详见正文），因此，这个培养法能够适应培养现代人特质的需要。

四、教师培养学生，教会他们动脑筋是根本。教会学生动脑筋，最主要的不是把现成的知识教给学生，而是把学习的方法教给学生，让学生按照方法去实践。正如古语所说："金针度去从君用，为把鸳鸯绣与人。"在教给学生学习方法，按照方法去实践方面，《语文自学能力培养法》也丰富多彩。它不仅为师生提供了多种"认字、识词、释句、析段、统篇"的学习方法，而且讲述了学习规律，对填补培养语文自学能力的"教学空白"有重要的贡献。

五、《语文自学能力培养法》这本书将作文教学、"听""说"教学与课文教学结合在一起。作文教学是以课文为范例进行的。"读学写""听""说"教学，是在学生汇报自学成果、同学之间进行"智慧交锋"（即"智力杂交"）和回答教师的提问中进行的。这样做，既符合学生运用语言的实际，又不需另立"听说训练序列"，不失为一种可喜的尝试。

六、学生提高获取知识、运用知识的能力，应以合理的语文知识结构为基础的。《语文自学能力培养法》这本书以初中学段的语文学习为例，对如何引导学生积累阅读与作文的"思维组合件"，从而建立"合理的语文知识结构"都有详细的阐述并附有示例，这也会给广大语文教师一定的帮助和启发。

七、本书虽包括"教法"与"学法"两部分,亦适合中学生和意欲自学深造的知识青年阅读。这是因为培养学生语文自学能力的教学是需要学生理解教学过程并参与其中的,同时这种教学的"教法"也是引导"学法"并渗透"学法"的,所以学生读一读书中的"教法"部分是有百利而无一害的。

基于以上各点,我们乐于把这本《语文自学能力培养法》出版发行,奉献给广大教师和有志于提高自学能力的青少年朋友。

教学法专家对《语文自学能力培养法》的评价（摘录）

全国语文教学法研究会副理事长、北京师范大学中文系教授张锐先生：

前不久，我曾经写过一篇文章，题目是《90年代对培养语文自学能力的探索》。在这篇文章中，大体上检索了90年代人们对培养语文自学能力所作的努力，并重点介绍了北京市特级教师吴桐祯老师的教改成果。我们之所以作介绍，就是因为他的教改经验非常符合当今世界教育发展的新潮流。

90年代，人们在不断地探索什么是"语文自学能力，培养自学能力的心理依据是什么，课如何上，技巧方法是什么"。在这方面，我们就不得不关注吴老师的教改经验。吴老师的教改经验，以下几点十分突出：

1. 把培养自学能力的过程设计为一个动态系统，也叫做动作系统，把每一个步骤都化解为若干个小技能、技巧、训练的台阶，十分合适。

2. 很好地处理了"教"和"学"的关系，特别是"主导"与"主体"紧密结合。设计的教学步骤目标明确，训练有度，检测科学。

3. 对如何根据大纲的要求处理好听说读写的关系有很好的探索。作文与阅读同步，不增加学生负担。

语文界还有一个难题，即如何处理好听说和读写的关系，吴老师用汇报自学成果的"智慧交锋"解决了这个问题。

4. 吴老师教学法中规范的这几条也比较好：引导学生建立合理的知识结构是培养语文自学能力的基础；让学生切实地掌握学习方法是培养语文自学能力的途径。自学能力包括：获取知识的能力、运用知识的能力、整理知识成为系统的能力和自我评价的能力。抓住了这四点，即抓住了自学能力培养的关键之处，按照这几条做，就可以把培养语文自学能力落到实处。

首都师范大学中文系教授饶杰腾先生：

母语教育是基础教育最重要的组成部分。母语教育的改革怎样进行才能有效是一个重大课题。我看了在吴桐祯老师教学法指导下的语文公开课，觉得耳目一新。耳目一新，"新"在三点：

1. 吴老师的教学法能根据汉民族语言文字的特点构建自己的实用体系，有一整套符合汉语语言特点的教法。

2. 训练序列符合汉民族的文化心理，符合汉民族儿童学习母语的特点，在继承传统的基础上又吸收了现代的教育思想，构成了自己的独特体系，使它具有了科学性、可操作性和高效性。

3. 吴老师的教学法之所以有生命力，除去上面所述两个特点之外，还表现在能发挥教学主体性的精神。主体就是学生，学生是学习的主人。在吴老师的教学法中，"主体是活动中的主体，活动是主体的活动"，强调学生自己感知、理解、动手、动脑、动口，这体现了现代教育思想。

《中国教育报》教育新闻研究室主任王金重先生：

《语文自学能力培养法》是上下贯通、左右逢源的培养语文自学能力的理论体系，是目的明确、步骤清楚有序的教法体系，符合马克思主义认识论，符合教育科学与思维科学。它正确地解决了师生、教材、教学活动诸要素之间的关系，解决了教学与培养听说读写能力之间的关系，解决了认识心理系统与情意心理系统诸要素之间的关系。

吴老师的教学法中体现出的下列几个新观念很重要。

1. 学生在教学过程中既要"学"又要"教"，这就确定了学生在教学过程中的主体地位，奠定了主动性的心理基础，激发了学生聪明才智，扩大了他们的学习时间与空间。

2. 教师的"教"是以学生的"学会"和"会学"为落脚点。因为忽视了学生的"学"，教师的"教"也就失去了针对性，减弱了实效性。

3. 教师完成教学任务的形式有改变，由过去的"传道、授业、解惑"转变为"参与、发现、精讲"。这样就由师严道尊转变为互相尊重，由注入灌输转变为启发诱导。

《语文自学能力培养法》把"培养自学能力"这一笼统的概念转化为一个可控制、可具体操作、师生又容易掌握的教学步骤。更为难得的是为每一步骤营造了阶梯，这就是"一个思维组合件""两个序列""三种阅读法"和"四个培养自学能力的重要环节"。

《语文自学能力培养法》既继承了我国语文教学的好传统，又充分反映了现代教育思想的内容，因此我们称它是中国式的教学法。正因为如此，早在1988年《中国教育报》就以很高的规格介绍过它，在全国也引起了比较好的反应。

（上述评议摘自各专家的讲话录音，未经本人审阅，如有讹误，由摘录者负责。）

作者的话

　　这套"语文自学能力培养法"自1979年起在北京市丰台区的大部分初中学校进行教改实验，至今已16年。通过这16年的教改实验，学生的自学能力逐年提高，中考及格率也年年上升。此外，参加实验的教师在北京市历届的"评优献课"活动中都获得最高奖，有一位教师参加北京市青年教师课堂教学比赛获各项总分第一名，另有一位教师代表北京市（全市只选一人）参加全国青年教师语文研究会在泰安举行的教学观摩，也获得了与会同志的一致好评。上述的各次活动都由全国各地的特级教师和大学的教学法专家任评委，他们对参赛教师使用的"语文自学能力培养法"都给予了较高的评价。

　　"语文自学能力培养法"的特点，在正文中会论及一部分，下面把没有谈到的部分补充如下：

　　一、由于培养学生语文自学能力的教学必须让学生理解教学过程并参与教学过程，同时"教法"要引导"学法"并渗透"学法"，所以本书中虽包含"教法"，但也适宜学生阅读。学生如有此书在手，还有以下方便：

　　（一）可以自学"学法"。本书中集有多种阅读方法和学习规律，自学后大致可解决阅读中的各种问题。

　　（二）可以节省平时上课时的记录时间。如平时教师指导的学习方法在本书中已有，则可不再记录，只从书中查寻到作好标记即可。

（三）可以参考书中的附件，学习"如何在阅读中进行注视""如何积累思维组合件""如何自我编织学科知识网络"。如果在平时即能做好这些工作，中考前进行复习时亦可节省许多时间。

二、学生家长要指导学生进行学习，中学程度的知识青年意欲自学深造亦可阅读此书，从中可获得指导方法与学习方法。

三、"语文自学能力培养法"由于已形成了可操作的"动作系统"，青年教师极易掌握。有志于培养学生"既'学会'又'会学'"的教师，不妨把它运用于自己的教学实践中进行检验。学习后使用或不使用这种"教法与学法"，都会从中学得语文教师必须具有的语文教学基本知识，增强教学能力。从这个角度说，中等师范学校的学生也宜阅读此书。

四、限于作者的教学水平与总结水平，此"教法与学法"中定仍有许多不当或不完备之处，敬请读者提出宝贵意见。

吴桐祯

1996年3月于北京教育学院丰台分院

目录
MULU

第一章

什么是语文的自学能力

　　首先说明一点：自本章起凡提到"语文自学能力"时，均指在中学阶段要培养的语文自学能力。在中学阶段要培养的"语文自学能力"，相对地说包括四种能力，即获取知识的能力、运用知识的能力、整理知识的能力和自我评价的能力。之所以"相对地说"包括这四种能力，是因为这四种能力之间并不是截然分开的，它们之间是"你中有我，我中有你"的，如获取知识的能力、整理知识的能力和自我评价的能力中，都离不开运用知识的能力；反之，运用知识的能力又离不开获取知识、整理知识和自我评价的能力。把自学能力所包括的能力，像上述那样相对地划分一下，乃是为了能说明得更具体一些。

　　这样确定语文自学能力的内涵，根据的是教学的本质。笔者认为，教学的本质乃是按社会的需求引导受教育者正确地认识世界，充分发挥自身的主动性与积极性，进而能适应世界与改造世界。从语文教学的角度说，上述四种能力是受教育者在今后的"适应世界与改造世界"的斗争中必须用到的，又是语文教学力所能及的。因此就这样确定了培养语文自学能力的内涵。

第一节　获取知识的能力

获取知识的能力包含两种能力：一是阅读能力，二是信息能力。

一、阅读能力

阅读能力，是指学生在教师的指导下，自初中一年级起即运用自己已有的知识经验，借助工具书，先是能独立阅读教材的能力，继而进步为顺利而有效地完成阅读活动的能力。阅读活动是人获取知识的最重要的途径。学生能亲自去顺利而有效地完成阅读活动，指的是：

（一）字面意义

能以短语为阅读的基本单位阅读文本，认识文本上的字词并懂得它们的字面意义。

（二）本质意义

能把文本上的一个个语句、一个个自然段连接起来，形成有意义的观念，即能把新感知的材料与大脑中贮存的知识经验联系起来，通过分析与综合、想象与联想、判断与推理等思维活动，掌握其本质意义。掌握其本质意义是指：

1. 掌握新感知材料的思想内容，领悟其所蕴含的感情色彩

在掌握新感知材料的思想内容，领悟其所蕴含的感情色彩时，尊重文本的意义，尊重作者情感与写作意图，尽可能地理解作者的写作原意，强调读者认识的客观性、准确性、真理性。与此同时读者的情感受

到了熏陶，审美得到了提升，人格得以健全，文化得以传承。

当然，被阅读的文本也有这样一种情况：它一旦脱离了作者，进入社会后，就成为一种公共作品，其意义和发展便具有了某种不受拘束的独立自在性。这样一来，文本的意义会处于未决状态，带上了一定的不明确性和含糊性，由此可能容纳各种不同的解释，但从中学生阅读是打好语文基础的关键环节出发，还是要坚持叶圣陶先生所说的"作者思有路，遵路识斯真。作者胸有境，入境始与亲。一字未宜忽，语语悟其神"（《语文教学二十韵》），即让学生要尽可能地了解作者生平及写作年代，以作者的生平思想和人格为根据，重视对文本本身的读解，尽可能去理解作者的写作意图、目的和文本所要传达的思想感情，不夸大阅读主体的主观能动性。

2. 发现作者的思路

所谓思路，指的是文本表达过程的路线，是作者占有材料后精心构思，编排组织，写成文本全过程的思想线索和踪迹。它存在于文本的段与段、部分与部分之间，它表现为段与段、部分与部分之间的逻辑层次与有机联系。在阅读中，理解了文本的逻辑层次和有机联系，才能深入地理解文本的内容和表现方法。

(三) 能对阅读材料的思想内容、表现形式进行鉴别和评价

鉴别评价，是指在理解文字材料的基础上，体会作者意念发展的途径及其辛苦经营的功力，进而判断文字的是与非、美与丑，从中吸取思想营养与写作营养。对前人的成果，如果通过分析综合、归纳概括，引出了新的见解，那就更好。因为科学之所以成为科学，正是因为它不承认偶像，不怕推翻过时的旧物，却很仔细地倾听实践经验的呼唤。从这个角度说，阅读又是再创造，是主动地探索而不是被动地吸收。在阅读过程中，不能停留于对读物作泛泛的、表面的理解，而要进行精细的、探索性的思考；在理解原意的基础上，追求有所发现、有所创造。当然，如果学生在阅读过程中不可避免地发挥了"阅读主体的创造才智"，因而产生了"读者改造原文"的现象，这也应视为正常情况。

能顺利而有效地完成阅读活动，除应达到上面所述的（一）、（二）、（三）三项要求外，还要能把在"认字、识词"中所获得的意义，在"释句、析段、统篇"中所形成的"有意义的观念"以及"对阅读材料的思想内容、表现形式"所作的"鉴别和评价"，用自己的话表述出来。阅读乃是从书面文字材料中提取信息（思想、知识）的过程，也是从看到的言语向说出来的言语过渡的过程。在这个过程中，读者不应是机械地把原文读出来，而应是通过思考用自己的话来理解改造原文的句子和段落，从而把原文中的思想、意义、知识，变成读者自己的思想表达出来（表达出来的实际上是读者自己的思想与所阅读的原文的化合物）。在阅读过程中，表达自己的"收获"和见解，是使自己的"收获"和见解形成并融入自己的知识结构的重要条件。如果表达不出来，则不能证明自己已有了"收获"和见解，当然也就不能说自己已"顺利而有效地完成"了阅读活动。

阅读能力是一种具有复杂结构的心理特征的总和。上述仅就"阅读能力的表现"来说明它，就"阅读能力的表现"说明阅读能力，还有一点必须涉及，那就是阅读的速度。对阅读的速度应如何看待？笔者的看法是：在保证阅读理解率的前提下，既会速读又会慢读的人才是阅读能力强的人。

二、信息能力

这里所说的信息能力有其特定的含义，它指的是阅读能力以外的其他获取信息的能力，包括观察能力、实验能力、提问能力、查找图书资料的能力、推论能力以及善于倾听等。阅读是人获取知识的重要途径；观察社会，观察自然，多听多问，获取知识后善于推论，这些也是获取知识的重要途径。通过这些途径，人不仅可以打开智慧之门，积累知识，而且可以发展形象思维、抽象思维并使这两种思维互相转化，所以在教学中亦应抓紧对信息能力的培养。中学语文教学有阅读课和作文课，这些课培养学生的观察能力、提问能力、推论能力有得天独厚的条件，特别是如何培养观察能力，在本书所附的"作文思维组合件"中专有论及。

"信息"这一概念在前文谈阅读能力时已然出现，在后文中还要多次出现。本书对"信息"的含义界定为：信息就是音信、消息。信息通过优化系统化之后便结晶为知识。人从读物中解读出来的意义也是一种信息，但不是事物的自然信息，而是人工制造的观念信息。

第二节 运用知识的能力

运用知识的能力，是指学生在教师的指导下，自初中一年级起即把通过阅读、"多闻、多见、多问"所贮存起来的语文知识和各种知识，根据需要运用于作文的能力，继而进步为根据需要灵活地提取自己所积累的知识加以运用的能力。从培养语文自学能力的角度说，"根据需要灵活提取"指的是运用已有的知识经验来理解读物的内容和由此及彼地推想到其他事物，也指的是根据命题立意的需要进行口头与书面的表达。学生通过阅读和"多闻、多见、多问"是否真正获取了知识，检验的方法之一也是看贮存的知识能不能根据需要成为进一步学习和解决实际问题的智慧和力量。特别是对语言文字的学习，其出发点在"知"，而终结点则在"用"。我国清初学者顾元曾说："学问以用而见其得失，口笔之得者不足恃。"被马克思誉为"英国唯物主义和整个现代实验科学的真正始祖"的弗朗西斯·培根提出,"知识就是力量",其真正的含义乃是"知识只有运用才会产生力量"。语文自学能力培养法主张培养学生具有语文自学能力,其实质也是要培养学生"在运用中(含自学)掌握知识,掌握了知识要付之运用",用来改变"老师讲、学生听""学生只能听,自己却'不会学'"的状况。梁元帝萧绎读书甚多但不会运用,承圣三年(公元554年)魏兵攻破江陵,他把宫中存的14万卷书付之一炬,同时还说:"读万卷书,犹有今日,故焚之。"他不反省自己"读书不注重运用",反而怨恨"读书没获得好结果"。这个故事很值得我们从事教学工作的人深思。

在教学中提出要培养运用知识的能力还有两点好处:

第一,可以促进学生在获取知识的时候就"有意注意"。"有意注意"什么?注意这知识我学的时候,人家是怎样运用的;待我用的时候,应该用在什么场合,如何运用?

第二,培养运用知识的能力的过程,也是一种扩大、丰富和加深理解知识的高级学习过程。在这个过程中,运用者不仅能充分体会到所学知识的意义和作用,而且在头脑中还会构成新的解决问题的规则和策略,提高思维品质。具体事例在后文中会谈到。

人学习了知识要学会运用,那么,运用知识的一般过程是怎样的呢?

一般地说,是"把已学的规律性知识拿来与新知识联系,进行同中辨异、异中求同,再同中增异、触类旁通",这就是运用知识的一般过程。同时人运用知识能力的强弱,也表现在这一过程中。

运用者根据需要提取自己贮存的知识加以运用,主要有两种方式。一种是"同化",即当要解决的问题与自己贮存知识中的某一知识经验通过"同中辨异"认定是同类性质时,则通过揭示同类事物的意义和作用,把新问题归入到已有的相应的知识经验系统中去加以解决。如一个非重点中学的初二学生运用"同化"的方式，解决了阅读与写作中的一个问题。这位学生在学习魏巍的《我的老师》之后，在文章结构方面积累了这样一条经验：写难忘的人或难忘的事的文章，安排文章的结构时一般会安排成"难忘、为什么难忘、永远不忘"三个部分。待到她自读《背影》时（此文后学），发现《背影》开头也是写"难忘"的文章，于是她就用她积累的那条经验，试着分析了《背影》的全文。分析之后，她认为《背影》的全文也分为"难忘、为什么难忘、永远不忘"这样三个部分：第1段是第一部分，写最不能忘记的是父亲的背影；第2至第6段是第二部分，写父亲的背影为什么使人难忘；第7段是第三部分，虽未明确地用"永远不忘父亲的背影"这样的语句结尾，但作者用的是"我读到此处，在晶莹的泪光中又看见那肥胖的青布棉袍马褂的背影"，再加上"唉！我不知何时再能与他相见！"这样写，也意在表示"对父亲的背影永远不忘"。学生这样试着分析《背影》的全文，实际上就是运用了"同化"，即"把新问题归入到已有的相应的知识系统中加以解决"。学生这样做后，又一次巩固了她读《我的老师》所获得的那条经验。接着她作文写"难忘的一件事"，就按照所获得的这一经验安排了"难忘的一件事"的结构，感觉有成效。由于作文的这一次不是"试着运用"，而是正式运用"同化"，所以应该说她是把新问题归入到已有的相应的知识系统中，使问题得到了解决。

　　学生运用知识解决问题的另一种方式是"顺应"，即在解决问题的人的已有知识中没有现成的情境相同的知识经验来解决新问题，需结合着要解决的新问题，去重新组合或调整自己的已有知识去解决新问题。也可以这样说，在解决问题的人的已有知识中，没有现成的知识经验能解决新问题，则利用已有知识经验中可以和要解决的新问题"异中求同"的部分去加以解决，即是"顺应"。"顺应"，就是"顺应"着要解决的新问题去解决新问题。下面还举一个非重点中学初二学生用"顺应"的方式解决新问题的例子。这位同学读过《一件小事》。《一件小事》的首尾段是这样的：

　　我从乡下跑到京城里，一转眼已经六年了。其间耳闻目睹的所谓国家大事，算起来也很不少；但在我心里，都不留什么痕迹，倘要我寻出这些事的影响来说，便只是增长了我的坏脾气，——老实说，便是教我一天比一天的看不起人。

　　但有一件小事，却于我有意义，将我从坏脾气里拖开，使我至今忘记不得。

　　……

　　这事到了现在，还是时时记起。我因此也时时熬了苦痛，努力的要想到我自己。几年来的文治武力，在我早如幼小时候所读过的"子曰诗云"一般，背不上半句了。独有这一件小事，却总是浮在我眼前，有时反更分明，教我惭愧，催我自新，并且增长我的勇气和希望。

　　这位同学学完《一件小事》的全文后，认识到这篇文章是利用文章首尾段中相照应的意近词语突出中心思想的（首尾段中带点、带横线、带波浪线的词语，即为表述中心思想的词语）。当他读《记一辆纺车》时，则遇到了下列的情况。《记一辆纺车》的首尾段是：

　　我曾经使用过一辆纺车，离开延安那年，把它跟一些书籍一起留在蓝家坪了。后来常常想起它。想起它，就像想起旅伴，想起战友，心里充满着深切的怀念。

　　……

　　就因为这些，我常常想起那辆纺车。想起它就像想起旅伴和战友，心里充满着深切的怀念。围绕着这种怀念，也想起延安的种种生活。在党中央和毛主席的周围工作，学习，劳动，同志的友谊，革命大家庭的温暖，把大家团结得像一个人。真是既团结，紧张，又严肃，活泼。那个时候，物质生活曾经是艰苦的，困难的吧，但是，比起无限丰富的精神生活来，那算得了什么！凭着崇高的理想、豪迈的气概、乐观的志趣，克服困难不也是一种享受吗？

跟困难作斗争，其乐无穷。

这位同学发现：《记一辆纺车》的首尾呼应，比《一件小事》更典型，因为《一件小事》的首尾是意近词语呼应，而《记一辆纺车》的首尾则是相同词语的呼应（见带点词语）。经过"同中辨异"，这位同学就想到《一件小事》是通过首段尾段中呼应的意近词语来突出文章的中心思想的，那么，《记一辆纺车》是不是也是利用首尾段中呼应的相同词语来突出中心思想的呢？（这实际上是在用"同化"的方式解决问题）分析了《记一辆纺车》有相同词语呼应的这两段话，觉得它们表达的意思很像是《记一辆纺车》的中心思想（因为此文的大部分篇幅都是写怀念纺车的）。这个中心思想应是："我深切地怀念延安生活。"尽管如此，这位同学还是没匆忙地把"我深切地怀念延安生活"作为此文的中心思想，因为他看到除了《记一辆纺车》的前后段以相同词语呼应，和《一件小事》的前后段以相近词语呼应相似之外，还看到了《一件小事》首尾呼应后，文章就结束了；而《记一辆纺车》前后呼应后，没结束，后面还有两小段话。这"后面还有两小段话"的"异"，促使他想到《记一辆纺车》绝不会在突出了中心思想之后，还说其他多余的话；后面说了多余的话，必然有"这样多说话"的道理。这位同学想到这里之后，《记一辆纺车》与《一件小事》的这一"同中之异"和这两段话的"部位"又触发了这位同学关于"卒章显志"的联想。也就是说，这最后"多"出来的两小段话会不会是"卒章显志"呢？值得细想。接着通过细读，发现《记一辆纺车》最后这"多"出来的两小段话的确是"显志"，这两小段话才是全文的中心思想，而此文之所以要在结尾用相同词语前后呼应一下，乃是为了表示"写怀念纺车"的部分结束了。结束之后，好点明"写怀念纺车的目的"——怀念"那个时候的人们的精神境界"，从而突出中心思想——"跟困难作斗争，其乐无穷"。

上面举的《一件小事》《记一辆纺车》的例子，是用"顺应"的方式解决问题的最简单的例子，因为解决这个问题只经历了"同中见异"和"异中求同"（指"根据多出来的这两小段的'部位'推想出'卒章显志'"）的两次联想。如果要是作文，那么"同化"与"顺应"这两种方式的运用，就会多次地交叉使用。一般地说，写文章的局部时，可以用"同化"的方式，因为文章的"选材""开头""结尾""过渡""照应"等，在运用者的已有知识中都可能有现成的"模式"可以借鉴，但为表现某一特定的中心思想，把"立意""选材""开头""结尾""过渡""照应"等组织在一篇文章中，就没有现成的"模式"可借鉴了，只能"顺应"着文章中心思想的需要去写。所以对于运用者来说，能否把经过阅读理解和"多闻""多见"而贮存起来的知识，根据需要加以运用，作文应是一个重要的考验。

运用知识解决问题，似乎有这样一条规律，就是"触类旁通"：用"同化"的方式解决问题，是"需要解决的问题"在解决人的已有知识中"触"到了"类"，于是用"与'类'相同之法"解决问题；用"顺应"的方式解决问题，则是起初在解决人的已有知识中"触"不到"类"，于是用"异中求同"的方式辗转地到解决人的已有知识中去"触类"，"触"到"类"之后，再用"与'类'相同之法"解决问题。当然也有这种情况，就是无论怎样"异中求同"，在解决人的已有知识中也"触"不到"类"，找不到解决问题的办法，这就不属于解决人运用知识解决问题的范畴了。如果非要解决这个问题，那就只能用"实验法"去摸索解决问题的思路，或者另外去学习解决问题的思路。

第三节 整理知识的能力

整理知识的能力，是指对所获取的信息（思想、意义、知识）进行分析综合，经过筛选归类，纳入大脑中相关的知识系统中并作必要的记忆的能力。

人获取知识后，最重要的是要使所获取的知识作为经验在头脑中巩固下来。实验证明，经验的最好的巩固过程并不是机械地重复过程，而是对获取的知识进一步地进行加工，加以系统化、概括化地掌握的过程。在自学能力的培养中，培养整理知识的能力，有利于自学者把所获取的知识系统化、概括化，从而对知识做到真正理解，牢固记忆。

人将获取的知识作为经验在头脑中储存下来之后，前文说过，紧接着的一个问题就是运用。要运用就又涉及一个关键问题，即作为经验在头脑中储存下来的知识要"分好类"，要"条分缕析"。这样才便于运用时检索，"触类旁通"。如果人记忆的知识是"类目不明""杂乱无章"的，那么运用起来就会困难重重，甚至无法运用。

人记忆的知识应怎样"分好类"，做到"条分缕析"，到用的时候很快就把要用到的知识联想起来呢？这又需要把平时所学到的知识进行整理，使其"类目化""系统化"，内储于大脑，外储于"思维组合件"中。关于"外储于'思维组合件'"的问题，后文将有专题论及，这里暂不论述。不过这里需要强调的一点是：对所学的知识进行整理，把整理后的知识用"内储与外储"相结合的方式进行储存，更有利于巩固记忆。

叶圣陶先生说："阅读方法不仅是机械地解释字义、记诵文句、研究文法修辞的规则，最重要的还是多比较、多归纳。"让学生对所学知识进行整理，也是对所学知识多比较、多归纳的过程。这个过程还可以激发学生探索问题的兴趣，开拓思维的空间，提高研究问题的能力。

第四节　自我评价的能力

自我评价的能力,是指在自学过程中学生对自己的自学成果、学习过程以及在学习过程中的表现,自觉地进行"监控",及时地"总结经验",纠正"错误",不达目标决不休止的能力。

自学的过程由于是探索性的学习过程,因而没有"一帆风顺"的。首先,自己的学习成果就可能存在问题,因此在自学之后,就要注意从教师与同学的提示中验证自己的答案,使自己获得科学的结论(这涉及师生之间、同学之间的"智慧交锋",见后文)。其次,在学习方法方面,自己的学习方法有可能富有创造性,也有可能有不如其他同学的地方。这也需要及时地进行比较,肯定自己的优点,改进自己的不足。再次,学生进行自学的过程,与那种"老师讲、学生听"的学习过程有了很大不同。过去的学习由于多是听老师讲授,因而已习惯于依赖,习惯于"重复教师的思想,重复教师的认识过程"。如今进行自学,要求学生自己去认字、识词、释句、析段、统篇,自己去分析、综合、抽象、概括,自己要去完成认识活动,因而对学生"学习自制力"的要求也提高了。上述这些工作,都需要学生在自学过程中,通过"自我评价"加以促进和锻炼。

世界上最聪明的人乃是及时肯定自己的优点又随时纠正自己缺点的人。学生在自学过程中,及时地肯定自学成果中的正确部分,修正不正确的部分,及时地肯定自己理解或解决问题时的正确思维方式和策略,舍弃不正确的思维方式和策略,调节自学中的成功与失败所产生的内心体验,调整自己的学习行为使之合乎规律,就可对自己要达到的学习目标保持稳定的志向水平,使自学活动沿着科学的轨道前进。此外,学生在自学中坚持自我评价,还可了解自己情感、意志品质方面的特点(如专注力、忍耐力、思维和记忆方面的特点),以及自己和别人在这些方面的差异，从而使自己找到提高自我、培养良好心理品质的依据，有意识、有针对性地锻炼自己，使自己成为一个全面发展的人。目前，在人们谈到培养适应世界新形势需要的人才时，总要谈到这样的人才必须具有应变能力。这种应变能力主要指的是：适应社会的能力，为实现某一目标不断积累成果的能力，克服自卑感的能力以及取得最后成果的坚持力、自信力。无疑，这种应变能力是十分重要的，特别是对目前尚在初高中阶段学习的同学来说，更应该把应变能力所包含的内容，作为涵养自己、锻炼自己的目标之一。如何涵养、锻炼自己，因距离"培养语文自学能力"的问题较远，这里不展开论述，但是，"培养语文自学能力"中所包含的"自我评价的能力"，则是与应变能力紧密相关的。如在自学过程中进行自我评价，对于为实现自学目标不断积累成果能力的培养，对于取得最后成果的坚持力、自信力的培养都会有好处。

第二章

培养学生具有语文自学能力的
重要意义

第一节　培养学生具有语文自学能力是适应
新时期少年儿童教育工作的需要

　　党的十八大报告中提出："要全面实施素质教育，深化教育领域综合改革，着力提高教育质量，培养学生社会责任感、创新精神、实践能力。"共青团中央、全国少工委也号召广大的教育工作者要"帮助广大少年儿童学会生存、自理自律；学会服务、乐于助人；学会创造、追求真知，为成为我国21世纪的生力军打下良好的基础"。语文教学培养学生具有语文自学能力，是与培养学生具有创新精神、实践能力以及帮助广大少年儿童达到三个学会紧密相关的，特别是培养广大少年儿童具有创新精神、实践能力，就更需要培养学生具有语文自学能力。

我国著名的科学家钱三强很早以前就指出，任何人一生中总是以在工作中的学习为主。在学校中的学习只是为走出校门之后的学习奠定基础，因此自学能力是一个人一生中最必需的能力。此种能力在学习时要用，走出校门后更要用到。他还指出，我们所培养的学生，"不全然负有发现新的真理的任务，但负有学习前人发现真理的途径和方法的任务，负有在再发现的过程中锤炼智慧的任务"。钱老的这番话也让我们想到，学生如具有自学能力也会对完成上述两项任务十分有利。我国的另一位历史学家、思想家、文学家郭沫若也指出："教学的目的是养成学生自己学习、自己研究，用自己的头脑来想，用自己的眼睛来看，用自己的手来做的这种精神。"郭老的话也道出了中学语文教学培养学生具有自学能力是义不容辞的责任。当今现代化生产使劳动力状况发生了巨大的变化，生产过程中智力因素的消耗增多，体力劳动的消耗减少，对劳动者的智能要求越来越高。学生要学会生存也需要具有语文自学能力。这样才能在工作中及时地获取新信息，学习新知识，以适应"各种工作都需要不断提高智能"的要求。此外要"学会创造"，就要学会"发现问题、分析问题、解决问题"。而一个人要能善于"发现问题、分析问题、解决问题"，就需要有很强的观察力、思考力、想象力、注意力、记忆力和动手能力，需要有很强的创造意识和探新精神。人进行发明创造所需要的这些"力"从哪里获得？所需要的创造意识与探新精神从哪里得到培养？无可讳言，学校教育要当仁不让地承担起这些责任。

第一，要培养学生创造意识和探新精神，首先要为学生提供"鼓励创造""鼓励探新"的环境，从而减少学生的学习依赖性，强化学生的思维独立性。这一点我们常见的"老师讲、学生听"，以教师传授知识为中心的教学是无能为力的，因为这种教学强调的是记住老师所讲授的内容，重复的是教师的思想和教师的认识过程，而培养自学能力的教学，强调的则是先自己学习，自己研究，用自己的眼睛来看、用自己的头脑来想、用自己的手来做的精神，从而为学生探新、创造、发展思维的独立性、减少学习的依赖性创设环境。

国际知名的科学教育家兰本达，在一篇文章中谈到，一个人的思维方式与他所受教育的方式是密切相关的。她说："假如知识由教师给予，仅要求学生死记和复现，孩子们就会产生依赖感，变得被动；反之，如果知识来源于孩子们对现实的亲自观察和理解，他们就会感到有能力来自行掌握知识，他们就会变得积极主动而且善于钻研。"兰本达教授这里所说的"他们就会感到有能力来自行掌握知识，他们会变得积极主动而且善于钻研"，正是学生敢于探新、善于创造不可缺少的学习品质，同时也指出了一条促使学生积极主动学习的途径。

第二，促进学生探新、创造，需要安排他们自学，为他们创设环境；培养学生具有观察力、思考力、想象力、注意力、记忆力和动手能力，也需要安排他们自学，让他们在亲自进行的观察、思考、想象、动手等活动中进行培养，因为能力的培养与智力的发展有一个最大的特点，就是必须在相应的实践活动中培养和发展。这正如恩格斯在《自然辩证法》中所说的"人的智力（即观察力、思考力、想象力、记忆力、注意力）是按照人如何学会改造自然界而发展的"。人之所以发展了智力，乃是因为人参加了改造自然界的实践，在实践中由于要不断地提出、分析、解决"如何改造自然界"这一问题，才使智力得到了发展。人的能力的培养、智力的发展，不是无条件、无规律的，只有学会了"改造自然界的什么"，才能"培养和发展什么"。人的能力的培养、智力的发展，完全与人的个体智力活动相关，完全与参加的"不断提出问题、分析问题、解决问题"的实践息息相关。那么，从语文教学的角度来说，语文教学要培养听读说写能力。听说读写能力的培养都要有相应的实践活动。这相应的实践活动就是让学生进行自学，即要求学生亲自去听，亲自去读，亲自去说，亲自去写。如果没有这一系列亲自去观察、思考、想象、注意，亲自去获取、运用、整理知识的实践活动，那么听说读写能力的培养就是一句空谈，学生的观察力、思考力、想象力、注意力、记忆力、动手能力的培养也成了"无源之水、无本之木"。

学生进行自学的活动，实际上乃是让学生能动地认识客观世界的精神活动，从特殊意义上讲，又是学生能动地改造世界的实践性活动。这些活动，不光是由观察、感知、思考、推理、评价、判断、想象和解决问题等一系列心智活动和行为构成（提出、分析、解决问题都离不开这些心智活动和行为），而且还有动机、兴趣、信念、理想、情感、意志各种意向活动参与。学生的动机、兴趣、信念、理想、情感、意志等因素是学生进行自学活动的动力因素，也是促使他们搞好"自学"的内趋力。学生没有进行自学的动机，他（她）根本不会去进行自学；没有兴趣、信念、理想、情感、意志等因素参与，他（她）也不可能坚持和搞好自学。上述各因素都对他（她）的自学活动起着重要的调节、催化作用，直接关系着他（她）的自学效果，因此我们可以这样认为，自学活动不仅是使学生的观察力、思考力、想象力、注意力、记忆力、动手能力等智力因素得到锻炼与培养的活动，同时也是使学生的兴趣、信念、理想、情感、意志等非智力因素得到锻炼与培养的活动。比如学生通过自学，觉得自己增强了理智感。这理智感其实就是在自学时经历了困惑而又走出了困惑之后增强的，而经历困惑又走出困惑，则依靠的是意志的调节，同时也锻炼了意志（一个人提高美感也同样要经历这样的过程）。再如学生通过自学，觉得自己有研究兴趣了。这研究兴趣也不是凭空产生的，它常常是由自学中获得知识的快感或发现了以前的学习有不得法之处而激起的。这样激起了研究兴趣之后，又可使此后的自学水平得以提高。

　　谈到学生通过自学所受到的锻炼与培养，"狼孩"给人们的教训是不能不重温一下的：婴儿从小被狼养大再回人间，声带还是好好的，但怎么教他说话，说话的功能也建立不起来。这说明环境条件破坏了狼孩大脑发育过程中那些说话功能的微观结构和基因；还说明，事物发展过程中每个阶段的条件、环境和基因都要配合得当，才可能出现相似的结果。正如近代著名瑞士心理学家皮亚杰指出的，儿童智力的发展分阶段，有固定的先后顺序，并和年龄相关。教师必须针对学生的这些特点，提供相应的学习内容和条件，才可能在发展儿童智力方面取得良好的成果。他还认为，思维是人和周围环境相互作用活动的结果。"狼孩"的教训使我们认识到：在"狼孩"应该学习说话的时候，他没有学习说话（即没有得到相应的锻炼与培养），错过了时机，结果他本身具有的能够学会说话的那些"微观结构和基因"，由于该得到发展的时候没有得到发展，而遭到了破坏。中学生，特别是十三四岁的初中生，他们这个年龄段，正是生理、心理诸方面经历着巨大变化的时候，他们各种功能的"微观结构和基因"也正是应该得到充分发展的时候。这个时候，如果使他们的学习仅局限于"听教师的讲授"，不亲自去参加"知识的生产"，不亲自去听读说写，不亲自去获取、运用、整理知识，那么他们本已具有的获取、运用、整理知识的"微观结构和基因"就会因废弃不用而不能得到发展，严重地减弱了能力智力的增长。这是我们作为教育者不能不感到痛心的。

　　关于培养能力必须在相应的实践活动中，我们的"亚圣先师"孟轲也早有教导。他说："梓匠轮舆能与人规矩，不能使人巧。"这"巧"指的就是能力。"梓匠"是木匠中的高手，"轮"是制车轮的高手，"舆"是制车厢的高手，他们虽都有很高的制作能力，但在教徒弟时只能给徒弟讲规矩，却不能把自己的能力"给"徒弟。徒弟要有能力还必须自己在师傅所讲的规矩的指导下亲自去干活才能获得。学生学语文要提高听说读写等能力也是如此。光听老师讲课，自己不亲自去学（实践），是不可能获得能力的。

第二节　培养学生具有语文自学能力是适应现代化社会的需要

现代化社会从知识发展的总趋势来看有两大特点。第一个特点是：随着科学技术空前迅猛地发展，人类积累的知识财富急剧增加。自20世纪50年代以来，世界的科学技术以一日千里之势向前发展。例如1750年至1960年的210年间，人类知识的总量从2倍增加到4倍用了150年时间，从4倍增加到8倍用了50年时间，而从8倍增加到16倍，则只用了10年时间。从世界的新发现、新发明来看，16世纪有26项，17世纪有106项，18世纪有156项，19世纪有546项，20世纪前50年有961项，60年代以后的新发明、新发现，比过去20年的总和还要多。近2000年来，平均每四年就要翻一番。现在全世界每年发表的科学论文有500多万篇，出版图书50万种，科技图书12万种。每年登记的发明创造和专利达30万件。50年后的知识总量，将是现在的32倍。

第二个特点是知识的新陈代谢速度加快，对知识所有者的威胁日益加重。据统计，工程师的业务知识在10年内过时的大约是一半，有的科学基础知识甚至两三年就过时了。日本电气学会曾作过调查，20世纪70年代知识的废除率比40年代加快了一倍，而且各学科之间出现了互相渗透、综合性强的趋势。现有的知识是有限的，而未来的知识是无

限的。知识的数量是如此之多，增长的速度又是如此之快，过去时兴的
"仓库理论"，也就是"在学校时把知识装满，出了校门好用"的理论，
已站不住脚了。人们必须随时抛弃那些"陈旧"了的知识，及时学习大
量增长的新知识。从这个角度来说，学生也需要具有语文自学能力，否
则，就会跟不上时代前进的步伐。

长期以来，中等教育、高等教育，在我国大体上是单一的教育制
度，但随着社会的发展，现代社会教育已出现了许多新的形式，如"电
化教育""开放大学"等，而参加"电化教育""开放大学"，自学就成了
主要的学习形式。不论你做什么工作，如果你想与时俱进，可以说没有
一样工作不需要及时充电。如果不会自学，也就不能适应这些技术革
命时代培养人才的重要方式，从而也就不可能开拓进取成为技术革命
的生力军。

第三节　培养学生具有语文自学能力是
促进学生扎实地掌握知识，做到
"视线与意识同步"的需要

我国要实现四个现代化，要在科学、文化、技术上进入世界先进行
列，就必须培养大批具有坚实的知识基础，具有创造性思维和勇于创
新、勇于探索的人才。关于如何培养具有创造性思维和勇于创新、勇于
探索的人才，在本章第一节中已讨论过，培养语文自学能力的教学可当
此重任。关于培养学生具有扎实的基础知识，培养学生具有语文自学能
力的教学，也要优于以传授知识为中心的教学。之所以如此，是因为培
养语文自学能力的教学是让学生先通过自学去完成学习任务，去获得带

有浓厚个人色彩的自学成果。学生为了使自己所获得的知识成果准确无误，使自己获得知识成果的方法尽善尽美，因而在自学过程中必尽心尽力去学。尽管他们尽心尽力学之后所获得的成果可能不尽如人意，学习方法也可能有笨拙之处，但他们毕竟对所学的知识独立钻研过，对学习方法也独立实践过。尽管他们对知识的掌握是初步的，但也远比听教师灌输去获取知识，要思维强度大、体会深。此外，对他们自学中存在的问题，由于都是经自己思考过的，所以一经教师和同学指正，他们也会很快地"知其然又知其所以然"，并能总结经验教训以利于此后的自学。

让学生先通过自学去完成学习任务还有一个好处，就是可以培养他们一定的责任感，因为培养语文自学能力的教学，要求"正确的知识结论"要通过全班（包括教师）都自学之后的共同研讨以及教师的精讲之后得出，因此就增强了每一个自学者的责任感（唯恐自己不能为参与得出正确结论而作贡献），正处在上进心强这一年龄段的初中生更是如此。

培养语文自学能力的教学还有一个优势，就是非常有利于培养学生"视线与意识同步"。所谓"视线与意识同步"乃是一种能力，就是在阅读时眼睛看到文字之后即能很快地进行分析理解。能做到这一点，似乎称不上是一种能力，也无须专门培养，因为凡是认字的人看到自己所认识的字、词、句都觉得能立即理解它的意思。其实，情况并不是这样。这一点从每年学生参加中考和高考回答"阅读题"的情况中可以看出来：

能做到"视线与意识同步"的学生，第一，不怕"阅读题"的篇幅长，不怕阅读之后需要回答的问题多；第二，读考查阅读的引文，读过一段能理解一段，读每一段时能根据回答问题的需要把关键材料与次要材料加以分辨，摘出回答问题所需要的重点；第三，随着阅读的推移，能把连续分析概括出的"意义单位"联系起来，归纳概括出全文的中心思想；第四，在每一行上的注视次数少，每次注视的时间也短，并较少回视；第五，阅读后，回答问题有信心、敢下笔。

不能做到"视线与意识同步"或在这方面能力弱的学生，第一，怕题目长、怕考查阅读能力的引文长，见了长题、长文章就头晕目眩，题目上的文字虽都认识，但读半天读不进去，勉强读进去了也不得要领，概括不出意义；第二，读到题目的后一部分时，对题目前一部分的内容容易忘记，很难把全题或全篇文章的意义归纳概括起来；第三，在每一行上的注视次数多，每次注视的时间长、回视多；第四，回答问题没信心、不敢下笔，不相信自己想出的答案是正确的，答题时有"孤注一掷"的感觉。

上面叙述的两种情况，乃笔者多年在中高考后向考生做调查所得。在做调查时，也同时与考生分析了产生上述两种情况的原因。原因很简单：平时坚持自学的学生，由于长期地独立阅读，长期地独立去完成分析一篇课文的任务，对做到"视线与意识同步"已训练有素（指多次地总结教训、积累经验，已形成了能力，因而能相对适应中高考这种既要高理解率又要有一定速度的考查）。平素未能进行自学的学生，他们除去"模拟考试"时练一练独立地去分析一篇文章外，所学的绝大多数课文全是听教师讲授的，自己很少有独立阅读的实践。这样他们遇到中高考这种理解率和速度都有一定要求的考查，首先是心理上感到没底，觉得应对这样的考查不是自己的强项，强项则是回答"记忆型"的题；其次是感到能力不够，如果回答问题没有时间限制或者有时间限制但题目简单，或许回答起来还能"凑合"；如今，需阅读的篇幅既长，阅读的速度与理解率又有严格的要求，他们则感到力不从心了。

综合以上情况我们不难看出：其一，能识认满纸的文字，与在气氛比较紧张、对速度和理解率都有严格要求的情况下能分析理解这满纸的文字并不是一回事儿，"视线与意识不能同步"的情况确实存在。其二，"视线与意识同步"是通过独立阅读的实践才能锻炼出来的；让教师"教"，他教不出来；老是"听"教师讲课，更是"听"不出来。其三，"视线与意识同步"与人的非智力品质有着千丝万缕的联系。比如没有这种能力的人，见到密密麻麻的阅读题，头就晕了；与这种能力有关的非智力品质，如冷静、沉着、有耐力，也是在长期地独立完成阅读实践中锻炼出来的。上述问题之所以未在本章第一节中谈而另立第三节谈论，实在是因为这个问题非常重要。在节奏快、讲效率而信息量又与日俱增的今天，使"视线与意识同步"的能力，已成为现代人必须具有的基本能力，因此应该把这个问题重视起来。

第三章

初中学生完全有条件培养
语文自学能力

在前两章讲了那么多的培养语文自学能力的必要性之后，可能紧接着需要回答的一个问题就是：初中生具备培养语文自学能力的条件吗？笔者的回答是：从我在非重点学校进行的实验证明，初中学生已具备培养语文自学能力的条件。下列的实际情况也说明，他们已具备了培养语文自学能力的条件：

一是初中一年级学生在小学已度过了"完全依靠教师进行学习"的阶段（一、二、三年级）和"基本上依靠教师进行学习"的阶段（四、五、六年级），升到初中一年级以后，即升到了"可相对独立学习"的阶段。升到这个阶段以后，由于心理上、生理上的变化，他们已产生了"自己学"的要求。

二是初中一年级学生的身体发育已接近成熟，已有充沛的体力支持他们独立学习和坚持独立学习。他们坐下来，一口气自读一两个小时的课文已无问题。

三是从智力发展上说，初中一年级学生已有一定的抽象概括能力，已能照教师指导的方法完成自学中独立思考、分析综合、归纳概括的任务。从学习品质上说，初中一年级学生不仅有了目标要求，有了学习的自觉性，而且能够做到沉着、自制。这些都为进行自学奠定了基础。

四是从认读水平上说，初中一年级学生已具备了独立学习的条件。他们在小学6年的学习中，已认识了3000到3500个字，遗忘率高的也认识了2400个字。由于汉字的常用字有频繁使用的特点，所以认识2400个字的学生读一般读物，他不认识的字也仅占1%。如果用字、词典辅助，学生独立地去阅读一般文章（含初中教材）是没有多大困难的。上面说的认识2400个字，是仅就遗忘率高的学生说的。如果就大多数学生来说，能再多认识几百字，那么不识字率还要下降（如果能识到3800个字，不识字率则要降到1‰），这样，学生进行"自读课文，分析课文"就更不成问题。

综合上述情况可知，初中学生已具备了进行自学的三大因素：

第一，知识、技能、自学习惯方面的因素。这方面的因素，是"获取知识""运用知识"的基本因素。初一学生已识字2400个以上，读书、"获取知识""运用知识"的起步条件已具备。至于技能与自学习惯的养成，可在接受教师关于自学方法的指导之后，逐渐地在自学实践中养成。

第二，注意力、感知力、思维力、想象力、记忆力方面的因素。这方面的因素，是"获取知识""运用知识""整理知识"的智力因素。初中一年级学生的记忆中已有一定数量的字词储备，可以感知、理解一般文章中大多数词语的意思。初中一年级学生也具有了一定的抽象概括能力，可使他们对一般文章的含义、内容获得感性认识，然后进行逻辑思维加工，使认识由感性认识向理性认识飞跃，从而掌握一般文章的中心思想。在掌握中心思想之后，也能通过分析文章内容与表现方法的关系，通过比较文本与已读过的其他文章的异同，初步了解文本的写作特点。

第三，情感、意志品质因素。这方面的因素，除能使学生领悟文章的情感色彩，与文章的情感产生共鸣，鉴别是非、美丑、正误之外，它还是保证自学质量的重要因素。初中一年级学生由于已有了目标要求，有了学习的自觉性，而且能做到沉着、自制，因此能够排除干扰，自觉坚持，深入阅读，以饱满的情绪、活跃的思维、准确的记忆贯穿于自学活动的始终，使自学的质量得到充分的保证。

说初中学生已完全具备了培养语文自学能力的条件，这是有充分依据的。当然，在培养自学能力的教学实践中也会有这样的情况：有的学生自学得好，有的学生自学得差一些，甚至在起步之初会在多方面遇到困难，这都应在意料之中。实践表明，只要在教学中能认真地面临问题，有针对性地解决问题，不急于求成，慢步推进，必能克服一切困难，使培养语文自学能力的工作渐入佳境。

第四章

引导学生建立合理的语文知识结构，掌握自学方法，培养良好的学习习惯

第一节　引导学生认识培养语文自学能力的重要意义，诱发学生强烈的自学愿望

需要是人进行实践活动的原动力，是个性积极性的源泉。引导学生进行自学，首先要引导学生认识进行自学的重要意义，了解它乃是个人成长和学会生存的需要。认识了需要，学生才会自己提出自学的要求，产生自觉坚持和克服困难的强烈意志。无数事实表明，一个人所从事的活动，其质量高低与一个人对这项活动的期望值是成正比的。期望值高，所从事的活动的质量就高。正如苏联作家高尔基所说："一个人追求的目标越高，他的才力就发展得越快，对社会就越有益。"为了进一步说明这个问题，下面引一则报道。据加拿大（英文）《环球邮报》载：加拿

大安大略省萨德伯里市一位叫伊丽莎白的妇女,20年前因车祸导致半身不遂,从此只能卧床休息。1991年夏季的一个傍晚,丈夫陪伊丽莎白和五个孩子在家看电视,一楼着起大火,几分钟就烧到了三楼伊丽莎白家。她丈夫抱起了三个年纪小的孩子夺门而出,本想放下孩子后再回来带另两个孩子和伊丽莎白出去,但被赶到的消防队员阻拦,再也上不了楼。伊丽莎白看丈夫迟迟不归,但是火已把她和孩子团团围住,她不再指望丈夫。在那一瞬间,她忘却了身体已瘫痪,她觉得浑身的力气使她从床头一跃而起,抓起两个孩子就扑向窗口。在窗口,她见到丈夫,她呼唤丈夫,然后把五岁、七岁的孩子推出窗外消防队安置的滑梯滑下。最后只剩下她自己,力气似乎已经用尽,但她又攀上窗框,滑了下去,跌在地上。伊丽莎白没有骨折,生命更是无恙,只是又恢复了瘫痪状态。对她做出的壮举,连她自己也觉得"难以置信"。

伊丽莎白做出的"壮举",尽管连她自己都"难以置信",但是这一"壮举"的出现,绝不会是没有原因的,因为任何现象都是一定本质的反映。那么,应如何看待出现这一"壮举"的原因呢?联系伊丽莎白救出孩子和自己后"又恢复了瘫痪状态",我们起码可以认识到:人确实存在着潜力。当某一方面的期望值高到一定程度时,就可以把潜力"挖掘"出来。伊丽莎白的期望值就是高到了不把孩子推出窗外、不把自己滑下去,孩子和自己就要烧死的高度,因而"调动"出了足以"挽救孩子和自己"的潜力。当自己的期望得到了满足时,就又"恢复了瘫痪状态"。伊丽莎白的这一"壮举",看起来很奇特,其实,在我国也不乏这样的事例。如《史记·李将军列传》中有这样一条记载:"广出猎,见草中石,以为虎而射之,中石没镞,视之石也。因复更射之,终不能复入石矣。"李广第一次射,之所以能"中石没镞",就是因为期望值高到了不把虎射死自己就没命的程度,因而"调动"出了潜力,因力量特别大,以至于把箭头射进石中。当得知是石不是虎，期望值降到试一试自己的力气有多大时，虽然射了好几次，也射不进去了，因为没有"潜力"来助射了。

上面举的两个例子虽然很像"特例"，但是它们说明的道理并不"特别"。我们作为教育工作者，起码应该从中认识到：引导学生自学，首先要从自学战略上进行引导，要让学生自己给自己提出较高的要求。这样，学生才能主动地控制自己的心境，养成良好而稳定的心态，用顽强的意志去克服不良情绪（如畏难情绪）的干扰，使自学活动一直保持在较好的智力活动水平上。正如赞可夫所说："教学法一旦触及学生的情绪和意志领域，触及学生的精神需要，这种教学法就能发挥有效的作用。"其次要给学生讲清培养语文自学能力的教学活动，是真正的师与生的双边活动，要让学生理解整个教学过程不是"老师讲，学生听"那样的过程。"老师讲，学生听"那样的过程，低估了已上中学的学生的聪明才智和学习主动性，忽略了学生培养能力，发展智力的重要性，忽略了学生有发表独立见解的可能性，忽略了学生存在着潜在能力应该挖掘的事实。至于为什么是这样，待到向学生讲培养自学能力的教学过程时，学生会逐一地把这些问题弄明白。

第二节　指导学生树立自主学习的观念，帮助学生更新学习方式

指导学生树立自主学习的观念，帮助学生更新学习方式是贯穿于培养自学能力教学过程始终的。刚开始实行这种教法的师生，不要操之过急，更不要要求"立竿见影"，要容许有一个磨合和适应的过程。

一、要指导学生树立下列观念

一是要自主学习, 在自主学习中充分发挥自己的聪明才智, 展现自我价值;

二是学习时要独立思考, 要勤奋;

三是要全面学习, 既会读书又学习如何做人。

二、要帮助学生更新学习方式

一是由记忆式学习转向理解式学习;

二是由重知识学习转向重方法的学习;

三是要由利用现有水平学习转向挖潜力高层次学习;

四是由为分数学习转向运用智力、培养能力、发展个性的学习。

第三节　指导学生掌握语文的自学方法

英国生物学家、进化论奠基人达尔文说:"方法, 是最有价值的知识。"俄罗斯生物学家巴甫洛夫说:"科学是依赖于方法的进步程度为推进而前进的。"两位科学家为什么这样重视方法? 就是因为方法是解决问题能力的核心。一个人不论要解决什么问题, 都涉及"如何起步, 起步之后重视什么、想什么、怎样想"等问题, 而能回答这些问题的就是方法。所以, 对运用知识解决问题来说, 方法是十分重要的。不掌握方法, 解决问题时就手足无措, 寸步难行。在教学中, 教师都主张让学生"掌握打开知识大门的钥匙"。其实, 这个"钥匙"就是方法。如今我们要教学生学会自学语文, 当然首先就要指导他们掌握自学方法。

方法是为任务服务的。培养语文自学能力的任务既包括使学生掌握知识的同时培养获取、运用、整理知识的能力，又包括培养学生具有良好的思维品质和意志品质。必须按照培养任务的要求，以一定的程序把许多动作（包括思维活动）组织起来，使自学方法形成一个较为稳定的动作系统。这个动作系统一要符合学生依据自学规律和合理程序，运用科学方法进行自学的要求；二要符合促使学生依照自学能力的发展规律，培养自学能力，发展智力的要求；三要符合对学生的情感意志品质有积极影响的要求，然后根据这些要求组成"动作系统"，引导学生按照这个"动作系统"去完成自学任务。此外，在教学过程中，对整个"动作系统"中每一个动作的指导，要力求具体实在，便于理解和遵循，使学生学了就能操作。

　　培养为语文自学能力的自学方法，虽然用"动作系统"来体现它，实际上它乃是把学习和研究结合在一起的思想方法、策略手段和筹划方法，其目的是让学生掌握之后可以"入门""上路"。叶圣陶先生说，"务必启发学生的主动性，引导他们尽可能自己去探索"，让"学生入了门了，上了路了，他们能在繁复的事事物物之间，自己探索，独立实践解决问题了，这是多好的境界啊！"（见《大力研究语文教学，尽快改进语文教学》）通过下列自学方法的指导，我们期待着每个学生这美好境界能够出现。

　　应指导学生掌握的自学方法有两类，下面分别介绍：

　　第一类自学方法：鸟瞰式读、理解式读、消化式读。

　　由于现在各地的教材篇目不统一，故先在这里录一篇典范文章以备讲"如何进行上述'三读'"时引用。此文是叶圣陶先生写的《苏州园林》：

　　苏州园林据说有一百多处，我到过的不过十多处。其他地方的园林我也到过一些。倘若要我说说总的印象，我觉得苏州园林是我国各地园林的标本，各地园林或多或少都受到苏州园林的影响。因此，谁如果要鉴赏我国的园林，苏州园林就不该错过。

设计者和匠师们因地制宜，自出心裁，修建成功的园林当然各各不同。可是苏州各个园林在不同之中有个共同点，似乎设计者和匠师们一致追求的是：务必使游览者无论站在哪个点上，眼前总是一幅完美的图画。为了达到这个目的，他们讲究亭台轩榭的布局，讲究假山池沼的配合，讲究花草树木的映衬，讲究近景远景的层次。总之，一切都要为构成完美的图画而存在，决不容许有欠美伤美的败笔。他们惟愿游览者得到"如在画图中"的美感，而他们的成绩实现了他们的愿望，游览者来到园里，没有一个不心里想着口中说着"如在画图中"的。

我国的建筑，从古代的宫殿到近代的一般住房，绝大部分是对称的，左边怎么样，右边也怎么样。苏州园林可绝不讲究对称，好像故意避免似的。东边有了一个亭子或者一道回廊，西边决不会来一个同样的亭子或者一道同样的回廊。这是为什么？我想，用图画来比方，对称的建筑是图案画，不是美术画，而园林是美术画，美术画要求自然之趣，是不讲求对称的。

苏州园林里都有假山和池沼。假山的堆叠，可以说是一项艺术而不仅是技术。或者是重峦叠嶂，或者是几座小山配合着竹子花木，全在乎设计者和匠师们生平多阅历，胸中有丘壑，才能使游览者攀登的时候忘却苏州城市，只觉得身在山间。至于池沼，大多引用活水。有些园林池沼宽敞，就把池沼作为全园的中心，其他景物配合着布置。水面假如成河道模样，往往安排桥梁。假如安排两座以上的桥梁，那就一座一个样，决不雷同。池沼或河道的边沿很少砌齐整的石岸，总是高低屈曲任其自然。还在那儿布置几块玲珑的石头，或者种些花草：这也是为了取得从各个角度看都成一幅画的效果。池沼里养着金鱼或各色鲤鱼，夏秋季节荷花或睡莲开放，游览者看"鱼戏莲叶间"又是入画的一景。

苏州园林栽种和修剪树木也着眼在画意。高树与低树俯仰生姿。落叶树与常绿树相间，花时不同的多种花树相间，这就一年四季不感到寂寞。

没有修剪得像宝塔那样的松柏，没有阅兵式似的道旁树：因为依据中国画的审美观点看，这是不足取的。有几个园里有古老的藤萝，盘曲嶙峋的枝干就是一幅好画。开花的时候满眼的珠光宝气，使游览者感到无限的繁华和欢悦，可是没法说出来。

游览苏州园林必然会注意到花墙和廊子。有墙壁隔着，有廊子界着，层次多了，景致就见得深了。可是墙壁上有砖砌的各式镂空图案，廊子大多是两边无所依傍的，实际是隔而不隔，界而未界，因而更增加了景致的深度。有几个园林还在适当的位置装上一面大镜子，层次就更多了，几乎可以说把整个园林翻了一番。

游览者必然也不会忽略另外一点，就是苏州园林在每一个角落都注意图画美。阶砌旁边栽几丛书带草。墙上蔓延着爬山虎或者蔷薇木香。如果开窗正对着白色墙壁，太单调了，给补上几竿竹子或几棵芭蕉。诸如此类，无非要游览者即使就极小范围的局部看，也能得到美的享受。

苏州园林里的门和窗，图案设计和雕镂琢磨功夫都是工艺美术的上品。大致说来，那些门和窗尽量工细而决不庸俗，即使简朴而别具匠心。四扇，八扇，十二扇，综合起来看，谁都要赞叹这是高度的图案美。摄影家挺喜欢这些门和窗，他们斟酌着光和影，摄成称心满意的照片。

苏州园林与北京的园林不同，极少使用彩绘。梁和柱子以及门窗栏杆大多漆广漆，那是不刺眼的颜色。墙壁白色。有些室内墙壁下半截铺水磨方砖，淡灰色和白色对称。屋瓦和檐漏一律淡灰色。这些颜色与草木的绿色配合，引起人们安静闲适的感觉。花开时节，更显得各种花明艳照眼。

可以说的当然不止这些，这里不再多写了。

一、鸟瞰式读法

（一）什么叫鸟瞰式读法

鸟瞰式读法，是指以较快的速度通读全篇，通过提炼文章的重要部位中的关键语句,把重点内容从全文中区分出来加以理解,从而把握全文的中心思想。

阅读经验告诉我们:在通常情况下,或者说在自然状态下,一个人在阅读过程中(特别是阅读现代文学作品),他所关注的和最感兴趣的首先不是生字的辨认、疑难词语的注释,也不是句子的语法分析、段落的划分,而是读物到底阐述了一种什么思想,传达了怎样的一种信息。从这个角度说,可以认为鸟瞰式读法适应了这种需要。它让自学者能从一定的高度,全面而迅速地领会全文的基本精神,鸟瞰文章的总体风貌。

又要快,又要读全篇,又要抓住关键词语去把握全文中心,这么多的要求是否有可能在一次快读中做到?有可能。为什么?因为文章中的文字所载负的信息,对于全文的主要内容和中心思想来说,并非都是至关重要的,对于读者来说,也并非全是有效信息。只要能将其中最有理解价值、信息量最大的部分,即关键语句区分出来,就能达到理解的目的,而人脑对众多的信息是具有选择理解的功能的,特别是找那些关键语句又有规律可循。所以鸟瞰式读时,遵循规律,利用人脑的选择功能,去找那些"关键语句",是完全可以达到目的的。

(二)鸟瞰式读的要领

1. 快 读

每个学生快读的起点是不相同的。这里所说的快读,就是让自学者心中有通过鸟瞰式读既提高自己的速读水平又能抓住要点的想法,能读多快就读多快并且在快读中决不回视。如果回视了,就停止这次快读,因为回视了,就不是鸟瞰式读了。

2. 重视文章的重要部位,在重要部位中找关键语句

(1)重要部位指文章的标题、首段、尾段。标题和首段能帮助读者辨文体,辨出文体之后读者便能知道这种文体在何处常有关键语句。如

辨识出文体是记叙性文章后，除要注重首尾段外，还要重视该文中的抒情议论句，因为记叙文除去常在首尾段表露中心之外，还常常利用抒情议论句表露中心思想。如《听潮》中的"怕什么。这是伟大的乐章! 海的美就在这里!"就表露了全文的中心思想。

文章的首段、尾段常是点明中心思想、论点、论题，说明主要内容、说明对象特征的地方。文章首尾段所点明的这些内容，正是文章要传达的最主要信息，是鸟瞰式读要把握的，所以首尾段的地位重要，应予重视。如《苏州园林》第一段中的"我觉得苏州园林是我国各地园林的标本"，第二段中的"苏州园林在不同之中有个共同点：务必使游览者无论站在哪个点上，眼前总是一幅完美的图画"就都是应抓住的"说明对象的特征"。当然，鸟瞰式读后得出的成果毕竟是从速读中得出的，无十分的把握，须与理解式读得出的结论一起进行核对后，再定是否准确地抓住了中心思想。

（2）重要部位还指文章各段的起句、结句。有些文章受行文的限制，没有在文章的首尾段透露中心，那么，它们也常常会利用各段的起句、结句把中心意思透露出来。如《哥白尼》就是这样。该文第3段的起句为："哥白尼发表了地动学说，不但带来天文学上的革命，而且开辟了各门科学向前迈进的新时代。"第4段的起句是："因此，哥白尼的学说不只在科学史上引起了空前的革命，而且对人类思想的影响也是极深刻的。"把这两句综合起来，就是这篇"人物评介"的中心思想。

（3）记叙文中有些文章没有用关键句透露中心思想。遇到这样的文章，就要重视表明事情发生、发展、结局的语句，通过这些语句去把握文章的中心，如《红军鞋》就是这样。

（4）已找到"关键语句"，却未读完。如果在文章的重要部位找到了自己"拟作为"的"关键语句"，而这时尚未把文章读完，那就要看下面未读到的文字是否在围绕着你"拟作为"的"关键语句"进行记叙、说明、议论。如果是这样，即说明找到的那个"拟作为"的"关键语句"真的是文章的"关键语句"；如果一直到读完，所有语句的意思离开了你"拟作为"的语句，那就证明不是真正的"关键语句"，说明此次速读没成功。不过这也不要紧，因为上述"证明找到的是否为真"的过程已锻炼了你鸟瞰式读的能力，已有了一定收获。可以这样理解：进行鸟瞰式读一要重视结果，二要重视过程。

（5）坚持"一气到底"原则。在快读的过程中，不仅不回视而且遇到不认识的字、不懂的词时，也不停下来查工具书，要一跳而过，大胆猜读，一气读到底。也可以这样说：鸟瞰式读是在纠正一种不良的阅读方法。这种方法是在同一阅读过程中"既想读出文章的中心思想是什么，又想读出文章的表现方法是什么，更想把那些用得好的词语也查清楚"。这样阅读就会导致头绪纷繁，主攻方向时时改变，结果是"贪多嚼不烂"。笔者认为，为了不互相影响，每一阅读过程都应"单打一"。把阅读分为鸟、理、消三读也有此意。

（6）不畏错误，闪视训练。一气读到底以后，把从文章中获得的思想、意义、信息归纳概括为中心思想（中心论点、主题思想），能归纳概括成什么样子，就归纳概括成什么样子，并于归纳概括后立即写出来，不要怕错、怕不全面，以备与理解式读后得出的中心思想对比，对比后要找出差距，下次读一定要把上次读中存在的问题加以改正。

为了提高鸟瞰式读的能力，平时也可以进行"闪视训练"，即把一个段作为阅读理解的单位进行闪视，一闪而过之后从中找出那些能概括全段基本内容或揭示全段主旨的关键词语。进行一段一段的闪视训练之后，还可以找比课文短的文章进行训练。

（7）关注主要人物。阅读小说由于需要先了解时代背景、主要事件和主要人物，因此鸟瞰式读小说时，要改为只注目"主要人物是怎样的人"。

（三）鸟瞰式读训练的目的

1. 从实用价值上说，是适应信息骤增时代的需要

前面已谈到，当今时代是"知识骤增""信息骤增"的时代。各种书籍报刊所刊载的信息像潮水般涌来，需要看的东西太多了，而允许人们看的时间又太少了。作为一个现代人，为了不断更新自己的知识，不遗漏应该掌握的信息，跟上时代的步伐，必须学会适应各种需要的阅读方法，以便恰当地分配时间，把"钢"用在"刀刃"上。在这如潮的书籍报刊中，有一些是"观其大意"就可以的，这就用上了鸟瞰式读法。据有关专家统计，在人们的阅读中，只需"观其大意"不需"字斟句酌"阅读的，要占一个人阅读总量的85%~90%。这种读法十分有用，因此培养语文自学能力，必然要掌握这种读法。这种读法的好处是在较短的时间内，整体地把握阅读材料的主要信息。

2. 从提高语文能力的角度上说，是培养语感力的需要

语感力是在长期规范语言的运用和语言训练中养成的，一种带有浓重经验色彩的，比较直接迅速地感悟、领悟语言文字的能力。它既包含在良好的语言环境中，是通过反复运用不自觉地积累形成的一种良好的语言经验；又包括在平时的语文学习中，是自觉地运用语文基础知识来分析使用语言而形成的一种语言修养。语感力的强弱直接影响着阅读的速度和质量，也与口头及书面表达水平有着密切的关系。语感力是静态的心理能力，既是阅读的基本能力，也是写作时遣词造句的基本能力。语感是动态的心理过程。语感力是凭借语感在阅读时自觉或不自觉地综合运用语言知识去感受语言而形成的。让学生进行鸟瞰式读，就是为了增加他们迅速感悟语言的"量次"，提高他们的阅读速度与质量。

由于语感力的形成过程比较复杂，仅凭鸟瞰式读这种略读式的读，是不能全面地提高语感力的。尽管如此，鸟瞰式读对丰富学生对语言的感性经验，促使其在快读中分析语言等方面还是有很重要的作用的，所以它仍是一种必不可缺的训练。

3. 从利用阅读发展智力的角度上说，是为了锻炼学生的思维敏捷性

物理学家爱因斯坦说："一个人的智力发展和他形成概念的方法在很大程度上是取决于语言的。"因此，语言既是进行思维的工具，也是训练思维的工具。为了发展智力，我们也要借助于语言教育。当今时代，是信息骤增的时代，知识信息的价值在于及时捕捉住又能及时地予以处理，这就要求对信息的处理速度大大加快。反映到思维方式上，就要求人具有思维的敏捷性。让学生进行鸟瞰式读，就是为了让学生在加快阅读速度的过程中渗透思考的工夫，扩大视觉的范围，锻炼思维的敏捷性，因为鸟瞰式读不仅要在短时间内寻找关键语句和段落，而且还要对找出的语句和段落进行加工处理，迅速作出反应，所以鸟瞰式读是使学生思维活跃、锻炼思维敏捷性的最好的阅读活动。

此外，鸟瞰式读也能锻炼学生的预想能力和语境推断能力。什么叫预想能力？即读前面可以推想后面说的是什么和读部分从而推想、领会文章全部的能力。人在阅读时，实际上存在着两条视线，一条是"眼睛的视线"，一条是"心灵的视线"。"眼睛的视线"吸收阅读材料的"语言信号"，给"心灵的视线"作选择和辨认用。这样，"心灵的视线"看到的就是一个个具有逻辑意义的单位。初读文章时，是"眼睛的视线"先于"心灵的视线"，但读起来以后，"心灵的视线"根据已有的认识和阅读经验，可以先于"眼睛的视线"。不等"眼睛的视线"看到，"心灵的视线"即可预想到后面的内容。如读到"剪短翅膀的鸟无法飞翔，因此鸟的翅膀一定具有……"时，"具有"后面的语句，不等"眼睛的视线"看到，"心灵的视线"即已看到了，因此，鸟瞰式读可以锻炼学生预想下文的能力。预想能力有助于学生预测性思维的培养。作为一个现代人，为了使自己很好地选定目标、少走弯路、掌握命运，在思考时必须面向未来。由此，预测性思维就成为现代人思维方式的重要特征，而这种思维方式也是需要自小就逐步培养起的。在学生的学习中只要有这方面的训练因素，就不应该放过。

关于语境推断能力也是这样，因为鸟瞰式读时，学生必然遇有不识、不懂的字词。对这些不识、不懂的字词，就可利用语境去推断意义。心理学表明，上下文常有提示意义的作用。推断之后留待理解式读时再对自己所推断的意义进行甄别，从而积累语境推断的经验，提高语境推断能力。有人认为语境推断能力是一本无形的词典，随时可查。其实，它对于具有这种能力的人的意义远不止于此。这种能力乃是一种综合能力，它既有利于人学习知识，又有利于人发展智力，是培养语文自学能力时必须重视的一种能力。

4. 从促使学生科学用脑的角度上说，是为了锻炼学生大脑的选择机能

人的大脑对于信息的理解具有选择性。它会根据不同的阅读目的对文字材料的信息做出不同的选择，只要在阅读过程中向自己提出某种要求，通过锻炼即可选那些符合自己需要的信息进行理解。鸟瞰式读，即是对人脑的这种特质的锻炼，也是对人脑的感觉、知觉的生理机制的充分运用。不言而喻，大脑的这种选择机能是十分可贵的，但是"不用则退"。如果我们不利用鸟瞰式读来发展这种机能，我们也难以避免"狼孩"的那种痛失良机之憾。此外在鸟瞰式读中提出抓文章的中心，还会养成学生在阅读时把注意力始终集中于辨明文章中心的习惯。这种习惯，也是阅读中应该养成的，因为学生到中学以后所读的文章，已经是牵涉广泛、略有疑难的文章，如果不养成把注意力集中于辨明文章中心的习惯，那么他们很容易把每次阅读都引到某些局部性质的枝节或疑难问题上去，这就要影响鸟瞰式读所要达到的"观其大略"的目的，进而打乱了阅读训练的分工，同时也违反了"先整体读再部分读"的阅读顺序。文章的中心思想是由文章的整体构思体现的，所以理解文章要先着眼于全文的整体构思；在把握全文整体构思的基础上再去研究它的局部，才能"知其然又知其所以然"。

5. 从培养情感意志品质的角度上说，鸟瞰式读要求读者注意力高度集中，能锻炼人的专注性和自制力

鸟瞰式读既要快读，又要在快读中捕捉住自己需要的信息，因而需要十分专注，所以鸟瞰式读可以培养学生的专注性。学生要专注，这就需要控制自己不分散注意力，不产生杂念。注意力是外界信息进入大脑的大门，控制住注意力才会有"初读效果"。什么叫"初读效果"？"初读效果"就是追求一次成功，追求一开始读就读得好些而不把成功的希望寄托于再次。严格地说，追求初读效果的训练是培养自制力意志品质的训练。

（四）怎样保证鸟瞰式读训练获得最佳效果

读前不让学生看与课文有关的参考资料，不让他们得到任何暗示（当然更不要有"阅读提纲"或"阅读提示"），只要求他们使出浑身解数，凭着自己的实力去读；读后获得了什么信息就是什么信息，至于正误和全面不全面都不计较。只要是用真正水平去读，就达到目的了。

读前就向学生提出读后要把所获信息作为阅读成果表述出来（即向全体师生汇报）的要求。由于读时就想着要把所获成果表述出来，因此可以促进阅读过程中的信息转换与处理（这也是一种思维训练）。

鸟瞰式读不主张字字不落（là）的快读。这是因为眼睛在收到文字信号后，还有一连串的感觉和知觉活动。其中特别有一个环节叫"短时记忆"，即把读到的文字的意义要在很短的时间内记忆一下。如果字字不落地读，读得又很快，那样就会顾不上"短时记忆"，出现"前面一组文字符号刚刚'译码'形成一个'短时记忆'的印象，就立即为后一组符号的印象所代替"的情况。这样延续下去，由于对前面材料的记忆不足，使之无法同后面材料形成一个句子或段落的完整印象，因此读完之后的记忆质量是不高的。为了避免这种记忆质量不高的情况，所以把快读与跳读结合起来（即鸟瞰式读），宁可先"跳"掉一些次要的材料而加强对重要部位关键语句的阅读。这样，在同等速度的情况下，就可省去对次要材料的短时记忆以加强对关键语句的短时记忆，通过把全文中的关键语句联系起来而把握全文的中心，因此鸟瞰式读乃是有意识地在抽取要点和重要信息上求快，而不是字字不落地快读。

（五）鸟瞰式读的缺点

由于鸟瞰式读毕竟是比较粗疏的读，所以读后所把握的信息是不够准确的（特别是对此种读法尚未熟练掌握的时候），因此对理解率要求不高的阅读可用此种读法。如果要求必须有深入理解的阅读，比如读和别人签订的合同，就不能用鸟瞰式读，而要用下面谈到的理解式读。另外此读也具有粗疏性，有待解决。

二、理解式读法

（一）什么叫理解式读法

理解式读是在鸟瞰式读（先整体读后）的基础上进行的一字一句、一层一段地，对全文进行分析综合、归纳概括从而把握全文中心思想的读；也是把每句话、每个段拆开来作锱铢之别、淄渑之辨、字求其训、句索其旨的读。它和鸟瞰式读不同，理解式读是精读，是以慢速通读全篇，归纳概括各段段意加以理解，从而把握中心思想的读。理解式读的

"慢"，不是扫视字行的速度慢，也不是一字一句地"指读"，而是"字斟句酌，用心思考，务求对全文明白透彻，了然于心"的"慢"。理解式读的通读全篇，不是只着重关键部位，也不是只提炼关键句加以理解，而是像清代书画家、文学家郑板桥所要求的那样："善读书者曰攻，曰扫，攻则直透重围，扫则了无一物。"

从鸟瞰式读、理解式读的名称上看，这两"读"似无多大联系，但在培养语文自学能力的教学中，这"两读"则有着千丝万缕的联系。由于通过鸟瞰式读已先整体地把握了文章的大意，因而这"了解了大意"十分有利于理解式读时的分析理解。

（二）理解式读的要领

由于进行理解式读时涉及的内容比较多，因此不敢说下面列出的要领已将进行理解式读应遵循的要领完全包括，所以在指导学生理解式读时，除让他们要遵照下面列出的要领去阅读外，还要让他们自己注意从所见到的语言现象中总结阅读规律，既要用教师指导给自己的"一"（要领）去反"三"，又要从大量的语文现象中去取得"一"。黑格尔说："语言实际上只表达普遍的东西，但人们所想的却是特殊的东西、个别的东西。"黑格尔的这句话说明，语言有使用中的共同性和个体性。语言使用中的共同性和个体性对理解式读的启发是："语言使用中的共同性是语言交流的基础，读解课文时要先要求学生从语言系统的规则出发，掌握词句的词典意义，即语言意义；然后还要研究作品文本超出词典的言语意义，将这两者相结合，才是正确地理解文本的途径。根据这一要求，我们把理解式读分为"认字""识词""释句""析段""统篇"等五个方面介绍阅读要领。

1. 认字法

（1）告诉学生要多认字。汉字之学是构建中国历史和文化的重要梁柱。正如俗话所说，"韩信点兵，多多益善"，多认多少字也不嫌多，特别是在今天强调培养能力的情况下，不能忽略对基础知识的掌握。语文基础知识的核心部分就是认字识词。据语言专家统计，一个人多认一个字就可能多掌握三至五个词。如认字很少，就妨碍获取知识，那样培养语文自学能力也就成了一句空话。要多认字究竟以多少字为多？这一点会因人而异，不好一概而论，但对一个刚从小学升入初中的学生来说，最好是把小学六年中应掌握的字全认识了（通过专家和小学特级教师的多次统计大约为3500字），这样，进入初中后会很顺利地完成各科的阅读任务。据统计，中央一级报纸使用的常用字为2500个左右，《毛泽东选集》共90多万字，所用的单字亦不过3300个。以阅读这两种读物为例，可以推想已认识3400字的学生，借助工具书是可以顺利阅读一般的文艺、政治、科技读物的。

（2）要通过理解字的形、音、义来认字。首先要注意字形。汉字，一个字一般代表一个音节，既是书写单位，又是意义单位。一个字构成一个认知单元而且无形态变化，长度相等，简短，与人眼视网膜中央小凹的视物聚焦广度比较匹配。阅读时可以减少视觉水平扫描和回视，易于形成字的知觉整体性。

由于易于形成字的知觉整体性，所以学生阅读时也易于忽略形近字之间的细微差别，将字混淆，因此教学生认字时要通过对字的形体结构的分析、辨别来认识掌握汉字。如对"戍、戌、戊、戎""崇、祟""敞、敝""瞻、赡""篡、纂""赝、膺""谥、谧""毫、亳""灸、炙""赢、羸、嬴""辨、辩、瓣"这些字的识认，都须通过对形体结构的分析、辨别才能准确地掌握。

其次要注意字音。认字除分析字形外，一定要记准字的读音。

记字的读音也要结合着字形记，不然容易把形近字的读音混淆。如有人把"肓""棘""犷"分别读成"盲""辣""旷"的音，就是因为没有结合着字形记读音。

对于同音字，识认的时候不仅要分析它们的字形，还要分析它们的意义有什么不同，以免用错。如"度"和"渡"，虽字形不同，但因为它们都有"过"的意思，因而常常用混。为避免用错，这就要仔细分析它们的意义究竟有什么不同："度"的"过"的意义是指"时间"，指"过"日子，如"欢度新年""光阴没有虚度""度日如年"；"渡"的"过"的意义则指"由这一岸到那一岸"，指"通过"，如"横渡长江""远渡重洋"。关于"渡"这个字还有一种情况，就是"渡过难关""渡过困难时期"，虽也是过"日子"，但因为过得比较艰难所以用"渡"而不用"度"。如把"欢度新年"写成"欢渡新年"，就用错了。其他如把"副食店""师傅""抱负""兴趣""贡献""抑或"写成"付食店""师付""报负""性趣""供献""亦或"也是不对的。

多音字要记住它们在不同语言环境中的不同读音。如下列带点字的读音均须分辨清楚后记住：乌龟、龟裂、龟兹，揣度、度日，稽首、稽查，职称、称职。

有一些常用字易读错，须有意识地记住它们的读音。如臀、屑、憩、莠、懑、浸、笞、酗、霾、酵。

再次要注意字义。认字分析了字形，记住了读音之后，还要了解它的含义。了解了字的含义才能运用。

了解字义第一步是查它的"本义"。如果字典上未标明"本义"是什么，则了解字典上的第一个"义项"。掌握了字的"本义"或第一个"义项"，有利于扩大对这个字的意义的运用，因为一个字派生出的许多意义或用法都是以字的"本义"或第一"义项"为基础的。如"隆"，在《新华字典》和《康熙字典》中第一"义项"为"盛大"和"丰大"（与《说文解字》同），掌握了这个意思，再遇到"隆冬""隆起""兴隆""隆贵"等词，就很容易理解这几个词中的"隆"的意思是由"盛大"引申来的。如果不查字典也会因已掌握了"盛大"这一个意思而推断"隆冬"的"隆"是"深"的意思，"隆起"的"隆"是"高"的意思，"兴隆"的"隆"是"盛"的意思，"隆贵"的"隆"是"尊贵"的意思。

第一步了解了字的"本义"或第一"义项"后，"本义"或第一"义项"不一定能解决要查找的问题，因此第二步还要结合所读文章的语境，在字典的诸多"义项"中选择那个切合文章语境的"义项"，以解决当前阅读中的问题。

形、音、义都了解了之后，要建立六种心理联系：

①看见字形，知道该字的读音；

②看见字形，知道该字的字义；

③听见字音，知道该字音所表达的意思；

④听见字音，知道该读音所代表的汉字的字形；

⑤想表达一个意思，能发出该字的读音；

⑥想表达一个意思，能写出该字的字形。

字形是识字教学的关键，也是学生识字面临的主要障碍，对此要特别留意。识与写并重是一个办法。

学生学习了"形声字""会意字""象形字""指事字"的知识之后，要引导学生利用这些知识记"字形""字音""字义"。运用这些知识记"字形""字音""字义"不仅记忆牢固而且在没有字典可查又必须对字的意义作出判断的时候（如参加考试），可对一些字的意义进行推断。比如北京有一年的中考题中，有解释"长夜漫漫何时旦"中的"旦"字一题。

有相当多的考生解释为"结束",显然这仅是结合语境进行推断作答的，如再能运用自己已学过的"指事字"的知识作答必能答对（"旦"甲骨文从日，下象日影，是海上日出的景象，表示日出天亮之意）。

（3）要引导学生切实掌握字的形、音、义，不可浅尝辄止，似是而非，模棱两可。这个问题在这里之所以又单独提出来，是因为有强调之必要，如高考考了下面这样一道题：

《九章算术》上有一道题："竹原高一丈，末折着地，去本三尺，问竹还高几何？"根据该题所作的图，正确的一幅是：

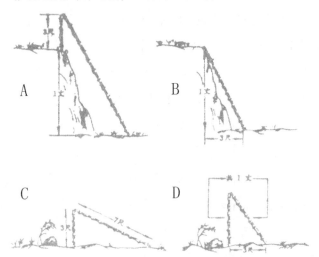

能答对这道题的关键是要理解题中"本""末""去""几何"这几个词的意义，而这几个词都是学生在初中就学过的。如"本"字在这个题中的意义是"根"，学生在"水有源、木有本"中学习过；"末"有"梢""尖端"的意思，在"东坡右手执卷端""鲁直左手执卷末"（《核舟记》）中学习过；"去"的"距离"的意义在"西蜀之去南海，不知几千里也，僧富者不能至而贫者至焉"（《为学》）中学习过；"几何"的"多少"的意义在"禽兽之变诈几何哉？"（《狼》）中学习过。在初中学过这些词后到高中再反复学习三年，按理说到高中毕业答这个题是不应有困难的，但笔者在当年一份分数统计中见到，答对这道题的考生仅是考生总数的1/2。尽管这个分数统计仅是一个地区的教学质量抽样调查，不能全面地说明问题，但用来说明学生学习中存在的"浮光掠影"现象，还是具有说服力的（答案为D）。

（4）对阅读中遇到的"炼字"范例，要引导学生作深入分析。知其然又知其所以然，有利于提高学生阅读水平与炼字水平。下面以《春夜喜雨》为例，谈一下怎样分析。

这首诗的题目是《春夜喜雨》，但看得出诗中没用一个"喜"字。可是细细体会，表面上与"喜"无关的"潜""润""湿""重"等字，又无一不是在写喜悦之情。首先说"潜"，"潜"表明春雨是在人们渴望它的时候，不吝啬，不自夸，在人们安睡的夜晚，伴随着温暖的春风，悄悄地化入人间大地；这"潜"既写出了春雨的特征，又写出了春雨的性格，表现出了诗人对春雨的喜爱；同时，这"潜"又似"无声之中犹有声"，随着纷纷细雨的到来，人们必定可以听到禾苗的生长声，草木的欢笑声；总之，"潜"字生动地表现了春雨的温柔可爱，做好事不声张的品质，同时在诗中又与"无声"谐调相和。其次谈"润"，"润"既写出了春雨对万物的滋润作用，又好像写出了春雨的慈善之心——春雨很担心毁坏了农作物，所以下得格外小心；春雨有这么大的贡献，又有这么好的心肠，怎么能不引得诗人喜爱呢？最后说"湿""重"。这两个字很传神，共同写出了一夜好雨的存在；"红湿处"显示了春雨的作用，受一夜春雨滋润的花，朵朵绽开，花枝低垂，清新洁净，使锦官城的春色显得更浓，也唯其如此，才能切题中"喜雨"二字。这个"重"字不仅有点题的作用，而且显示出诗人之"喜"不是仅仅停留在春雨上，从春雨又深入发掘到对大自然之美的喜爱上。

上述"炼字"的范例,仅仅是从一首诗中选出的。这样的范例在其他优秀的作品中还有很多,这里就不再一一列举。那么从"炼字"范例中应给学生提示哪些要领呢?一般地说,有下列几条:

第一,所谓"炼字",就是从若干个可用的字眼中选择一个最恰当、最富有表现力的字眼来使用。"炼字"时要运用"比较"的方法,因为没有比较就没有鉴别。比如上述分析中提到的"潜",就是和"飘""进""袭"诸字的比较中选择出的。"飘""进""袭"诸字均不能表现春的"不吝啬""不自夸"的特点,因而不能入选。再如《孔乙己》中的"只有穿长衫的,才踱进店面隔壁的房子里"的"踱","便排出九文大钱"的"排","他从破衣袋里摸出四文大钱"的"摸",都是在分别与"走、跨、迈""掏、拿、捏、夹"诸字的比较中筛选出来的。在阅读中,把作品用到的字与可以代替这个字的其他字进行比较,或可以从中感受作品的"炼字"之美,或可以从中接受经验教训以提高自己的作文用字的功夫。

第二,炼字多是炼动词。之所以多炼动词,可能与一句话中或是一句诗中最重要的字乃是谓语中心词有关。把这个谓语中心词炼好了,一句话、一句诗就变得生动了、形象了。当然在炼字佳话中,也有讲的不是炼动词的,但写文章需要进行炼字的道理则是一致的。

第三,炼字是为了做到"鲜明、生动、准确"地表达,是为了增大字的表现容量。前者如"踱",在表现长衫客的神态方面达到了"鲜明、生动、准确"的要求;后者如"潜""润""重",都不是单单地表现出了春雨的温柔,而是同时引发了读者的联想,促使人感受到了更加广阔的意境。

总之,一要帮助学生提高用字规范意识,增强主动修改和避免错别字的意识。二要经常引导学生对易错字词细加辨析,分清异同和用法,识记规范字形，必要时专门精选高频易错字词进行专项训练。三要督促学生认真辨析修改自己作文中的错别字。四要学生能正确工整地书写汉字并有一定的速度，注意间架结构，能感受到汉字的形体美就更好。

2. 识词法

如果把文章比作机器，那么词、句、段就是元件和部件。作文章好比机器的组装，阅读文章好比机器的拆卸。不论组装或拆卸，都是从零件开始的，因此，词、句、段在阅读与写作过程中的重要性是极为清楚的。

（1）识词就是理解词的含义。要理解词的含义，就要查词典。查词典首先需要弄清楚的就是词典的释义方法，下面以中学生常用的《现代汉语词典》（以下简称《词典》）为例加以说明。

《词典》解释词义的第一种方法是"义界"，即标明词义的范围。词义是对客观事物进行概括的结果，义界就是要用最简练的语言对客观事物进行概括，直接说明词语的含义。如"造诣"这个词，《词典》解释为"学问、艺术等所达到的程度"，这就是用了义界的方法。

第二种方法是"互训"。互训是同义词、近义词之间的互相解释，也可以说是用同义词、近义词来表示词的含义。如"造诣"可以解释为"成就"；"逆旅"可以解释为"旅馆""客舍"。

第三种方法是"描绘"，即用形容或比喻的方式描绘出词的用法。它不像义界那样，是直接说明词是什么意思。如把"孑然"解释为"形容孤独"；把"潺潺"解释为"形容水流动"；把"脚踏两只船"解释为"比喻因为对事物认识不清或存心投机取巧而跟两方面都保持联系"；把"胶柱鼓瑟"解释为"比喻固执拘泥，不能变通"。用这种方法释义的，有个明显的标志，就是在解释的语言中有"形容"或"比喻"一词。

第四种方法是"注明义场"，既解释词的意思，又指出它适用的范围。在词汇中有大量语词及多义词的某些"义项"，有特定的存在场合和适用范围。注明义场的释义方法，把所查词的"特定存在场合和适用范围"用加括弧的方式给指出来，因此在理解这些"注明义场"的词时，就要结合它"特定的存在场合和适用范围"来理解；运用这种词时就要在它"特定的存在场合和适用范围"内用，不要超出它规定的范围，否则就是用词不当。如"杰出"，《词典》解释为"（才能、成就）出众"，这就说明不是哪一方面出众都可以用这个词来形容。如某人长相很出众或身高很出众，都不能用"杰出"。再如"节约"一词是大家经常用的，殊不知，它乃是一个"注明义场"的词语。《词典》解释为"节省（多用于较大范围）"。把这个词用于"他节约了一个铜板"就是"大词小用"了，因为它"多用于较大范围"。"他节约了一个铜板"应改为"他节省了一个铜板"。同学们常用的"注明义场"的词有很多，如"俯冲""奔驰""纷纷扬扬""愈合""置之度外""重大""虎头虎脑"等，都要准确地运用它们。

第五种方法是"探源"，即探求语词的原义和来源，以便透彻地理解这个词和运用这个词。如"染指"，《词典》解释为，"春秋时，郑灵公请大臣们吃甲鱼，故意不给子公吃，子公很生气，就伸指向盛甲鱼的鼎里蘸了点汤，尝尝滋味走了（见于《左传》宣公四年）。后世用'染指'比喻分取非分的利益。""探源"的方法是把"语词的原义和来源"以及"后世人"怎样用它讲清楚了。一是告诉读者理解词义时不要"望文生义"，不要把"染指"理解为"染手指头"；二是告诉读者应怎样理解、怎样运用这些经过探源的词语。如有一家报纸报道聂卫平、马晓春去参加某一重大围棋比赛，这一重大比赛聂马二位以前均参加过，但未得到冠军，晚报说明这一情况时就用了聂马二位对这项比赛的冠军"尚未染指"。显然这里是把"染指"用错了，因为"染指"是指"分取非分的利益"，而聂马二位去参加比赛并不是去"分取非分的利益"，而是凭实力进行比赛。如得了冠军，是应该的，谈不到"分取非分的利益"，因此，教师要告诉同学对某些词和成语典故进行"探源"，是为了准确地掌握语义和用法。

让同学掌握上述五种释义方法十分必要。同学们虽然经常查词典，但是由于对词典释义的这五种方法不了解，因而就不去细心地分辨各个词在释义方面的差别。有些教材上的注释似乎也不大注意这个问题，因此影响学生对词义的理解。如有的同学见教材上给"赋予"一词注解的是"给予"，他也就没再查词典。给"赋予"造句时就造了个"班长赋予我一个扫教室的任务"。其实，"赋予"是有特定的使用范围的，属"注明义场"的词。词典上解释的是"交给（重大任务、使命等）"，因此把"赋予"与"扫地任务"联系在一起，就是"大词小用"了。

当然，在人们的语文学习中也存在着这样一个客观事实，即人们已理解并会运用的词语并不都是通过查词典学来的，而是人们在大量的听和读中对某些词有了丰富的语感，久而久之，也就知道它的含义了，运用起来也会八九不离十，但是这种学习和积累词语的办法，是不可靠的；这样听和读来的知识，毕竟是停留于表面的感性知识。比如有的同学解释"望洋兴叹"，说"人望着大洋，和大洋比，因自己显得渺小而叹息"。这样解释就是通过望文生义的办法进行解释的（用望文生义的办法解释成语大部分会解释错）。实际上"望洋兴叹"的"望洋"，不是"看海洋"，它是个联绵词，也可以写作"望羊""望阳"，是"抬头向上看的样子"。"望洋兴叹"本义指在伟大的事物面前感叹自己的渺小，今多指要做一件事而力量不够，感到无可奈何，与"海洋"没有任何关系，因此对大量的听和读加以肯定的同时，如果以大量的听和读为基础，再加上能查字典、词典，能按上述的释义方法去理解词语，运用词语，那样才是最好的学习词语的办法。

这里还附带说明一点：学生查完词典，对词义已获得了准确的理解之后，最好还能多记一些用例，知道某词语在何种语境可用，在何种语境不可用。学生记住了"词语的用例"，就等于记住了"词的构件"。从记忆的角度说，记"构件"远比孤零零地记词义牢固；从运用的角度说，记"构件"还便于"举一反三"，有时干脆就能直接运用所记的用例。

（2）识词要结合语境，把词放到一定的语言环境中去加以理解，这样词的意义才能确定下来。

人们通过使用工具书和阅读、写作实践可以知道：每一个词都具有两种意义，一种是概括意义，一种是具体意义。一个词的概括意义，是全民族共同的抽象思维的结果，它概括了同一民族的人对同一事物的共同认识，因此它能为这一民族中每个成员所理解，但是，在这个词义的容量里，并不因抽象概括而将用来进行概括的具体内容简单抛弃。相反地，这些感性的、形象的具体材料仍然贮存在词义之中，这就是词的具体意义。概括词义与具体词义是紧密结合在一起的，是统一在同一词形之中的。一个具体的词一经产生，它在语言中就是以两种状态存在的：一种是储存状态，即它作为语言建筑材料中的某个具体成分，被存放在词汇中；另一种是使用状态，即作为句子的具体组成成分，活跃在具体人的口中或笔下。在储存状态中的词，保留着概括性与具体性统一的全貌，具有词义的全部容量。由于词的具体意义是那样纷繁众多，难以一一表达，所以在词典中所表述的词义常是概括的。词只有在使用状态中，才充分显示它的具体性。又因为使用中的语言乃是一个相互依存的词语体系，在这个体系中，每个词语的具体意义都是与其他词语相互依存的结果。这就是说，每个词语，一旦进入文本，就进入了一个特定的语言符号系统，它的意义不完全是自身所有，而是由上下文的其他词语所决定的了。我们在这里所说的理解词的意义正是指的进入了文本"由上下文的其他词语所决定的"词义，因此要结合语境，即"上下文"

理解词义。

第一，结合语境可以确定要理解的这个词应选词典中诸"义项"中的哪一个"义项"。

第二，结合语境可以体会出一个词既保留原有的语义但又增添了的新的意义。如：

《闻一多先生的说和做》中的：

①"'做'了，他自己也没有'说'。"

②"作为争取民主的战士，青年运动的领导人，闻一多先生'说'了。"

这两句话中的"说"，在前一句话中就是"宣扬"的意思，在后一句话中则是"宣传"的意思。同一个词在不同语境中意思不同。从"说"这个词的本义看，在上述两个语境中它既保留了原有的语义，"宣扬""宣传"都用到"说"；又扩展了新的意义，"宣传""宣扬"都不是一般的"说"。"宣传"是对群众说明讲解，使群众相信并跟着行动，"宣扬"则是使大家知道，传布。

《故乡》中的：

"这正如地上的路；其实地上本没有路，走的人多了，也便成了路。"

这句话里的"走"已不是一般的"走路"，而扩展得有"实践"的意义。"路"也已经虚化，具有理想的境界的意义。

第三，有些词容易产生不同的理解，结合语境细加考究，则可以得到合乎情理的理解。

如《大自然的语言》中有这样一段话：

"立春过后，……不久，布谷鸟也来了。于是转入炎热的夏季，这是植物孕育果实的时期。到了秋天，果实成熟，植物的叶子渐渐变黄，在秋风中簌簌地落下来。……准备迎接风雪载途的寒冬。"

这段话中的"孕育"，教材上注为"怀胎生育，用来比喻酝酿着新事物"。查《词典》，释语与教材相同。可是把"孕育"的这一解释放在它所在的语言环境中，是讲不通的，因为从这段话的上下文看，"怀胎"符合"炎热的夏季"的时期特点，而"生育"则不符合，因为到下文中才有"到了秋天，果实成熟"，因此结合语境来理解这个词，"孕育"应是"复词偏义"，"偏义"在"孕"上；同时也只有"偏义"在"孕"上，才和注解中的"比喻酝酿着新事物"一致。如果已然"生育"，也就谈不到"酝酿"了。

结合语境可以体会出向相反的方向转化的语义。如"感化"一词本是"用行动影响或善意劝导，使人的思想、行为逐渐向好的方面转化"，但此词用在《故乡》的"但这大约因为年龄的关系，我却并未蒙着一丝感化，所以竟完全忘却了"这一句中，"感化"就变成了反语。

结合语境还可以体会出一个词既与原有的意义有联系，但又有所改变的语义。如"象征"一词，在词典上有两个"义项"，一是"用具体的事物表现某种特殊的意义"，一是"用来象征某种特别意义的具体事物"。用这两个"义项"分别去理解《看云识天气》中"经验告诉我们：天空的薄云，往往是天气晴朗的象征；那些低而厚密的云层，常常是阴雨风雪的预兆"这段话中的"象征"，则哪一个都不合适，但结合语境中与"象征"相对的"预兆"来推断，可知这里的"象征"乃是"标志"的意思。"标志"与词典中的第二个"义项"有联系，但其意义已有所改变。

结合语境能理解语义本身没有发生变化，但语言的感情色彩已有了改变的词。如《我的老师》中的"我用儿童的狡猾的眼光察觉，她爱我们，并没存心要打的意思"。这句话中的"狡猾"，结合语境来体会，它已由原义的"诡计多端"转化为"敏锐""善于观察"等词语的意思，带上了夸赞的感情色彩。

第四，有些词语理解它的含义时，除要结合语境外，还要联系写作的时代背景。

如《最后一课》中的"可怜的人""可怜的小弗郎士""可怜的人啊"，这"可怜"一词在全文中连续出现了三次，对每一个"可怜"都要结合作品的写作背景和所在的语境进行分析，才能得到准确的理解。可怜的人"中的"可怜"，表示的是小弗郎士对韩麦尔老师此刻痛苦心情的理解与同情。韩麦尔老师的痛苦表现在他热爱自己的学生，热爱自己的工作，热爱自己所教的祖国语言，他对所热爱的这一切又拥有十分神圣的权利，但此刻他被迫不得不和这所爱的一切分手。"可怜的小弗郎士"中的"可怜"，表示的是韩麦尔老师对小弗郎士的痛苦处境的理解与同情。小弗朗士的痛苦处境指的是没能学好自己应该学好的语言，如今不仅被强行剥夺了学好祖国语言的权利，同时还要受到"那些坏家伙"的侮辱。"可怜的人啊"中的"可怜"，再次表示了小弗郎士对韩麦尔老师痛苦心情的理解与同情。韩麦尔老师的痛苦还表现在不能把"这小教室里的东西""带走"，不得不跟"四十年来"和自己一起生活的一切分手。

（3）读到句中那些富有感染性的成分，要展开自己的联想。

抒情的语言所表达的是某种情趣、意味，这种情趣、意味常常要借助语言中那些富于感染性的成分来唤起读者某些形象的联想或情绪的共鸣，从而才能得到表现；读者也只有在相应的形象联想或情绪的共鸣中才能真正领会感染性语言中所寄托的意义，因此应告诉学生，在阅读中，要依据那些感染性很强的语言进行联想，体会其中的寓意。如下列语句中带点的词语，就属于富有感染性的成分：

①喝着这样的好蜜，你会觉得生活都是甜的呢。

②那沸沸扬扬的情景会使你想，说不定蜜蜂也在赶着建设什么新生活呢。

③从化的荔枝树多得像汪洋大海，开花时节，那蜜蜂满野嘤嘤嗡嗡，忙得忘记早晚。

④它们（蜜蜂）从来不争，也不计较什么，还继续劳动，继续酿蜜，整日整月不辞劳苦……

上面这些句子中的带点词语，都是感染性语言。之所以说它们是感染性语言，就是因为在句中删去它们，从句子的基本意思上看没有变化，但句子的感情色彩则大不相同了。比如第1句，删去"这样的好""都""呢"，这个句子的亲切感就消失了，读者也无从去联想作者用"好"来修饰"蜜"，又用"这样的"来强调这个"好"的用意是什么。实际上作者这样强调"蜜"好，语言又写得这样富有情感，乃是在为赞美"蜜"的酿造者打基础。再如第2句，删去"沸沸扬扬""会""也"和"什么"，不仅语言的亲切感没有了，形象感也没有了。读者没有"沸沸扬扬"来触发联想，那么对如何"赶着""建设新生活"也就无从领会，当然也就更体会不到作者这样赞美蜜蜂的采蜜乃是在为赞美建设新生活的人埋伏笔。第3、4句中的"满野嘤嘤嗡嗡""忘记早晚""从来不争""整日整夜"，不仅能唤起读者的形象联想，更能引起读者的情绪共鸣。读者从蜜蜂的"嘤嘤嗡嗡"，怎能不想到人的"兢兢业业"；从蜜蜂的"忘记早晚""从来不争"，怎能不想到人的"夜以继日""全心全意"？由此既想到了"兢兢业业""夜以继日""全心全意"为人民作贡献的形象，又怎能不"心向往之"？上面我们用删去法删去了那些感染性的语言，对比着体会到了这些感染性语言的作用。此外，我们还应该认识到，作者写这些感染性的语言，原本就是为了唤起读者的联想的。唤不起读者的联想，文句就达不到表现目的；同时读者不相应地进行联想，读者也体会不到作者写这些感染性语言的真正目的，因此读这类抒情性的语言，一定要结合语言中的感染性成分进行联想，体会语言的真正用意。

（4）遇到作品中明显地使用"不现成的词"时，要细细体味作者为什么这样"舍近求远"。

什么叫"不现成的词"？即"不常使用的词"。比如《石榴》一文，文中有这样两句语：

①最可爱的是它的花，那对于炎阳的直射毫不避易的深红色的花。

②单瓣的花虽没有双瓣的豪华，但它却更有一段妙幻的演艺，红玛瑙的花瓶儿由希腊式的安普剌变为中国式的金罍，殷、周时古味盎然的一种青铜器。

第一句中的"避易"，用分析语素的方法很可能解释为"避开容易"，这样解释之后，结合这个词所在的语言环境也讲得通；第二句中的"演艺"，很可能理解为"演变"，放在所在的语言环境中也讲得通，但是这就要引起思考：像郭沫若这样的大作家，为什么放着现成的"避开容易""演变"不用，而专选"避易""演艺"呢？原来是因为用"避开容易"，显示不出石榴不向强敌低头的斗争精神，因为"避易"的"避"与"辟易"的"辟"通假，"辟易"是"惊退"的意思。"毫不避易"就不是一般的"不避开容易"，而是在强大的压力之下也不避开。这样就把石榴的花为什么最可爱表现出来了。同理，"演艺"的实际意义是"奇妙的演变"，也比一般的"演变"的意义要丰富。由此可知，作者这样用词乃是为了满足他要表达的意义的需要，因此当读者阅读作品产生疑惑时，要先细细体味，以便把作者要表达的那个意义理解到位。

（5）要注意人在遣词造句时容易出现疏漏的地方。

人在写文章遣词造句时，可能有这样一种情况，即思维与表达之间存在着"距离"。人在思维时用的是内部语言（属于意识的心理语言），这种语言乃是跳跃的、断续的、非规则的语言。而人进行表达用的则是外部语言，这外部语言乃一词一句一段连贯的合乎逻辑的规则语言，因此人在进行表达时都面临着要把跳跃的、断续的、非规则的内部语言转化为连贯的、逻辑的、规则的外部语言的环节。如果对这一环节处理不好，表达时就会把原始思维过程中的跳跃性、断续性、非规则性表现出来，使写出的文章中或说出的言语中出现下列缺点：

一是思想材料之间缺乏明确的合理联系；

二是选择的材料不典型；

三是观点和结论分散；

四是用来反映思维运动的语言残缺不全、搭配不当；

五是选用的词语不当；

六是表述的顺序不当。

这些缺点从写作水平低的人的"创作"中时常可见，从中学生的作文中更是俯拾即是，而有丰富创作经验的人，他们已经熟悉了表达的种种格式和要求，他们在构思和表达时会注意到可能出现的纰漏，因此这些人写出的作品就不会有很多问题；尤其是那些选进教材的文章，本来就出自"大家"之手，再加上选进教材时又经过了斟酌、选择，所以一般人写文章容易出现的上述缺点，在教材上很少见。教师引导学生学习教材，除要引导学生全面地吸取教材的思想营养、智力价值之外，还要引导他们去分析"一般人写作时容易出问题的地方，人家大手笔是怎么处理的"，会很有借鉴意义。

一般人写作时容易出问题的地方表现在诸多方面，现先将与"识词"有关的几条提示如下：

第一，一般人运用词语最容易出问题的地方就是词语不搭配，因此在阅读和作文时，要重视和熟悉文中的词语搭配。前面说过，由于人进行思维时所伴随的不出声的言语具有不连贯、跳跃、不太受语法规则约束的特点，因此在进行表达时常会出现问题。为了让学生在自己表达时减少或避免这一缺点，可指导他们在阅读时多分析哪个词与哪个词能搭配，并通过分析词义弄清它们能搭配的原因，再把它们记熟。这样既有利于学生在此后的作文中直接运用，又可对所读到的搭配不当的句子产生敏感，进而质疑。如下列高考题就是考查学生的判断能力的：

①为什么对于这种浪费人才的现象，至今没有引起有关部门的重视呢？

②无论干部和群众，毫无例外，都必须遵守社会主义法制。

③经过老主任再三解释才使他怒气逐渐平息，最后脸上勉强露出一丝笑容。

在①句中，"现象"和"重视"是可以搭配的，但"浪费人才的现象"和"重视"就不能搭配了，应把"重视"改为"注意"或"干预"。发现这个句子的语病，主要不是靠对"重视"与"现象"的词义的掌握，而靠的是对句意的分析。由此我们可以体会到，要发现句子的语病，不能轻视对句意的分析。

在②句中，主要的问题出在"干部和群众""遵守""法制"上。"法制"是"法律制度体系，包括一个国家的全部法律、法规以及立法、执法、司法、守法和法律监督等"。"法制"既然包括"立法"，即法律的制定，那么就不是"干部和群众""遵守"的问题了，因此"干部和群众""遵守"与"法制"就不能搭配了。这"法制"乃是"法律"之误。"法律"是"由立法机关或国家机关制定，国家政权保证执行的行为规则的总和，包括宪法、基本法律、普通法律、行政法规和地方性法规等规范性文件"。"国家政权保证执行的行为规则"才是"干部和群众"应该"遵守"的，所以"干部和群众""毫无例外，都必须遵守"的是"社会主义法律"而不是"社会主义法制"。由上述的分析可见，答对这个题需要的是对"法制""法律"这两个词词义的正确理解。分析不清"法制""法律"这两个词的词义,即无法确定能否与"遵守"搭配。

在③句中,主要的问题出在"怒气"与"平息"的搭配上。"平息",查《现代汉语词典》,只有两个义项。一个义项是"(风势、纷乱等)平静或静止";一个义项是"用武力平靖(叛乱)"。总之,两个义项不论是作形容词或动词,都涉及重大乱事的平静和平靖,而在所出现的这个句子中,"平息"的只是"怒气",与"重大乱事"相距很远,因此"怒气"与"平息"显然是不搭配的,因而它是病句。从这个句子看,只要掌握了"平息"的词义,对这个句子也是能作出准确的判断的。

正如前面所说,指导学生阅读优秀作品首先要强调吸收,强调向优秀作品学习,但是如果在阅读中真遇到了不规范的用词,也要告诉学生不必为尊者讳,要敢于独立思考。语言是发展的,用词也是发展的,特别是在许多大手笔的笔下,用词很可能有创新。学生在阅读时,对那些确是创新的地方要认真学习,而对那些认为值得商榷的地方,也要敢于研究,不一定一律肯定。

第二,要注意和重视在同一篇文章中相同词语和近义词语的运用。人在遣词造句时,由于构思时用的是不出声的内部语言,思维速度也快,因此对于同义词、近义词的使用有来不及斟酌的情况。为了使学生自己作文时能准确地用词,阅读时能深入地理解文意,所以要在以下方面指导学生。

首先,在有充裕时间的情况下,对所读文本中的用词要多想想"作者为什么用此词而不用彼词",因为作者用到的词都体现他的用意,都为了使读者便于理解文意;而没用到的词实际上也体现着作者的匠心,包含着他的用意。这样从两方面思考,既可认定已用的那个词的意义,又可论定用词是否得当,从而既深入地理解了文章,又提高了用词的能力。

其次，阅读时还要分析出现在同一文中的相同词语，特别是要想"作者为什么这样连用这个词语？有没有特别的用意？"因为一般地说，"文似看山不喜平"，行文是应讲究变化的。如果在一篇文章中甚至在一个自然段中作者多次用同一个词语，不避"平板"之嫌，那必定有他的道理。分析出了他的所以然，即可深入地理解文意，同时提高自己的用词能力。如读《孔乙己》的最后两段：

自此以后，又长久没有看见孔乙己。到了年关，掌柜取下粉板说，"孔乙己还欠十九个钱呢！"到第二年的端午，又说"孔乙己还欠十九个钱呢！"到中秋可是没有说，再到年关也没有看见他。

我到现在终于没有见——大约孔乙己的确死了。

在这两段中作者连着用了五个"到"，既写出了孔乙己被淡忘的过程，又写出了他悲惨的结局，言简而寓意深刻。

最后，分析出现在同一文中的近义词语时要想，既是近义词，为什么一个用在那样的语境，一个用在这样的语境，它们互相调换一下行不行？这样进行分析，既可深入理解文意，又可体会作者遣词造句的细密程度和分寸感。如下列出现在同一文中的语句。

A. 但是两三千年来，这个区域不断受到风沙的侵占，有些部分逐渐变成荒漠了。

由于长城外的风沙侵入，榆林城也受到袭击，到解放前榆林地区关外三十里都变成沙漠了。

B. 可是苏州各个园林在不同之中有个共同点，似乎设计者和匠师们一致追求的是：务必使游览者无论站在哪个点上，眼前总是一幅完美的图画。

他们惟愿游览者得到"如在画图中"的美感，而他们的成绩实现了他们的愿望，游览者来到园里，没有一个不心里想着口头说着"如在画图中"的。

A组两句都选自《向沙漠进军》。这两句话都是说明风沙的危害的，分别用了"侵占""侵入"。"侵占"是"非法占有别人的财产"或"用侵略手段占有别国的领土"，中心意思在于"占有了××"。而A组第一句的中心意思是讲"这个区域"的土地被风沙占有，"逐渐变成荒漠"，因此用"侵占"是十分贴切的。"侵入"是"（敌人）进入境内；外来的或有害的事物进入内部"，而A组第二句的中心意思是说明"长城外"的风沙进入到"榆林地区关外三十里"，因而用"侵入"也十分贴切。

从"侵占""侵入"两个词的释义看，这两个词都是指动作、行为，但两个词绝不能互换；如互换了，两句话表达的意思就不准确了。A组第一句如改为"侵入"，那么"有些部分"可不一定"变成荒漠"，因为"侵入"也可能只是路过"有些部分"。"有些部分"虽可能落下沙粒，但不一定到占有的程度，到占有的程度则必须用"侵占"。A组第二句也同理。如改为"侵占"，那么与下文的"袭击"就会不搭配，形成语病。可见作者在同一文中对近义词的使用，区分得是很严格的。

B组两句是近义词使用的另一种情况。"图画"的含义是"用线条或色彩构成的形象"。"眼前总是一幅完美的图画"就是"眼前总是一个用线条和色彩构成的完美的形象"，这是从设计者的角度写的，"图画"偏义于图；而"画图"虽和"图画"仅是语素顺序之不同，但意义上却有微妙的差别。"画图"也是"图画"，但多用于比喻，即可用来代表美丽的境地，偏义于画。"他们惟愿游览者得到'如在画图中'的实感"，即是设计者的唯一愿望是让游览者进入园林就感到像是进入了美丽的境地。由于作者这样精心地区分用词，因此表现出了这样难以表现的两种"境界"。

总之，识词的一项重要内容就是分析作者怎样准确地运用词语。像上述那样，用比较、鉴别的方式推敲、琢磨词语，特别是推敲、琢磨用在同一文中的相同词语、近义词语，可以增强读者对语言的感受能力。如能再对运用了相同词语、近义词语的句子、段落进行诵读，就更可增强语感，提高用词水平。

（6）遇有发人联想和产生形象感的词语，要认真体会，以学习作者的创新精神。

众所周知，描写要做到形象化并不是特别困难，而叙述和议论的语言要做到形象化，就有一定难度了。在阅读中遇到这种语句就要注意学习。如：

①那时候，他已经诗兴不作而研究志趣正浓。他正向古代典籍钻探，有如向地壳寻求宝藏。

②他想吃尽、消化尽我们中华民族几千年来的文化史，炯炯目光，一直远射到有史以前。

③1930年到1932年，"望闻问切"也还只是在"望"的初级阶段。

上面的几个句子都摘自《闻一多先生的说和做》的第三段。仅在一个段中，就显示出了作者在用词方面的异彩纷呈的情况。①句本来是叙述语言，无非是讲闻一多正在研究古代典籍，但作者不用"研究"一词，而精心地选用了"钻探"，这就有了形象，包含了比喻；把"为了勘探矿床、地层构造、土壤性质，用器械向地下钻孔"的词语，用到了研究古代典籍上，这就显示出了研究之难和钻研之深，生动地表现出了闻一多锲而不舍的钻研精神。②句中"吃尽""消化尽"是很平常的字眼，如今用在"吃尽""消化尽""几千年来的文化史"上，就让人感受到了闻一多钻研古代文化史的要求之高、雄心之大。③句中，"望闻问切"是医生诊病的四个阶段，也是了解病情的四条渠道。在这里用"望"来表示闻一多研究古代典籍的进度，既让人明确了他对古代典籍的研究还只是刚刚起步,又让人了解到闻一多研究古籍的目的——不是埋在故纸堆中为研究而研究,而是要给我们衰微的民族,开一剂救济的文化药方。

上述"识词"部分,我们一共讲了六条。从这六条所举的例句中可以认识到词至少有三层意义:其一,字面意义,即从词典中能查找到的意义,如第一条中指出的;其二,文体意义,即根据语句采用的修辞手法所判断出的意义,如第六条中"钻探"一词的意义;其三,情景意义,即根据语句出现的情景体会出的意义,如第二条中"狡猾"一词的意义。认识到上述这几点,也可以说是又掌握了一条"识词"的规律。

3. 释句法

句子是语言运用的基本单位,是由词按照语法规则构成的,它能表达一个相对完整的意思。由于句子是语言运用的基本单位,因此要读懂一段文字或一篇文章就要把其中的每一句话都读懂。所谓"释句",就是指导学生如何读懂各式各样的句子。

(1)释句时,单句要分清它的"主干"与"枝叶"的关系,复句要分清它的分句之间的关系。

释句就是要分析出一个句子所表达的相对完整的意思。准确地分析出一个句子所表达的相对完整的意思,短句还好办一些,有难度的是长句,因为长句的句意不像短句那样明露于外。

第一,遇到长的单句就要用"去枝叶""露主干"的办法分析句意。"去枝叶"就是去掉定语、状语、补语,"露主干"就是把主语、谓语、宾语显露出来。比如高考题中有这样一个长句:"地方法院今天推翻了那条严禁警方执行市长关于不允许在学校附近修建任何等级的剧场的指示的禁令。"要求考生读此长句后回答:"地方法院究竟允许不允许在学校附近修建剧场?"

要理解这个句子的句意就要先识别一下它是单句还是复句。识别之后判定它是单句。理由是：此句中间无标点，无分句。既是单句，就能采取"去枝叶，露主干"的办法，先找它的主干。主干中主语是"地方法院"，谓语是"推翻"，宾语是"禁令"。为了使剩下的部分越单纯越好，在分析的第一步即可把离"主干语"特别近的"定状补"带出一些，这样可以先摘出基本上是"主干语"的"地方法院今天推翻了那条禁令"。第二步必然追问的是什么禁令？因为在"主干语"中只有它不明确。于是我们又可摘出的是"严禁警方执行市长指示的禁令"。第三步又要追问"市长的什么指示？""去枝叶，露主干"到现在，"什么指示"已经很明确了，即市长发出了关于不允许在学校附近修建任何等级剧场的指示。这样，我们把对这句话的"去枝叶，露主干"的过程小结一下，可知：市长发了一次指示，地方法院发了两次指示。地方法院第一次发出的是"禁止警方执行市长指示"，第二次又推翻了第一次发出的指示，最终还是要执行市长发出的指示，即"不允许在学校附近修建剧场"。

　　第二，遇复句则分析分句间的关系，理解句意。分析分句间的关系，理解句意，最关键的一步是分析出第一级层次（也有人叫"最大的层"），从而确定整个复句的类型和基本关系，把握复句的语意中心。那么，如何分出第一级层次，确定整个复句的基本关系？一般地说，要把握住这样一点，即一个复句被划分出第一级层次之后，被划分出的各层必须是分别具有相对独立意义的分句或分句群。这些分句或分句群从表达的意义上说是互不包容的；从它们在复句中的地位上看，是并列的、对应的。如下面这个复句：

　　①如果不培养这种坚强的性格和不怕困难的精神，②那么，即使懂得很好的道理，也未必真有用处，③因为正像温室的花卉似的，是经不起日晒雨淋的。

学生理解这个复句的意思问题不大,但他们要弄清第③句是针对第①②句讲原因的,还是只针对第②句讲原因的。认真地分析:如以"|"表示划分第一级层次的标志,那么这个复句是划为"①②|③",还是划为"①|②③"呢?为了解决这个问题,就要用上面用波浪线标示出的划分方法进行划分。进行划分之后,此句的正确答案应为"①②|③"。理由是:从表达的意义上说,①②句讲的是不能那样做,③句讲的是不能那样做的原因;从它们在复句中的地位上看,③句的"正像温室的花卉似的"与①②句中的"不培养这种坚强的性格和不怕困难的精神""即使懂得很好的道理"并列、对应,因为"温室的花卉"好看但"不坚强""怕困难",③句中的"是经不起日晒雨淋的",与②句中的"也未必真有用处"并列、对应。

给初中学生提供了释单复句的方法之后,主要的是要引导他们在理解句意和了解句子的结构方面下功夫,要讲求实用,不要过多地在名词术语上纠缠。

(2)释句要理解句子的沟通功能。理解句子的沟通功能,最重要的是分析研究这个句子为什么这样说而不那样说。句子是语言运用的基本单位。一篇文章能明白晓畅地表达思想、传递信息,全靠把文中的每一个句子写好。否则,这沟通功能就会受到影响甚至无法沟通,因此研究作者的造句为什么这样说而不那样说,就可以把他写这个句子的目的体会出来。体会出了他写每一个句子的目的,那么,他表达的是什么思想、传递的是什么信息也就明确了。与此同时,还要熟悉各种句子的构造和用处,以利于自己的表达。

研究作者的造句为什么这样说而不那样说,主要涉及下列四条。对初中的学生来说,首要的是前两条,以后阅读水平提高了,也要研究后两条。

一是表达了什么思想，说明了什么事理？这思想和事理对不对？

二是话说得合乎不合乎大家说话的共同习惯？

三是情味、语气、色彩合适不合适？

四是声音顺嘴不顺嘴，悦耳不悦耳？^

一般地说，人进行阅读时对大部分句子是会读懂的，但对某些一时"难明其意"的句子，就要仔细地分析一下。如：

①盼望着、盼望着，东风来了，春天的脚步近了。

——《春》

②在两分钟里头，列车把一些下车的旅客，倒在被雨淋着的小站上，就只管自己顶着雨毫不迟疑地向西冲去了。

——《梁生宝买稻种》

③听说，杭州西湖上的雷峰塔倒掉了，听说而已，我没有亲见。

——《论雷峰塔的倒掉》

④"雷峰夕照"的真景我也见过，并不见佳，我以为。

——《论雷峰塔的倒掉》

⑤可惜正月过去了，闰土须回家里去，我急得大哭，他也躲到厨房里，哭着不肯出门，但终于被他父亲带走了。

——《故乡》

⑥以中国最广大人民的最大利益为出发点的中国共产党人，相信自己的事业是完全合乎正义的，不惜牺牲自己个人的一切，随时准备拿出自己的生命去殉我们的事业，难道还有什么不适合人民需要的思想、观点、意见、办法，舍不得丢掉的吗？难道我们还欢迎任何政治的灰尘、政治的微生物来玷污我们的清洁的面貌和侵蚀我们的健全的肌体吗？无数革命先烈为了人民的利益牺牲了他们的生命，使我们每个活着的人想起他们心里就难过，难道我们还有什么个人利益不能牺牲，还有什么错误不能抛弃吗？

——《全党团结起来，为实现党的任务而斗争》

⑦我们中国人是有骨气的。

————《谈骨气》

⑧不食嗟来之食，表现了中国人民的骨气。

————《谈骨气》

⑨这就是我们的国际主义，这就是我们用以反对狭隘民族主义和狭隘爱国主义的国际主义。

————《纪念白求恩》

第①句，把"盼望着"重复并放在句前，和"东风来了，春天的脚步近了"联系起来，就以轻快、亲切的笔触，既写出了人们急切盼望春天来临的心情，又写出了春天终于临近了。

第②句，火车到站让到达目的地的旅客下车，这是很正常的事。这个句子中为什么要用"倒"呢? 火车正点开车，也是天经地义的事，为什么要写"顶着雨毫不迟疑"地"向西冲去"呢? 产生这些疑问以后，就会带着这些问题分析作者的写作意图，从而明确：这样写不仅交代了故事发生的时间、地点、环境，而且为下文作了暗示，暗示旅客下车后必然遇到困难。正是因为明知旅客下车后必然遇到困难而愣让旅客下车，故而用了"倒"；毫不顾及旅客下车后将面临的困难，像是忙着开走，故而用了"毫不迟疑"地"冲"去。

第③句，用"听说""听说而已""我没有亲见"，就把"我"对雷峰塔的"漫不经心"，对塔倒掉的"不足为惜"写了出来。句中没有明显地表露自己的感情，但感情已深潜于字里行间。

第④句，把"并不见佳"前置，突出了"我"对"雷峰夕照"的冷漠。

第⑤句，主语是句子的发端，构造一个句子须从主语开始。长句往往有这种情况：句子的后部由于远离主语，因此会发生句子后部与前面的主语脱节的情况，处理不好容易出现语病。作者对这个句子的处理是很好的：他把这个句子的最后一个分句改为了被动句。这样就既保持了句子主语（他）的前后一致性，又使语言的连贯感没受到影响。如果写成"但他（闰土）父亲终于带走了他"，改变了主语，那样语言的连贯性就大大被削弱了。对这样的句子研究一下"为什么这样说"，会受益匪浅。

第⑥句是三个长句并且有三次反问。通过这个例子可以体会长句和反问的沟通功能。文章在写这三个反问句之前，已运用比喻、引用、举例等方法，论证了开展批评与自我批评的必要性。下面要说如何实行了。为了使读者读后真能切实地去实行，作者在这一段文字要结束的时候，用这样三个长句来表明自己"切望实行"的情真意挚的态度。同时为了增强号召力，在这三个长句中实际上又作了进一步的论证。比如指出：中国共产党人是"以中国最广大人民的最大利益为出发点的"，是为了正义的事业"不惜牺牲自己个人的一切"的，是具有维护自己"清洁的面貌"和"健全的肌体"的强烈愿望的。这就从党的性质和奋斗目标、党员应具有的革命品质等方面，说明了为什么共产党人应该具有自我批评的作风，而且也只有共产党才能够具有这样的作风。作为党员，作为革命群众读了这样雄辩有力的话语，怎能不去为自己的崇高目标而奋斗呢？由于作者在这里要论证如此广泛的内容（涉及党的性质，党的奋斗目标，党员应具有的革命品质），论证中又要高屋建瓴，有磅礴的气势，因此不用长句和反问句，是无法表述得全面而严密的。长句的特点是能蓄积十分饱满的力量放在文章最后"发出来"。这里所用的几个长句，正是符合这一特点的。反问句的特点是"激问"，再加上连用三句，就使问者坚持真理、一往无前的豪情跃然纸上，读者读后怎能不心潮澎湃、正气满怀。

第⑦、⑧句是两个短句，短句的特点是干脆、明快、尖锐、有力量。正是因为它有这样的特点，所以它常常用于文章的开始表明观点

（如第⑦句），或用于段落中作结论句、论断句（如第⑧句）。把第⑦句与第⑥句拿来比较，可知短句常用于文章的开始，长句常用于文章的结尾。在论证或记叙的过程中，则最好是长短句结合，可避免平板、单调。

第⑨句也是个长句。长句多是附加语长，而这个长句则不同。它是用后句增强句子成分的办法对前句加以扩展，从而起强调作用。

（3）释句要抓关键词语。句子的沟通功能强不强，能否准确无误地表达，与句子对关键词语的运用有十分密切的关系。要读懂一个句子，就要抓住它的关键词语，以辨明句子的含义与作用。

关于"什么是句中的关键词语"；各家的解释都不一样。有的说"关键词语即传递的信息量大、内涵丰富的词语"；有的说"关键词，在通常的情况下都是实词。主要是名词和动词，其次是形容词、数量词"。据笔者的体会，句中的关键词语乃是"表现一个句子最要突出的那个重点"的词语。理由是：句子是语言运用的基本单位，每一个句子都有它要表达的重点。读者理解一个句子，实际上是分析它所表达的重点是什么，从而理解它的句意。如下面这个句子：

我写这些极为普通、我们这代人人皆知、也经历过的往事，是想说明祖国和人民不是突然来到我们脑子里的空洞的概念，而是在我们成长的过程中就融合在我们心里了。

抓这一句的关键词语，应该抓"融合在我们心里"，因为在这一句中作者要突出的重点已然有"语言标志"暗示：第一个"语言标志"是"想说明"。"想说明"的内容自然是作者写这句话要突出的内容。"想说明"的是什么呢？在句中还有第二个"语言标志"暗示，即"不是……而是……"。"不是"的，自然不是重点，"而是"的，才是重点所在，因而"认识'祖国和人民'在人们成长过程中，'就融合在''心里'了"应是这句话的最主要的意思。

　　句中的关键词语是表述一个句子最要突出的那个重点的词语，至于一个句子中到底有多少个关键词语，那要因句而异。如下面的几个句子：

　　①将军也挤过去，从人缝里伸手抓了两个馒头和两条咸萝卜，便找了个细沙堆躺下来。

　　②林部长走下公共汽车，解下脖子上的毛巾，把脸上的汗擦了擦，便急匆匆扛起行李往工地上走。

　　③他俩悄悄地把行李放好，走上前去。

　　这几个句子都突出了林部长以普通劳动者的身份参加劳动。它们的关键词语分别是：第①句为"挤"和"抓"，这表明林部长没搞特殊化，赶着去和大家一样"挤"着"抓"饭吃。他干活儿一定很卖力气，饿坏了，同时也不想吃饭落在后面，落在后面了容易暴露自己。第②句为"公共汽车""毛巾""扛"。这三个词语都表明林部长是以普通劳动者的身份来的，并做好了全力以赴的准备。第③句只有"悄悄"一词，它表现了林部长主动参加劳动的态度：那里有许多人在劳动，那里也放着许多工具，无须惊动别人，自己放下行李去干就是了。如果自己来了就让人知道了，也可能明里暗里要受到照顾，那样参加劳动就要走过场了。

　　（4）释句要联系上下文。句子的构成有一定的规则，表达一定的意义。理解一个句子，除分析句子的结构外，还必须结合语境辨析句意。理由在"识词"中已经谈过，这里不赘述。高考对"要联系上下文释句"就曾对考生作过考查。考题前的"示例"为：

　　把"我要炒肉丝"一句话放在不同的语境中，意思就完全不同：

　　"我要炒肉丝"和"你把油拿来"联系起来，意思就是我要炒这个菜；

　　"你要粉蒸肉"和"我要炒肉丝"联系起来，则表明"我点的菜"了。

像高考题这样的句子，还是比较好理解的；但有一些散文中的句子要弄懂它，则必须广泛地联系上下文。

如《温馨的风》中的"此刻，我的心反倒平静下来。"

这句话是说明"我"接受了关中小伙子的帮助之后的心情的。"关中小伙子"把自己"敬老"的贵重之物慨然交给了"我"这样一个陌路人。这对"我"来说，该是一件多么受感动的事啊！为什么"我的心反倒平静下来"了呢？要理解这句话就必须联系上文。上文中已交代过："我"已然接受过"片言之礼""半伞之助"了，已然有过"生疏而又熟稔、凄切而又温存"的感受，明确地意识到被十年浩劫践踏了的风尚、道德，又重新回到社会上来了。这一次是第三次，又得到了关中小伙子的"一杖之谊"，又一次证实了这一点，因此使自己打消了"人与人之间的道德已沦丧殆尽的顾虑，心中充满了希望"，所以"心反倒平静下来"。

又如《三峡之秋》中的下列三句话，如确定各句的关键词语也要联系上下文：

①就在这时候，它们（累累的果实）开始散发出一种清香，使三峡充满了成熟的秋天的气息。

②太阳出来，露水消逝了，橘柚树闪烁着阳光，绿叶金实；三峡中又是一片秋天的明丽。

③于是，整个峡谷，波光荡漾，三峡又充满了秋天的热烈的气息。

①句联系上文有关橘柚色彩的描写，再结合本句中"清香"气味的描写，可以认定关键词语是"成熟"。②句联系上文写"橘柚"的"新鲜而明净"，再结合本句的"太阳出来""绿叶金实"，可以认定关键词语是"明丽"。③句联系上文"翻滚着，呼啸着，奔腾流去"，再结合本句中的"整个峡谷，波光荡漾"，可以确定关键词语是"热烈"。从上述两组例句中应引导学生体会：我们读文章，一般地说是一句一句地读，但理解

每一句时则要想到它乃是作者整体构思的一个组成部分，因此理解每一句话时，一定要从上下文中找出与句中词语相对应的内容加以理解。这样才能真正读懂每一句话的含义。

（5）释句对有些句子要联系全文加以理解。

第一，释句要联系全文的中心思想。如《论雷峰塔的倒掉》中的"此后似乎事情还很多，如'白状元祭塔'之类，但我现在都忘记了"。这一句读起来不难理解，但这句话是"白娘娘故事"的结尾。一个"故事"的结尾应该给人的印象是很深的，为什么"我反而忘记了"呢？对这句话的理解如联系一下中心思想，可知这是作者的"藏锋不露之笔"。作者通过这一"藏锋不露"，可避免削弱此文的批判力度，因为此文的论述中心是认定"雷峰塔乃是镇压之塔"。如果文中把"白状元祭塔"也写出，而"白状元祭塔"涉及白状元把雷峰塔祭倒，与母亲白娘娘大团圆的结局，这样就会削弱全文的批判力度。

第二，释句有的还要联系全文加以推断。如《孔乙己》中的"我到现在终于没有见——大约孔乙己的确死了"。"大约"表示不肯定，"的确"又表示"完全确实"。联系孔乙己过去的处境，而且以他过去的处境为出发点推断他的现在，他是没有出路的，只有死路一条，故用了"的确"；但是至今毕竟还未听到孔乙己确实死了的消息，故又用了"大约"。

第三，释句有的要联系作者的思想和人格进行读解。如《藤野先生》中的"但他也偶有使我很为难的时候"。要理解这句话中的"很为难"，首先要想到鲁迅先生是实事求是的人，另外他对藤野先生科学的治学态度也极为了解。他对藤野先生的提问本应作答，但是"裹足又确是陋习，真是不好启齿"，故而"很为难"。

（6）释句要注意句中留出的空白。我国传统的"学习学"中有这样一种观点："善读书者要顺着墙外那半截钉子找出深藏在里面的那半截。"意思是强调读书人要重视"阅读中的空白"。不过传统"学习学"中所说的"阅读中的空白"，涉及的面儿比较广，笔者无力全面论述，在这里谈的只是"句中的空白"。

论说性语句的意思，大多数是直接说出来的，一般只要准确地把握住关键词语，就可以对句子的内容进行正确的理解，而描述性语句所要表达的思想感情，有的则是隐而不露的，遇到这样的句子，就需要把它"隐而不露"的"空白"部分分析出来，才能得到正确的理解。描述性语句之所以如此，是因为许多作家在写描述性语句时爱用巧妙而又节省笔墨的方法。如《夜走灵官峡》的作者在《略谈〈夜走灵官峡〉的写作》中，就说他喜欢用"言外之意多——或者说，它呈现的东西少，暗示的东西多"的这种写法，因为这种写法会使读者有较大的想象的余地，产生较大的艺术效果。《夜走灵官峡》作者的这番话，虽不能说道出了所有优秀作家的创作理想，但他所要求的使读者有较大的想象余地，产生较大的艺术效果，则是所有优秀作品要追求的创作目标。我们在这里提倡"要注意句中的空白"，正是为了适应读懂作品的要求：作家已给你留下了"想象余地"（空白），作为读者就应该当仁不让地用"想象"去填充它。比如下列语句：

①风，更猛了。雪，更大了。……

②从门口到窗户七步，从窗户到门口七步。（《267号牢房》）

第①句。是《夜走灵官峡》的结尾，有省略号，明确地告诉读者：给你留下想象余地了。理解这个结尾，一定要伴随着想象进行：《夜走灵官峡》中的"我"，本是因为"肚里饿，身上冷，跌了几跤，手掌也擦破了"，想"到山崖下边找个避风的地方蹲上一阵，天明十点钟赶到材料厂也不迟"的。另外，"我"考虑"晚上瞎摸乱闯，跌到深谷里就把我这个材料队长'报销'了！"也是合乎情理的，但是他受到"成渝"以及"成渝一家人"的感染之后，还是在"风，更猛了。雪，更大了"的情况下，"把成渝紧紧地抱起来"，用"我"的脸"暖了暖他的脸蛋。然后放下他，裹紧了大衣，把帽檐往下拉了拉，出了石洞，下了山坡，顺着绝壁上开凿的运输便道，向前走去"。"我"的这一在"风，更猛了。雪，更大了"的情况下的"向前走去"，起码可以引起读者如下的联想和想象：首先让读者想象到的是成渝一家人的感染力、教育力之大。前面说了，"我"要留下来"蹲上一阵"，本是无可厚非的，但还是因受到了成渝一家人的感染，在风雪更大、险情增加的情况下，"向前走去"了。其次让读者想象到的必然还有"我"的向先进看齐的自觉态度。"我"自己要"蹲上一阵"本是完全合乎情理的，但和成渝一家比，毕竟还是在精神境界方面稍逊一筹，因此在用自己的脸，"暖了暖"成渝的脸，表示了自己的赞佩慰问之情后，毅然决然地"向前走去"。这"向前走去"可以是实指，也可以是双关：表明"我"向更高的精神境界跨了一步。再次，读者还可以把"成渝一家人的榜样力量"和"我"的自觉地"向更高的精神境界""攀登"联系起来，想象到工人阶级品质的高尚，想象到"我"在"更猛""更大"的风雪中，如何"饥肠辘辘"，如何"寒风刺骨"，如何"跌倒爬起"，如何像成渝所说的"朽（守）住"了"康（岗）位"。

　　第②句与第①句不同，没有省略号，没有明确地提示读者句中有空白，属另一种类型，但它貌似"啰唆"的句式，使读者读了以后又必然进行联想，起码要想一想：介绍"从门到窗子"的距离，通常只要一句就够了，为什么要这样往返写两句？这样，读者就会联想到"我"在监牢中的处境，感受到"我"在监牢中生活的单调与不自由；还可以想得更远一些，那就是为了斗争，"我"对这窄小、郁闷的环境，是泰然处之的。

　　分析"句中留下的空白"，包括分析其他空白，这是一个比较复杂的

课题,因此在引导学生进行分析时,还应注意作如下的指导:

第一,句中留有空白的句子多是含蓄的、"弦外有音"的句子。它会因人而异引起读者各种不同的想象,所以分析这种句子,应要求"言之成理"而不要求有统一的答案。

第二,这种语句由于会与读者生活中的某些经验相联系,引起共鸣,因此读者所理解的内容可能对作者创作时的原意有发展。比如笔者把"向前走去"还理解为"向更高的精神境界跨进一步",可能就"发展"了作者写"向前走去"的原意。那么,这种"发展"允不允许呢?应该告诉学生:是允许的,因为任何创作,作者的表达和读者的理解总是一对矛盾。"表达"是客观世界通过作者的世界观和语言的曲折再现;"理解"则是读者认识的不断深化。作者的语言艺术直接诉诸读者的感觉和思维,从而引起读者的想象、联想和推理。读者有着不同的经验和经历,因此也会从不同的角度和深度来进行联想和思考。这种联想和思考,有一致性、共性,又无不带有特殊性和个性,因此读者对作者的原义有所"发展",这是难以避免的,是应该允许的。正是因为这样,所以好的作者承认:作者的写作是创造,读者的理解从某种意义上说则是再创造,是通过他世界观的三棱镜折射的再创造,因此他们心中永远有自己的读者,他们从来不把自己的作品写得那么一览无余,写得不给读者留想象的余地。他们从创作时起,就想到允许读者行使再创作的权利。

第三,基于上述两点,因此又要告诉学生:读书应该记住德国著名诗人歌德的话,他说:"经验丰富的人,读书用两只眼睛,一只眼看到纸面上的话,另一只眼看到纸的背面。"也就是说,阅读作品,除去读出它"纸面上"明露于外的意思之外,还应该读出它没有明露于外的"纸的背面"的意思。这"纸的背面"的意思,既然没有明露于外,那么读者所读出来的，就可能不是作者的原意，甚至可能是作者所始料不及的。如同学们在现代作品《井冈翠竹》中读到的该文所引用的"野火烧不尽，春风吹又生"，就可以说明这一问题。

"野火烧不尽，春风吹又生"是白居易十五六岁时习作中的两句诗。这首习作名为《赋得古原草送别》。通观《赋得古原草送别》全诗，其主旨似乎并不是这两句，但是相传白居易十六岁时拿着这首诗去见当时很有些权威性的著作郎顾况。顾况没看他的诗之前，听到他的名字，说"米价方贵，居也弗易"；等到读他的诗读到"野火烧不尽，春风吹又生"时，禁不住拍手称赞："道得个语，居亦易矣。"不仅如此，顾况在此后还广为白居易传扬，使白居易名声大振。

从白居易写这首诗时的年龄看，他好像并没有很多的生活经验，特别是遭遇困苦和挫折的经验，所以他写出"野火烧不尽，春风吹又生"，可能并不是在自觉地总结生活经验，而只是对冬枯春荣的自然现象进行概括，但这两句诗在顾况作为读者的再创作中，则赋予了它更为广泛、更为深刻的含义，不然顾况不会如此赞赏并广为推荐。我们推想一下，顾况很可能把这两句诗与前两句"离离原上草，一岁一枯荣"结合起来，认为这"一枯一荣、一尽一生"不仅描绘了野草的生命力，而且反映了自然界与人类社会的一个永恒的规律。这两句诗传到现代，又为现代作品或者是革命者所用。在白色恐怖的日子里，在监狱的镣铐声中，革命者用它来激励自己，表达对敌人的蔑视，表达对革命必然取得胜利的坚定信念。以上种种情况，大概都不是白居易写诗当时所能料到的。通过这个例子应该让学生认识到：用"两只眼睛"读书很有必要。

（7）释句也要注意人在遣词造句时容易出现语病的地方，理由在"怎样识词"中已然说过。

一要注意学习句中短语或词的顺序。如：

①正是这千百万人创造了和创造着中国的历史。

②一个人能力有大小，但只要有这点精神，就是一个高尚的人，一个纯粹的人，一个有道德的人，一个脱离了低级趣味的人，一个有益于人民的人。

③有时我常常想：他的对于我的热心的希望，不倦的教诲，小而言之，是为中国，就是希望中国有新的医学；大而言之，是为学术，就是希望新的医学传到中国去。

④花儿这样红，是大自然的杰作，更是人工培育的结果。

⑤你是我二十年前的先生，你现在仍然是我的先生，你将来必定还是我的先生。

⑥当你六十岁生日的时候写这封信祝贺你，愿你健康，愿你长寿，愿你成为一切革命党人与全体人民的模范。

⑦当时的波兰处于文化生活极繁荣的文艺复兴时期，克拉克也成为当时欧洲文化中心之一。

⑧这支柱，支持这个病残青年在无情的现实中奋斗；这支柱，支持这个从小不会走路的姑娘，开拓出了一条广阔的生活道路；这支柱，支持这残存的三分之一尚有活力的身躯，发射出光和热。

上述各句画横线处是一般人造句时容易出现语病的地方，而上述各句的作者都是处理得很好的。学生释句要学习人家是怎样处理的。

①句要学习如何安排时间顺序。②句要学习如何处理语气的轻重：之所以"一个高尚的人"在前，"一个有益于人民的人"在后，是因为后者境界高、语气重。能当"一个高尚的人"，不一定能成为"一个有益于人民的人"；反之，是"一个有益于人民的人"必定是"一个高尚的人"。⑥句中，"健康"和"长寿"的排列比较容易理解，而且已经约定俗成；其中的"成为一切革命党人与全体人民的模范"，对革命者说来，则是最高

的境界，也是对革命者最大的褒奖，语气最重，因此放在最后。⑤句中的三个分句，一眼就可看出是按时间顺序安排的，这没错儿，但是仅仅看到这一点还不够，还应该同时看到第一个分句中的"先生"说的是历史事实，即"二十年前"徐老和毛泽东同志确实是师生关系。第二个分句中的"先生"就有变化了，已改指"学习的榜样"，强调现在徐老的表现仍值得自己学习。另外还应看到，这三句虽按时间排列，但是一组排比，因而显示出了论断的肯定、感情的热烈；三个句子既相似而又有变化，整齐而不呆板。第④句注意了句与句之间主次关系。"大自然的杰作"是花色成因的内因，"人工培育"是花色成因的外因。内因是根据、是主，故在前；外因是条件、是次，故在后。第⑦句注意了行文的简洁、衔接。这个句中的两个分句不能颠倒。颠倒以后虽然从意思上看没什么不妥的地方，但与下文衔接时势必要增加一些话。不增加话，则与下一句中的"……在那里"不能相接。第③句中范围小的在前，范围大的在后，比较容易理解，不需多述。第⑧句是个并列复句，每个分句都比较长，因此增加了安排这三个分句顺序的难度，但这个句子安排得是比较好的，值得学习。首先说三个长分句之间的关系。这三个分句是用分号断开的，从形式上看像是并列关系，实际上这三个并列分句之间存在着不能颠倒和互换的逻辑关系：必须先"奋斗"才能开拓出一条广阔的道路，也只有在开拓广阔道路的过程中才能"发射出光和热"。其次，这三个分句自身也分别写出了张海迪"奋斗""开拓广阔道路"和"发射出光和热"的特色：病残对一个人来说是无情的现实，社会上的另眼看待对一个病残人来说更是无情，因此第一分句就用"无情的现实"突出了张海迪"奋斗"之艰难；"开拓广阔的道路"，对于一个健康人来说都不是易事，何况病残人，因此第二分句就用"从小不会走路"来突出开拓广阔道路之不平凡；一个仅"残存""三分之一""活力的身躯"，保持正常的生活已不是易事，但张海迪不仅能保持正常的生活，还能"发射出光和热"，对人民作出贡献，这又足可以看出她的意志是多么超人的坚强！

二要注意学习句子内部的前后照应。如：

①当时人民的劳动强度很大，生活很苦，劳动生产率很低，发明家、科学家们的理想，就是要以他们的创造、发明，去改善人民的劳动条件，提高劳动生产率和改善人民的生活。

②我们的时代，我们的社会，是树立崇高的理想和实现崇高理想的最好时代和社会。

上述两个句子都比较复杂。句子复杂之后容易顾此失彼。可是上述两个句子都协调得很好，做到了前后照应。这两个句子中，最容易协调的当然是第②句。这一句做到了时代、社会与时代、社会前后照应。第①句写起来比第②句难度大，但写得好。它好就好在前后部的短语顺序排列合理和前后部呼应。前后部的短语顺序排列合理表现在："当时人民的劳动强度很大，生活很苦"和"劳动生产率很低"比，前两者显而易见、矛盾突出；把显而易见、矛盾突出者写在前面，合乎情理。在"劳动强度很大""生活很苦"两者中，把"劳动强度很大"放在前面，这又是根据发明家、科学家们造福于人民的方式特点写的。发明家、科学家们造福于人民的方式特点，首先是要以他们的创造、发明，去改善人民的劳动条件，改善了人民的劳动条件，既可降低人民"很大"的劳动强度，又可"提高劳动生产率"，这就决定了要把"当时人民的劳动强度很大"写在前面，同时也决定了后部的三个短语的顺序，即"改善人民的劳动条件，提高劳动生产率和改善人民的生活"。这个句子的前后部呼应表现在前部的"劳动强度很大""生活很苦""劳动生产率很低"与后部的"改善劳动条件""改善人民的生活""提高劳动生产率"一一相对。

三要注意学习句中的附加语、关联语是怎样使表达的意义明确，合乎实际的。对句中的定语、状语、补语，我们称之为附加语，其实"附加"并不意味着它们在准确表达方面居于次要地位。它们对概念本质内涵的限定有着至关重要的作用。关联词语也是一样，有时如果用错一个关联词语，会与要表达的意思相去甚远。在阅读时，对带有附加语、关联词语的句子也要认真分析。如：

①有的青年朋友埋怨自己的岗位平凡，他们的岗位平凡，这也可能是事实。

②古往今来，一切有成就的人，都是勤奋者。

③中学生如初生牛犊，可贵的一面是无所畏难，虎虎然有斗志；不足的一面，是有时又容易把困难的事情想得过分简单，或缺少理智的控制。

上面几句中带点的词语都是附加语或关联词语。首先看第①句，这一句中的"也可能"，非常准确、非常全面地说清楚了"他们的岗位平凡"到底是不是事实。"他们的岗位平凡"到底是不是事实呢？这要看在岗位上如何作为，因为岗位平凡不平凡，与岗位是无关的；与平凡不平凡有关的，乃是在岗位上如何作为。这就决定了"他们的岗位平凡""有可能是事实"，"也有可能不是事实"。在岗位上无所作为，"他们的岗位平凡"就是事实；在岗位上有所作为，"他们的岗位平凡"就不是事实。因此，在回答青年朋友们他们的岗位到底是不是平凡的时候，只有用"这也可能是事实"来回答才是准确的、全面的。第②句中的这个"都"也是非常必要的，因为它反映出了"一切有成就的人"的共同特点。如果不用"都"来概括，将会产生违反实际的情况。第③句中的"有时又容易"和"或"，都反映了复杂的客观情况，也是不能缺少的。在中学生中，"可贵的一面"是共同的，毋庸置疑；"不足的一面"则不能一概而论了，要有区别地加以说明。用"有时""又容易""或"，正可准确地把"不足的一面"的复杂情况区分出来。

（8）释句遇概括句要认真分析它所概括的内容。概括句是能概括几句话、一个段或几段话的句子。如果把一篇文章或一个段看成是一个网络，那么概括句在网络中就能起"标志点"的作用。它常常标明的"点"有：起始点、收束点、分岔点、衔接点。由于它能标明网络中的各点，因此阅读时弄清了它所概括的内容，就能分析出文章（或段）的纲要。为了说明上述各点，下面选几个长段来加以说明：

第1段：

①正因为伟大的理想合乎社会的进步，合乎人民的利益，合乎社会发展的规律，所以对于一些具有伟大理想并为伟大理想而斗争的人，千百年来人们一直在尊重他们，怀念他们，纪念他们。②相反地，对于一些破坏这些理想，阻挠这些理想实现的人，千百年来，人们一直怀恨他们，憎恶他们，咒骂他们。③前一种人，在传说中和历史上是很多的。④如众所周知的夏禹，在治水十三年中，三过家门而不入；李冰父子为了解决当时成都平原的水利问题，不知克服了多少困难，终于修成了泽被后世的都江堰；扁鹊深入民间，"周游列国"，"随俗为变"，解除人民疾病的痛苦；还有我们所熟知的出身贫苦的黄道婆，她从海南黎族地区回到故乡（上海市郊），把当时海南岛先进的纺织工具和她熟练掌握的纺织技术毫无保留地传给家乡的人们。⑤这些人千百年来一直受到人们的尊重、怀念。⑥汉代的霍去病，为了国家的生存和强盛，在戎马中度过了一生。⑦宋代的岳飞，为了挽救国家的危亡，离妻别母，转战疆场，最后和自己的儿子一起屈死在风波亭上。

⑧文天祥，抗击当时的元兵进攻，坚贞不屈；被敌人抓住后，仍旧临危不苟，和敌人作了坚决的斗争，誓死不投降。⑨清代的林则徐，坚决反对帝国主义的侵略，和腐朽的当权派作斗争，及至充军伊犁，他一点也不灰心，一直没有忘记帝国主义对我国的侵略，而且在那里和群众一道修水利、栽葡萄，为当地人民造福。⑩洪秀全，看到当时清室的腐败，民不聊生，看到当

时的帝国主义吞并中国的阴谋，就聚集群众，要把清室推翻，为中国找出一条出路。⑪孙中山，为了推翻清朝，为了建立一个强盛的中国，他奋斗了四十年⋯⋯。⑫所有这些人，都是有伟大理想并坚决为他们的伟大理想而斗争的人。⑬他们的理想不是为了哪个人，而是为了国家，为了民族，符合广大的人民的利益。⑭他们为了自己的伟大的理想，有些人家可以不要，有些人官可以不做，有些人生命可以抛弃，有些人真正是做到了"富贵不能淫，贫贱不能移，威武不能屈"的地步。⑮这样的一些人，是永远不会从人民的心中消逝的。⑯相反地，在我们的历史上，也有不少为着个人的利益和少数人集团的利益，不惜专门破坏人民的、民族的伟大理想的败类，如宋朝的秦桧，明朝的洪承畴，清朝的曾国藩，以及后来的袁世凯、蒋介石、汪精卫等等。⑰他们一直遭到了和将要永远遭到人们的憎恶、咒骂；咒骂之不足，人们还通过许多文学艺术作品，对他们不遗余力地进行了鞭挞。

（选自《崇高的理想》）

第2段：

每个人的心中都充满了苦涩，一个多小时前的情景在姑娘们脑海里翻腾：体育馆里，美国队欣喜若狂，她们在为自己以三比〇战胜去年的世界杯冠军中国队而欢呼、跳跃。⋯⋯

夜深了，在市中心那座漂亮的四星旅馆里，姑娘们都穿着汗湿的球衣静静地坐在教练的房间里。袁伟民、邓若曾好言劝慰，费了好大的劲，才使姑娘们走进各自的房间。

这是一个不眠之夜⋯⋯

天快亮了，袁伟民仍然坐在那里冥思苦想——中国女排在出国前的沈阳大集训中，主要针对美国女排，进行了各方面的模拟演练，每个人都按要求在理论和实战上进行了考试，为什么却如此惨败呢？

（选自《金杯之光——中国女排夺魁曲折道路》）

第3段：

又是一个三比〇。连续六个三比〇像六道闪光的台阶，中国姑娘第二次登上了世界冠军的领奖台。

五星红旗升起来了，中国姑娘们的手中捧着那座金杯。国际排球界权威人士感慨地说：群雄初汇利马时，美、古、日、苏，都向报界发表谈话说，来了就是为了要拿冠军的。只有中国队没有发表这种谈话，她们是笑在最后，也是笑得最好的。

她们的笑容凝聚着全国人民的喜悦。祖国和人民的希望使她们永远不会失去在挫折中奋起的前进动力！

金杯的基座上，很快就要镌刻中华人民共和国的名字。让金杯之光辉映着我们朝气蓬勃的新一代，激励着我们奋进吧！

（选自《金杯之光——中国女排夺魁曲折道路》）

第1段是一个长段。此段中的①②两句是概括句。读懂了这两句的内容，再加上分析这两句话所在的位置，心中应该有这样一个想法：这两句话可能是全段的"起始点"，也是全段的"纲"。心中有了这个想法，往下读时要沿着这个"纲"所能概括的内容去找它所统率的"目"。

第③句也是概括句，句中有"前一种人"。由此可知文章要从此句起开始分说。对开始分说的这一层文字来说，第③句是"起始点"；对第①②句来说，此句又是"分岔点"。由于它有"前一种人"作向导，因此自此句一直读到第⑮句都会认为这第④至第⑮句应是它概括的内容。

第⑤句是概括第④句内容的概括句。它是把"前一种人"中科技人物叙述完毕的"结束点"，又是开始叙述"前一种人"中军政人物的"分岔点"。此外，这个概括句中有"人民尊重、怀念""这些人"（指科技人物），但怀念的行动，在这个概括句中没有一一列出，因为这些行动是人所熟知的，读者读后都会很自然地进行补充：如夏禹治水，三过家门而不入，这在人民群众中是作为舍己为人的范例传诵着的；李冰父子修水利，至今他们父子是作为"神"被人民在成都都江堰边供奉着的；扁鹊为人民治病，至今人民称颂良医仍用"扁鹊在世"；黄道婆传授纺织技术，可能影响面小一些，但上海地区多建有纪念她的"黄母祠"。

第⑫句和第⑮句也都是概括句。第⑫句概括的是第④至第⑪句，第⑮句概括的是第⑫⑬⑭句。第⑫句是叙述"前一种人"的"收束点"，又是议论"前一种人"的"起始点"；第⑮句是议论"前一种人"的"收束点"，第⑯句是叙述"后一种人"的"起始点"。

第⑰句是本段中的最后一个概括句，是议论"后一种人"的"收束点"。

通过上述对段落中概括句的分析可以说明：认真分析文中或段中的概括句，有时可以分析出段的"纲"（如本段中的第①②句）和"目"（如本段中的第③至第⑰句）。

此外还可看出：第①句与第③至第⑮句呼应，第②句与第⑯⑰句呼应，第③句与第⑮句呼应，第⑤句把"前一种人"分成了科技人物和军政人物，使对"前一种人"的介绍很有层次。

第2段，在这一段的4个小段中，"这是一个不眠之夜"是"衔接点"式的概括句。这个句子既用"不眠之夜"概括了中国女排全体人员输球当夜的整个情景，又连接了上下文。用"不眠之夜"概括交代中国女排全体人员一夜无眠，非常必要，也非常重要。"必要"是因为中国女排输球之后到底有什么反应必须交代；"重要"是因为这"不眠之夜"乃是由以0：3失败到以后的场场得胜的转机。没有这"不眠之夜"的思考，就没有这以后的场场得胜。另外，文章交代了"这是一个不眠之夜"，也就使记叙转向了此后发生的事件，因此在阅读中遇到了"衔接点"式的概括句，就要从它概括的内容是什么和在结构上起什么作用两方面进行思考。

第3段，这一段的4个小段中，"让金杯之光辉映着我们朝气蓬勃的新一代，激励着我们奋进吧！"这个句子，所在的位置很明显，而且写得很概括，因而它是"收束点"式的概括句。由于它是概括句又处于结尾的位置，因而决定了它必概括前文或展望今后，所以读到处于这种位置上的概括句，第一要思考它概括了怎样的内容，第二要思考它是否展望了今后。通过分析可知：这句话是通过"金杯之光"概括了中国女排的奋斗之光、毅力与智慧之光，在挫折中昂然崛起之光；它展望今后是要青年一代把"金杯之光"作为优良传统继承下来，发扬光大，使"金杯之光"成为民族之光、祖国之光，代代生辉。

（9）释句要重视对句意的概括。表达是思想形成的重要条件。读一句话、一段话甚至一篇文章，到底读懂没读懂，其中有一个重要标志，就是看能否把这句话、这段话、这篇文章的中心意思准确、全面地表述出来。在没表述出来之前，可以说你对这句话、这段话、这篇文章的理解还是蒙眬的、未定型的，这时还不能说你已读懂了、理解了。只有把理解的意思表达出来了，证明你的思想认识稳定下来了，才能说你是否理解了它们，因此阅读之后的表述是十分重要的。表述过程是一个人思想认识的形成过程，同时，你理解得对不对，也只有表述出来之后，才能进行判断。正确，则予以肯定；不正确，则须重新认识，直至认识正确了为止。

读一句话后，概括句意有两种情况：第一种，直接摘取句中关键词语概括句意。如"就在这时候，它们开始散发出一种清香，使三峡充满了成熟的秋天的气息"，摘取这句话的关键词语，可概括为"三峡充满成熟的气息"。再如"太阳出来，露水消逝了，橘柚树闪烁着阳光，绿叶金实：三峡中又是一片秋天的明丽"，可概括为"三峡是一片秋天的明丽"。

第二种，是含蓄性较强的句子，抓关键词语，不能把含蓄意表达出来，那就要用读者的理解（实际上是读者的言语）去概括。如"孔乙己是站着喝酒而穿长衫的唯一的人"，就可概括为"孔乙己是具有特殊身份的人"。再如"我真不记得什么时候那种饥饿的感觉曾经离开过我"，就可概括为"我老感觉着饥饿"。

（10）学生释句时要引导学生多做下列类型的练习。

①分析句子的语法结构。

②注意造句特点，文中是长句多还是短句、均匀句多？是否交错使用？作者这样造句有什么好处？

③所读到的长句能否改得短一些，短句有没有必要改得长一些？改了会有什么影响？

④所读到的句子是怎样连接在一起的？是用意义连接还是用关联词？连接得是否紧密？逗号、顿号、分号是否都用得很恰当？

⑤对所读到的句子，进行删、增、改行不行？为什么不行？

⑥推敲句子要推敲五个方面：恰当、准确、位置、可省不可省、不当省而省。

⑦读含有正反两方面意思词语的句子要看是否做到了照应周到，如"武器的优劣不是决定战争胜利（胜负）的唯一因素"。

⑧读到多重否定句，要思考为什么这样写。

⑨系统地学习句法有益，讲得或分析得过烦没有意义，把着重点应放到语言变化规则这方面。

⑩大量改病句是消极办法，对于语病要采用发展能力的办法来解决。

4. 析段法

析段就是分析篇章中的每一个自然段，从而理解每一个自然段的段意。自然段是篇章的最小组成部分（也有人称其为构成文章的基本单位），代表了作者思路的一个步骤。人阅读文章，目的是掌握全篇，而要掌握全篇，就要先理解每一个自然段，只有理解了每一个自然段，才可能真正理解全篇。写文章也是一样，只有写好每一个自然段，才可能把全篇写好，所以"析段"是阅读和学习写作过程中必经的、很重要的一步。过去和现在提到语言文字时，多提"字词句篇"，单单把"段"忽略掉，这是很不应该的。此外，培养语文自学能力，要求学生学会独立阅读课文、分析课文并能写出自学成果，参加"智慧交锋"。初始阶段如果学生没有独立阅读一篇课文的实力，也可以从独立阅读课文的一个段落开始，之后再逐步扩展至阅读全篇。对段落的阅读与分析，在培养学生独立阅读能力方面有其他方法无法替代的作用。

自然段的构成和作用，有如下两点：其一，由一个句子构成，一句就是一段。这种情况有时是由于抒发强烈感情的需要，有时是为了加重语气，有时是为了渲染气氛，有时则是为了让这个句子起归结上文、总领下文的作用。其二，由两个以上的句子构成。这种段在文章中所起的作用可分两大类：一类是起结构性作用，如作过渡段，或者与上面说过的独句段的功用相同；另一类则是充当文章的主体，用来表达整体语流的全部或部分内容。其内容多为叙述、对话、描写、抒情、推演、归纳、议论。

一般地说，一个段只有一个中心意思。这中心意思的阐明，依赖的是段中的句或句群。段的完整性和连贯性与句子的组织情况密切相关。一篇文章之所以从头到尾要划分段落（即自然段），乃是为了使文章有行有止（有节奏）、有眉有目，有利于作者条理清楚地表达内容，也有利于读者有层次地、清晰地阅读，并且在换行停顿中加以思索回味，前瞻后顾，更好地理解文章的主旨。理解试读一般地说要由头至尾一个段一个段地读，其原因也在此。

（1）析段首先要指导学生学会分层。对一段文字的含义，不是一眼就看得清的，特别是长段，更是如此。因此要理解一段文字的含义，就要一小部分一小部分地进行考察，即"分层考察"。段中的"层"是段的基本成分。根据表达段落中心意思的需要，有时一个段必须有两个以上的相对独立完整的意思才能把段的中心意思表达清楚。这样，这个段中就出现了"层"。那能够表达一个相对独立完整意思的句子或内容联系紧密的两句以上的群句就是一层。给段分层，就是通过分析段中句与句之间的关系，找出各个表达相对独立完整意思的群句或句。这群句或句所表达的那"相对独立完整的意思"即是"层意"。了解了一个段有几层意思，也就可以比较顺利地了解一个段的含义。分层是阅读的重要方法，也是学生具体体会语言的层次性，体会语言组合的要领，锻炼思维的条理性的良机，因此要让学生认真学会。

一是如何给一段文字分层。段内部的意义关系、段内部的结构，是客观事物内在联系的反映。客观事物的内在联系是有规律的，因而段内部的结构也是有规律的。根据段内部结构的规律，给段正确分层后，应符合以下要求（段内的层次可能很复杂，下面要求的都是第一级层次的切分，即划到最大层次为止。划分的符号用"|"表示）：

其一，段中的一个层，从意义上说，它表达的是一个相对独立完整的意思，从作者写这个段时的思想发展上说，它是作者思想发展的一个步骤、一个阶段。思想发展的一个步骤、一个阶段（或一层意思），不论是用一句话表现还是用群句表现，它们分别表达的意义即"层意"，应互不相容，互不交叉；如果把各层意连接起来，应反映作者连贯的、有条理的思想发展。它所体现的应是相对完整的推理过程。如：

甲

①中央西北办事处司法部成立不久，省裁判部送来"王观娃死刑案"，要谢老（觉哉）批复。②案情报告中说王观娃当过土匪，今年又抢过一个人，因此原判机关认定："非处死刑不可！"｜③谢老反复看了案卷，提出了一系列可疑之点：王观娃的罪到底是什么？当了几年土匪都有什么事实？今年抢人抢了些什么？在何处抢的？抢的情节怎样？他是怎样当了土匪的？土匪集团中都是哪些人？"④他指出：凡此种种事实情节，都没有说清，在案卷报告上看不出来。这样马马虎虎，怎样来定他的死刑？⑤于是他拿起毛笔，重重地写了四个字："无从下批！"｜⑥省裁判部看到谢老的批复后，重新查据审理，结果以"无罪释放"结案。⑦一条人命活了下来，王观娃高高兴兴搞生产去了。

上面这个段应划分为三层：第一层是①②句"送来案卷"，第二层是③④⑤句"审阅批示案卷"，第三层是⑥⑦句"案卷批回以后"，因为这"送来案卷""审阅批示案卷""案卷批回以后"三个阶段，都可成为相对独立的整体，都是作者思想发展过程中的一个相对完整的推理过程，都具有相对独立完整的意义，它们互不相容，互不交叉。这个段是个承接关系段，是从时间上划分的，时间界限很分明。段中所用的"｜"，即代表段中最大层次的那一竖道，下面仍要用，不再说明。

乙

人类发现石油已经很久，可是长期以来多半把它用在建筑、照明、医学、润滑等方面，一直到十九世纪，它还只是照明煤油的原料。在这期间，人们因为炼制出来的较轻产品（汽油）容易燃烧和爆炸，就把它当成"有害物"；又因为较重的产品（重油）肮脏污秽，不好处理，就把它当成"废物"投进大海里去。｜后来，内燃机的发明，促进了石油工业的突飞猛进。｜在

第二次世界大战以后，有机合成技术大大提高，石油进入了联合利用时期。（带着重号的句是阶段句，按时间发展分为三层）

上面这个段划分得也很正确。这个段也属承接关系段，层与层之间有语言标志"后来""在第二次世界大战以后"。

丙

①永定河上的卢沟桥，修建于公元1189到1192年间。|②桥长265米，由11个半圆形的石拱组成，每个石拱长度不一，自16米到21.6米。③桥宽约8米，路面平坦，几乎与河面平行。④每两个石拱之间有石砌桥墩，把11个石拱联成一个整体。⑤由于各拱相联，所以这种桥叫做联拱石桥。|⑥永定河发水时，来势很猛，以前两岸河堤常被冲毁，但是这座桥却从没出过事，足见他的坚固。|⑦桥面用石板铺砌，两旁有石栏石柱。⑧每个柱头上都雕刻着不同姿态的狮子。⑨这些石刻狮子，有的母子相抱，有的交头接耳，有的像倾听水声，千态万状，惟妙惟肖。

上面这个段也划分对了。这是一个描述事物的段。事物的构成，总包括几个部分。按它所包括的几个部分划分成"修建时间"①句，"桥的结构"②③④⑤句，"坚固程度"⑥句，"石柱雕刻精美"⑦⑧⑨句四层。它们之间也互不相容、互不交叉，十分明确。这个段是按部分横向划分的，所以它是并列关系段。

丁

读记叙文，要弄清楚记叙里的那些要素。例如时间的先后，地点的移转，人和人的关系，事情的前因后果等。这样有助于我们掌握全文，进一步分析和理解全篇所表达的中心思想。|写记叙文，也要从表达中心思想的需要出发，记下人物的言行，叙清事情的经过，使读者能看明白是怎样的人，叙的是怎样的事；同时，要注意把必要的时间和地点交代明白。整篇文章要写得有内容、有条理、完整、清晰，使读者读了得到鲜明的印象。

本段也是并列关系段的一种类型。全段写两种情况，两种情况是并列关系，各为一层。

戊

①沙漠地区空气干燥，日光的照射特别强烈。②那里日照时间又特别长，一年达到三千小时，而长江流域只有一千五百小时，华北地区也不过两千五百小时。|③日光可以用来发电，取热，煮水，做饭。④沙漠湖水含盐，日光使水蒸发，可以取得蒸馏水和盐。⑤把日光变为热能和电能的最良好的工具是半导体，估计将来有可能在沙漠里用便宜的半导体作屋顶，人住在里边冬天不冷，夏天不热。

丁段和戊段一样也是介绍各种情况、各种事物的段。给这一类段分层，就要以不同的类属、不同的描述对象为分层依据，但因为这类段介绍的情况比较复杂，难以划分得一清二楚，所以给这类段分层，不能太严格了，只要相对地说是同一类属，即可划到一起。戊段是中考给段分层的题，标准答案是分两层：①②句是第一层，③④⑤为第二层。按类属来分，①句写沙漠地区日光照射强烈，②句写沙漠地区日照时间长，严格地说类属有区别，但这两者和自③句起写的"日光的用途"来比，相对地说又比较接近，所以把①②句分为一层，大家都接受了。

己

有一件小事，我不知道还值不值得提它，但回想起来，在那时却占据过我的心灵。我父亲那时候在军阀部队里，好几年没有回来，我跟母亲非常牵挂他，不知道他的死活。我的母亲常常站在一张褪了色的神像面前焚起香来，把两个有象征记号的字条卷着埋在香炉里，然后磕了头，抽出一个来卜问吉凶。我虽不像母亲那样，也略略懂了些事。可是在孩子群中，我的那些小"反对派"们，常常在我的耳边猛喊："哎哟哟，你爹回不来了哟，他吃了炮子儿啰！"那时的我，真好像父亲死了似的那么悲伤。这时候蔡老师援助了我，批评了我的"反对派"们，还写了一封信劝慰我，说我是"心清如水的学生"。<u>一个老师排除孩子世界里的一件小小的纠纷，是多么平常；可是回想起来，</u>那时候我却觉得是给了我莫大的支持！在一个孩子的眼睛里，他的老师是多么慈爱，多么公平，多么伟大的人啊！

　　对这段文字，有两种划法都是不妥的。一种是以第一句为一层，其余为一层；另一种是前七句为一层，后两句为一层。这两种划法，如用把一段各层切分成几小层的办法来进行考查，可知按第一种划法，自第2句起至最后一句单独成为一小层了，那么这单独成为的一小层不具备语意集中的特点，也就不是一个相对独立完整的意思："我父亲那时候……给了我莫大的支持！"说的是一个意思，都与"一件小事"有关；而最后一句"在一个孩子的眼睛里，他的老师是多么慈爱，多么公平、多么伟大的人啊！"则不属于"一件小事"的内容，乃是从"一件小事"生发出的议论。第二种划法也有类似问题：第8、第9两句组成的一层语意不集中；第8句与第1至第7句组成的"句群的意思"在语意上有交叉现象，即第8句中的"莫大的支持"与第1句中的"占据过我的心灵"遥相呼应，所以从这两种分法中均可以看出，应让第1至第8句为一层，第9句为一层。第1至第8句是前后呼应很完整的一个层，第9句是由第1至第8句生发出的抒情议论，应另分一层。有些同学之所以持第8、第9句为一层的意见，主要是没有看出第8句与第1句的关系。其实这两句话是用对应的语句两次强调"一件小事占据过我的心灵"；"有一件小事，我不知道还值不值得提它"与"一个老师排除孩子世界里的一件小小的纠纷，是多么平常"对应，因为"平常"，才"不知道值不值得提它"；"但回想起来"与"可是回想起来"对应，词语几乎没变；"在那时却占据过我的心灵"与"那时候我却觉得是给了我莫大的支持！"对应，因为是"莫大的支持"所以才"占据心灵"。如果能分析出这种对应关系，就不至于把第8、第9句划分为一层了，因此在分层时辨析所划分的每一层是否表达一个相对独立完整的意思，是否具有语义集中的特点，是很重要的。

其二，一个段分层后，不论是第几级层次，这同一级的"层"的内容必须范围相同，在段中的地位必须相等。这是因为，同一级的"层"都是作者对事物认识的一个相对完整的过程，都是为了达到一个共同目的（如表达段的中心意思）所迈出的一步。这一项要求看来与前一项要求似乎大同小异。之所以在这里又强调范围相同、地位相等，主要是为了避免越级划分。前面讲了，给段分层，一是为了便于理解"一个段的中心意思"；另外还有一个目的，就是通过分层训练学生思维的逻辑性、缜密性。既是为了训练学生思维的逻辑性、缜密性，那就要让学生把同一级的层找出来。如果不强调划分出的必须是同一级的层而只是要求划分一下就行，那样学生还是受不到严格的训练。如下面的这个段：

> 暮春，中午，踩着畦垅间苗或者锄草中耕，煦暖的阳光照得人浑身舒畅。新鲜的泥土气息，素淡的蔬菜清香，一阵阵沁人心脾。一会儿站起来，伸伸腰，用手背擦擦额头的汗，看看苗间得稀稠，中耕得深浅，草锄得是不是干净，那时候人是会感到劳动的愉快的。‖夏天，晚上，菜地浇完了，三五个同志趁着皎洁的月光，坐在畦头泉边，吸吸烟；或者不吸烟，谈谈话；谈生活、谈社会和自然的改造。一边人声咯咯罗罗，一边在谈话间歇的时候听菜畦里昆虫的鸣声。蒜在抽苔，白菜在卷心，芫荽在散发脉脉的香气。∣一切都使人感到一种真正的田园乐趣。

将上面这个段划分为三层就是不妥的，是属于越级划分了，因为"暮春……那时候人是会感到劳动的愉快的"这一层和"夏天……芫荽在散发脉脉的香气"这一层在段中的地位，都比最后一句这一层低一级，范围也比最后一句这一层小。最后一句中的"一切"，是包容"暮春"和"夏天"所述的情景的。这个段的正确划法应为两层，最后一句是一层，此前的所有句子为一层，即①②③‖④⑤⑥∣⑦。给上述的段分层也是一个中考题，标准答案就是分上述两大层。第一大层中又分属于第二级层次的两层，但考生中划分为三层者甚多，划分为三层者就属于越级划分了，可见这种越级划分在学生中是有一定的影响的。为了使学生真正受到严格的训练，笔者以为语文教学界，对此问题有统一认识之必要。

其三，一个段准确地分层后，最大层次的各层均可从语流中切分出来，另起一行，单独成为一段而且被切分出来的各段又都应有语义集中的特点。

对一篇文章来说，段是篇的最小组成部分，段体现作者布局谋篇思维过程中的一个个相对完整的推理过程。段中的层与篇中的段相似，层也可以体现作者布局谋段思维过程中的一个个相对完整的推理过程；所不同的是，这些层都集中在段中，没有单摆浮搁出来而已。层既是相对完整的，所以它可以切分出来，但是，如果层切分出来后不具备语义集中的特点，那就表明层没有分对，还需重新划分。如：

现在书评中存在的问题主要表现为粗、浮、偏、夸。‖"粗"是粗糙。有的书评不评书，东拉西扯，洋洋数千言，直到最后一句才同要评的书挂起钩来："我相信某某先生的某某著作的出版会对某某领域的研究有帮助的。"有的书评谈外行话，谈错话，在读者面前撒下了谬种。|||"浮"是肤浅。有的书评套语空话连篇，说某某人治学严谨，功底很深；某某著作材料翔实，逻辑性很强，却见不到具体内容。|||"偏"是片面。主要表现是只说好，不说坏。|||"夸"是夸张。有吹捧之意，无求实之心。不负责任地随便把一本书说成是"开创性的"，或是"同类著作中最好的"。∣上述问题的出现同一些书评是奉命之作、为难之作不无关系。‖据说，有的作者一交稿就积极活动，请人（特别是名人）写书评。有的同志对所评的问题并不

内行，也勉强去评。有的同志虽是有关方面的专家，但很忙，由于作者要的很急，评者来不及仔细读书（或根本无书可读），只好匆匆下笔。有的同志碍着作者的情面，"灶王爷上天，好话多说，坏话少说"。当然也有个别人私心杂念较重，为了讨好作者，夸大其词。

上面这个段的正确分层，已用"｜""‖""｜｜｜"等各级划分符号标明。根据第三条要求，这个段是可以把"上述问题的出现……"以下的六句话切分出来的。切分之后，即变成了两段文字。前一段语义集中，讲的是现在书评中存在的问题，后一段语义也集中，讲的是产生现在书评中存在问题的原因。除此之外，从其他任何部位切分都是不正确的，因为切分出来的段，有的段不具备语义集中的特点。如许多人给这个段分层，第1句是一层，其余部分是一层。如用上述切分法衡量，则可知第1层（即第1句）语义是集中的，而第2层（即其余部分）则语义不集中，这个层中既讲了存在的问题又讲了问题产生的原因，切分成的这两个段很不相称。

再如把切分法用于前面举过的"暮春"段，也只能是把最后一句切分出来。如在其他部位切分，也会发现明显的不当。

其四，有些段分层，可以几说并存。段比复句复杂。句与句之间的向心性具有间接性和模糊性，对同一段可能有不同的分析角度，因而划分出来的层次就可能不同。一旦发生了这种情况，只要各说均能言之成理，那么，各说可并存。不过一篇文章中的任何一部分都是为表现中心思想服务的，作者写每一段都有段的语意重心，所以一旦给一个段分层发现怎样分都成时，则应同时研究一下全文的中心思想，以怎样分层更能体现作者的写作意图则怎样分。如《夜走灵官峡》的第一段：

①纷纷扬扬的大雪下了半尺多厚。②天地间雾蒙蒙的一片。③我顺着铁路工地走了四十多公里，只听见各种机器的吼声，可是看不见人影，也看

不见工点。④一进灵官峡，我就心里发慌。⑤这山峡，天晴的日子，也成天不见太阳，顺着弯曲的运输便道走去，随便你什么时候仰面看，只能看见巴掌大的一块天。⑥目下，这里，卷着雪片的狂风，把人团团围住，真是寸步难行！⑦但是，最近这里工作很紧张，到处都是冒着风雪劳动的人。⑧发电机、卷扬机、混凝土搅拌机和空气压缩机的吼声，震荡山谷。⑨点点昏黄的火球，就是那无数的电灯。⑩看不清天空里蛛网似的电线；只见运材料的铁斗子，顺着架在山腰里的高架索道，来回运转。

这一段如果按空间变化来分，应该①②③句是一层，这一层写未进灵官峡，在灵官峡之外，④⑤⑥⑦⑧⑨⑩句为一层，写灵官峡内，但研究一下全文的中心思想，可知作者写这一段的意图显然在于突出"这里工作很紧张，到处都是冒着风雪劳动的人"，所以这一段，分层不应按空间变化分，而应按转折关系分，即"但是"前是一层，"但是"后是一层。

其五，要注意标点符号。在有逗号和分号的地方不能分层，因为一个层，乃是一个有内在联系的群句或句子。有逗号和分号的地方，不是一个完整的句子，故不能分。

二是在具体地给段分层的过程中应该抓的重点和注意的问题。

首要的是找同一的话题，与此同时重视代词、关联词和其他保持逻辑联系的词语。

前面已然说过，分层就是把段中那些表达相对独立完整意思的句或群句分割开来，以便理解段的中心意思。可是段中的层并不像段落那样标志明显，容易识别。它的标志乃是段所表现的客观事物发展的阶段性、客观矛盾的各个侧面或人们认识和表达事理的思维过程所划分的各个组成部分，它们是隐蔽在段中的，需逐句分析段中所有的句子才能找出。前面所说的"首要的是找同一的话题"，就是把段所表现的事物发展的各个阶段、矛盾的各个侧面或思维过程的各个组成部分分析出来。把各个阶段、各个侧面、各个组成部分分析出来了，段中的层次也就分析出来了、因为段中的层次就是根据各个阶段、各个侧面、各个组成部分划分的。段中的一层，可能表现的就是一个阶段、一个侧面或一个部分。

"找同一的话题"是分层的目标。为了达到这个目标，在分析过程中还要重视代词、关联词和其他保持句与句间逻辑联系的词语，因为这些词语能提示哪些句子具有"向心性"，行文至何处又有了"向外性"。能知道句子的"向心性"和"向外性"，对于分层找具有相对独立完整意思的句和句群，是至关重要的。下面仍以前面引过的《崇高的理想》段为例，谈正确分层的思维过程：

A. 从第①句开始分析到第②句有"相反地"这一关联词语，可知第①句所提的论断还没结束，第②句又提出了另一论断，因为有"相反地"这一词语提示，可知①②句是并列关系。

B. 分析到第③句又有"前一种人"这种指代性词语出现，联系第③句全句，应意识到提出论断部分已然结束，自第③句起要论述第①句中所提到的人，也就是话题由论断转向了论述。这话题改变之处是应分层之处。可先在②句后画应分层的标记，至于应画第几级的分层标记，须待最后读完全段再定。分析③④句，知道自④句起开始具体记叙③句中所说的"前一种人"，因此③④句之间是应画分层标记之处。

C. 分析第④⑤句，发现第⑤句的话题与第④句略有改变，第④句是记叙，第⑤句是议论，在第⑤句之前亦应画分层标记。

D. 分析第⑥至⑪句，发现第⑥句与第⑤句话题又有改变，由第⑤句的议论又改为记叙，因此⑤⑥句之间亦应画分层标记，但由⑥句读到⑪句，发现这六句话和④⑤句一样，都在第③句的范围之内，讲的是"传说中和历史上"的伟大人物，因此由④句至⑪句应在同一层中。这

④至⑪句的层，其级别比④⑤句之间，⑤⑥之间应分的层级要高。

E. 分析第⑫句，句中有"所有这些人"，可知这第⑫句的语意重心在总括论断前面所讲的"传说中和历史上"的人是怎样的人，话题有改变，⑪⑫句之间应是画分层标记之处。此外还可看出，⑫句与第③句有照应的意味。接着分析⑬⑭句，这两句中均有"他们"指代⑫句中的"所有这些人"，并对"所有这些人"进行议论可知话题没有改变，⑫⑬⑭句应在同一层中。待分析到第⑮句，句中有"这样的一些人"，可知是给⑫⑬⑭句的议论作总结，在⑭⑮句之间应分层，并可知③至⑪句的内容是用⑫⑬⑭⑮的议论作总结。

F. 分析⑯⑰句，知道⑯句有"相反地……"是转向了记叙"败类"，话题有明显的改变，因此在⑮⑯句之间应画分层标记。读⑰句，知道⑰句是对⑯句的记叙进行议论，话题小有改变，⑯⑰句之间亦应画分层标记。

G. 读完全段，把全段中应分层的地方都做了标记了，则综观全段先从记有标记处确定何处应是最高层的分层处。由于自③句起直至⑰句是分别论述①②句所作的论断的，因此②③句之间是最高层的分层处。一般地说，给段分层，用"|"划分出最高层就可以了。如愿把所有应分层的地方都分析出它们的级别，则①②句之间、⑮⑯句之间应用"||"。①②句之间的"||"区分出了对"前一种人"的论断与对"后一种人"的论断；⑮⑯句之间的"||"，区分开了对"前一种人"的论述与对"后一种人"的论述。⑪⑫句之间，⑯⑰句之间应为"|||"。⑪⑫句之间的"|||"，区分开了对"前一种人"的记叙与议论；⑯⑰句之间的"|||"，区分开了对"后一种人"的记叙与议论。③④句之间、⑭⑮句之间应为"||||"，因为③句是④至⑪句的总说；⑮句是⑫⑬⑭句的总结。⑤⑥句之间应为"|||||"。这个"|||||"将④至⑪句的记叙"前一种人"又分成了

科技人物与军政人物。④⑤句之间应为"||||||"。这个"||||||"将④⑤句的先记叙后议论区分开。最后将上面的分层结果用符号表示应为：

①||②|③||||④||||||⑤||||⑥⑦⑧⑨⑩⑪||⑫⑬⑭||||⑮||⑯|||⑰

通过上述分析可知，在分析过程中，找同一的话题和借助"相反地""前一种人""这些人"等关联、指代性词语，是非常必要的。特别是在确定把"|||"画在⑪⑫句之间时，可以说重视话题的同一和重视代词起了重要作用。③至⑮句是论述"前一种人"的一个大层，这个大层中又分为记叙和议论两个中层。需要多考虑一下的问题就出现在议论这个中层，是自第⑪句开始还是自第⑫句开始。由于考虑到具体记叙"前一种人"是结束在第⑪句，⑪句以前直至⑥句全是记叙，它们是同一的话题；又由于考虑到⑬⑭两句中全有"他们"指代⑫句中的"所有这些人"，可知⑫句与⑬⑭句的联系更紧密一些。基于以上两条理由，所以确定议论这个中层是自第⑫句开始。

好的文章、好的段落都有逻辑的完整性和首尾一贯性。在平素阅读时能重视找同一的话题和分析保持句与句间逻辑联系的词语，会形成良好的语感并锻炼思维的逻辑性。这样既会减少自己表达中的语病，同时也能善于发现语言表达中存在的问题。如下面这段文字：

一切科学的研究，就其来源来说是实践，就其功用来说是指导实践。但是总的说来，还是要对指导实践起作用。如果科学研究离开了指导实践，它还有什么用呢？语言科学的研究最终也要归结到指导运用语言的实践上来。当然，对于指导实践不能理解得太狭窄。有的研究课题在指导实践上不是那么直接，不是那么立竿见影。

这段文字是一道高考题，要求考生判断它是否有语病，如有语病要进行修改。

平素在阅读中分析同一的话题、形成了良好语感的学生，在读到第②句时就会想："为什么第②句用'但是'进行转折？这第②句是针对着第①句的什么问题进行转折的？"经过思考会判断出：这第②句不能与第①句衔接。理由：因为第②句用了"但是"。既用了"但是"，是应该向着与第①句所谈内容不同的方向甚至于相反的方向转折的。可是，第②句所谈的内容并没有变向：第①句讲的是"一切科学的研究""就其功用来说是指导实践"，第②句讲的"还是要对指导实践起作用"，含意并没有改变，因此①②两句不衔接。此外，第②句中有"总的说来"，这是总结语。既用总结语，那么前面应有几句分述。可是前面只有很简单的一句话，完全无"结"可"总"，因此说明这①②两句也不能相接。而且，"总的说来"是结束语，如今开头第二句就用上了它，似乎也不恰当。

　　第①②句不衔接可以肯定，但①②两句所谈的内容不一致和第②句具有的结束语性质，又可给分析者以启发：是不是可以把第②句后移？通过分析发现，第②句是应放在全段文字的最后的。它放在最后，句中的"但是"可针对"有的研究课题在指导实践上不是那么直接，不是那么立竿见影"转折；句中的"总的说来"可针对"当然，对于指导实践不能理解得太狭窄"作总结。把第②句调为全段最后一句之后，再读其他语句，未发现有不衔接、不连贯之处，因此此题的答案应是调换第②句的位置。

　　下面再举一个《皇帝的新装》中利用话题的不统一刻画人物的例子：

　　"这是怎么一回事呢？"皇帝心里想，"我什么也没看见！这可骇人听闻了。难道我是一个愚蠢的人吗？难道我不够资格当一个皇帝吗？这可是我遇见的一件最可怕的事情。""哎呀，真是美丽极了！"皇帝说，"我十二分地满意！"

读者读这段描写，开始读到的是皇帝因为看不见布而疑虑（"难道我是一个愚蠢的人吗？难道我不够资格当一个皇帝吗？"）、惊恐（"这可是我遇见的一件最可怕的事情"），接着读到的又是皇帝对根本没见到的布的夸赞（"哎呀，真是美极了！""我十二分的满意！"）这样就使读者一眨眼就认识到了皇帝的虚伪、狡诈、外强中干的性格。童话在这里之所以能获得如此突出的表现效果，就是因为利用了读者惯有的"话题一致"的心理，即读者读到皇帝的疑虑和惊恐后，总是要以皇帝已疑虑和惊恐为前提推想他下一步该怎么办。万万没想到的是皇帝不仅陡然变成了不像曾经疑虑和惊恐过的人，而且还变成了风度翩翩，谈笑自若的人。这读者的"万万想不到"，就是作者利用了读者在阅读中会有的"话题一致"遭到骤变而造成的。读者"万万想不到"了，才会从"万万想不到"中感受到皇帝的变化之快；感受到了皇帝的变化之快，也就必然觉得这个皇帝实在是狡诈之极、虚伪之极。这样，作者对人物的刻画也就成功了。

其次，注意与代词有关的其他几种情况。

在前文中，已谈到了重视代词有利于确定句与句之间的向心性和向外性问题。此外代词在运用中还有几种情况关系到人们对文章的理解和思想的表达，因此再谈谈这些情况：

第一，当代词与所指代的词语距离比较远时，它与其所指代的词语之间会存在着复杂情况。这复杂情况中有一种最常见的现象，就是"代词指代不清"。因此在阅读中遇到与所指代的词语比较远的代词时，应细心地找到代词所指代的是谁。这细心的分析过程既有利于提高自己运用代词的能力，又有利于锻炼思维的缜密性。

第二，代词的运用还有下列几种情况，阅读时应引起思考，认真体会。下面先举出例句，然后加以分析：

①正因为伟大的理想合乎社会的进步、合乎人民的利益、合乎社会发展的规律，所以对于一些具有伟大理想并为伟大理想而斗争的人，千百年来人们一直在尊重他们、怀念他们、纪念他们。相反地，对于一些破坏这些理想、阻挠这些理想实现的人，千百年来，人们一直怀恨他们、憎恶他们、咒骂他们。

②如众所周知的，夏禹在治水13年中，三过家门而不入；李冰父子为了解决当时成都平原的水利问题，不知克服了多少困难，终于修成了泽被后世的都江堰；扁鹊深入民间，"周游列国"，"随俗为变"，解除人民疾病的痛苦；还有我们所熟知的出身贫苦的黄道婆，她从海南黎族地区回到故乡（今上海市郊），把当时海南岛先进的纺织工具和她熟练掌握的纺织技术毫无保留地传给家乡的人们。

③如果你能应用马克思主义的观点，说明一个两个问题，那就要受到称赞，就算有了几分成绩。

④他活着别人就不能活的人，他的下场可以看到。

⑤母亲同情受苦的人，这是朴素的阶级意识。

第①句，一般地说，同一代词反复使用会使语言呆板，减弱语势。但在此句中的"他们"，由于在前后两句中形成对比，在同一句中形成排比，反而比写成"尊重、怀念、纪念他们""怀恨、憎恶、咒骂他们"加强了语势。因此，对反复使用代词是否呆板问题，要具体情况具体分析。

第②句，在这一句中先使用了"我们"，接着使用了"她"，其实，在这里使用的"她"，并不是非用不可的。写"黄道婆"仍然可用写"夏禹""李冰父子"和"扁鹊"的句式。但作者在这里做了改变。这个改变完全是为了把使用代词与不使用代词交错起来，以增加行文的错综变化，给人以协调感。

第③句，这个句中的"那"，它的指代作用很不明显，而关联词的意味反倒更重一些。因此阅读时不要把代词"那"的功用理解得太狭窄，要结合句子进行体会。

第④句，这个句子如直接写成"他活着别人就不能活的人的下场可以看到"不好理解。因此作者这样在结构上用人称代词"他"重指一下，不但语意明确而且读起来也上口。由此可见"重复"又有"重复"的好处。

第⑤句，句中"这"的词义，实际上是空泛的。在句中主要是起使上下文衔接紧密的作用。与第③句中的"那"有些相似。

再次，要注意突出段中心意思的制约因素。

突出段中心意思的制约因素主要有三个方面：首当其冲的是"层次"，一个段的层次不清，会把段的中心意思搞乱；还要注意顺序，顺序安排不当也会主次不分；文字之间的呼应也需注意，文字间不呼应会使中心不突出。注意了这些制约因素，读者进行分层时，常常就能体会出作者"布局谋段"的匠心并把很不好分析的段分析得一清二楚。如下面这个进行环境描写的段：

街上的柳树像病了似的，叶子挂着层灰土在枝上打着卷；枝条一动也懒得动，无精打采地低垂着。马路上一个水点也没有，干巴巴地发着白光。便道上尘土飞起多高，跟天上的灰气连接起来，结成一片毒恶的灰沙阵，烫着行人的脸。处处干燥，处处烫手，处处憋闷，整个老城像烧透了的砖窑，使人喘不过气来。｜狗趴在地上吐出红舌头，骡马的鼻孔张得特别大，小贩们不敢吆喝，柏油路晒化了，甚至于铺户门前的铜牌好像也要晒化。街上非常寂静，只有铜铁铺里发出使人焦躁的一些单调的叮叮当当。｜拉车的人们，只要今天还不至于挨饿，就懒得去张罗买卖：有的把车放在有些阴凉的地方，支起车棚，坐在车上打盹；有的钻进小茶馆去喝茶；有的根本没拉出车来，只到街上看看有没有出车的可能。那些拉着买卖的，即使是最漂亮的小伙子，也居然甘于丢脸，不敢再跑，只低着头慢慢地走。每一口井都成了他们的救星，不管刚拉了几步，见井就奔过去，赶不上新汲的水，就跟驴马同在水槽里灌一大气。还有的，因为中了暑，或是发痧，走着走着，一头栽到地上，永不起来。

　　进行环境描写和景物描写，最容易保持话题统一的顺序有三种，即时间推移顺序、空间转换顺序和按视觉、听觉、嗅觉、触觉等不同角度进行描写的顺序。通过分析可知，上述这个段由于是再现街头景象，视野非常开阔，如果按空间转换顺序写，不易确定空间转换的起始点。如按视觉、听觉等不同角度写，本段中所写到的每一个角落、每一个地方都是各"觉"具备的，也不易确定描写的起始点。因此这两种顺序在街头景象的描写中，均用不上。但有层次、有序、有呼应是制约因素，是必须讲求的。因此分析这个段时，还是要考虑作者在写这个段时是怎样处理这"三有"的。通过仔细分析，我们会发现：作者安排这一段的顺序是采用了"围绕某一重点、从不同方位、不同角度落墨"的方法，有的地方还借助于"小结式"的词语划定界限，使烈日下的街头景象条理分明地呈现在了读者面前。

　　本段的第一层，是由开始到"处处干燥，处处烫手，处处憋闷，整个老城像烧透了的砖窑，使人喘不过气来"，共四句话。这四句话之所以划为一层，一是这一层从视觉（"街上的柳树像病了似的，……""马路上一个水点也没有，……"）、触觉（"结成一片毒恶的灰沙阵，烫着行人的脸"）的角度，描写了街上的酷热；再一点是用"小结式"的句子"处处干燥、处处烫手、处处憋闷、整个老城像烧透了的砖窑，使人喘不过气来"，总写酷热。因为这一层全写的是"热"和由"热"而引起的"憋"，向心性一致，故为一层。

　　第二层是从"狗趴在地上吐出红舌头"到"只有铜铁铺里发出使

人焦躁的一些单调的叮叮当当",共两句。这一层写的是由"热"而引起的"静"。尽管最后一句写的是"叮叮当当",但读者都可以理解,这是以动衬静更加突出"静"。这一层向心性也是一致的,故为一层。

第三层是从"拉车的人们"直到全段结束,共四句。这一层写的是"拉车人"由"热"引起的"怕":没出车的,不敢出车;出了车的,"也居然甘于丢脸,不敢再跑";最后虽写了"一头栽到地上,永不起来",超出了"怕"的范围,但这也是由"热"引起的,同时说明拉车人的"怕",实在是慑于"热"的"威力"。

通过对"街上"段的上述分析,可以认识到:读一个段要注意对制约因素的分析,自己写作时也要注重对制约因素的处理。像上述这种写街头景象的段,如果作者不注重对段的层次、顺序、呼应的安排,那么对街头景象就要采取一样一样进行分述的方法。一样一样地进行分述,虽然也可以将街头景象全描写到,但它必然会产生一个不可克服的缺点就是"散"。一个段写"散"了,段的中心意思也就模糊了,这样就很难达到表现的目的。像本段作者这样,虽然全段都是写"热",由于他重视了层次、顺序、呼应,因而把全段写得中心十分突出:首先说层次,由于作者重视层次的安排,因此他把热在街头引起的反应归纳为三个方面,即"热"和由"热"引起的"静"和"怕"。分析出"热""静""怕"后,这样,段的重点——酷热,就突出出来了,段的层次也分出来了——一层写"热"、一层写"静"、一层写"怕"。其次说顺序,顺序是先放开视野写"街上""马路""便道",然后再收缩视野写"狗""骡马""小贩""铺户",最后进行特写,重点写"拉车人",范围逐渐缩小,顺序也是合理的;另外第一层中有"总写句"(第四句),把"热""静""怕"三个层理解为"总分"顺序也不无不可。最后谈呼应,这个段由于是围绕着"酷热"这个重点从不同方位、不同角度来写"热"和由"热"所引起的反应的，因此不易用上明显的呼应词语，但由于三个层从不同方位、不同角度都写的是"酷热"，因而这三个层所写的内容本身就是呼应的。

通过对"街上"段的分析，还应得到两点认识。第一，不论写多么复杂的现象，只要精心分析，认真构思，总可将要写的内容分出层次，找到恰当的顺序。阅读作品也是一样。当读到写难以表现的内容的段落时，要认真体会作者是怎样披荆斩棘、独辟蹊径的；相信优秀的作者决不会知难而退。第二，安排层次和顺序，要像"街上"段那样符合人的观察习惯和认识规律。下面各再举两个重视照应、顺序的段：

甲

①语言，也就是说话，好像是极其平常的事儿。②可是仔细想想，实在是一件了不起的大事。③正是因为说话跟吃饭、走路一样的平常，人们才不去想它究竟是怎么回事儿。④其实这三件事儿都是极不平常的，都是使人类不同于别的高级动物的特征。⑤别的动物都吃生的，只有人类会烧熟了吃。⑥别的动物，除了天上飞的和水里游的，走路都是让身子跟地面平行，有几条腿使几条腿，只有人类直起身子来用两条腿走路，把上肢解放出来干别的更重要的活儿。⑦同样，别的动物的嘴只会吃东西，人类的嘴除了吃东西还会说话。

乙

抵御风沙袭击的方法是培植防护林。防护林的主要作用是减少风的力量。风遇到防护林，速度就减少百分之七十到八十。到距离防护林等于林木高度二十倍的地方，风又恢复原来的速度。所以防护林必须是并行排列的许多林带，两列之间的距离不要超过林木高度的二十倍。其次是培植草皮。有了草皮覆盖地面，即使有风，刮起的沙也不多，这就减少了沙粒的来源。

甲段文字首先做到了层与层之间的前后呼应。前两句为一层，概括地写"语言""好像""平常"，"可是""实在是""大事"；后五句为一层，具体地写"语言""实在是""大事"。具体地写时，先写语言被误认为平常的原因（第④句），接着用④至⑦句写出语言为什么是大事。这段文字先用层与层之间概括写与具体写的照应突出了语言是大事。接着又用顺序突出。这表现在把一个段中的两个重要位置——首句与尾句给了语言，使语言是大事这一话题得到强化。最后，又运用了呼应。从第③句看，在"说话""吃饭""走路"三者同时在一个句中出现的时候，是"说话"在前面，可是在具体地与别的动物作比较的时候，则把"说话"放在了最后。按写作顺序的常理说，"说话"在前句中排列在前，那么在进行比较时也应该先比较。这里作者为什么要这样调换呢？读到最后可以明白，原来作者这样悖理乃是为了使段首句与段尾句遥相呼应。众所周知，段中首句有首因效应，给人的印象深，于是作者在这里突出了"语言"；段中尾句有近因效应，给读者的印象也深，因此作者特意调换顺序，把突出"人类的嘴除了吃东西还会说话"的句子放在最后，这样就使本段要说明的"语言是大事"这一中心，获得了两个效应和又一次地用呼应强化。

读本段后再回顾前文，我们又可以得到这样一点认识：一段文字要使中心突出，只重视相邻句的衔接是不够的，不相邻句之间也要有紧密的联系，这样才能形成一个整体。呼应就是使不相邻的句发生联系的手段，在自己布局谋段时要予以重视。

阅读乙段，读者会遇到这样一个问题："培植草皮，有了草皮覆盖地面"，会把沙固定在地上，这乃是一个根本性的办法，比"培植防护林"挡风沙要积极得多。既然如此，安排顺序应该把"培植草皮"列为本段的第一层，为什么却把它列为次要，安排到第二层呢？这类问题很值得想一想。通过思考，会想到：培植草皮的办法固然是积极的。但是它是一个慢功。如果把主要精力放在培植草皮上，那么没来得及培植草皮的地方，就早被风沙埋没了，因此还是要把主要精力放在培植防护林的抵御上，先把风沙挡弱，之后再培植草皮，这样会更稳妥些。通过上述分析可以认识到，安排段中的每一层，哪层在前，哪层在后都应是有依据的。本段安排层的依据，就是为了突出段的中心意思。在阅读时能注意分析段安排层次的依据，会有利于对段旨的深入理解。

注意段中顺序安排还有另一种情况。如：

在延安，纺车是作为战斗的武器使用的。那是在抗日战争最艰苦的年月，国民党反动派发动反共高潮，配合日寇重重封锁陕甘宁边区，想困死我们。我们边区军民热烈响应毛主席的"自己动手，丰衣足食"的伟大号召，结果彻底粉碎了敌人困死我们的阴谋。在延安的人，在所有抗日根据地的人，不但吃得饱，穿得暖，而且坚持了抗战，取得了抗战的最后胜利。开荒，种庄稼，种蔬菜，是足食的保证；纺羊毛，纺棉花，是丰衣的保证。

这个段是既涉及段中的顺序安排又涉及文字间照应的一个段。从文字间照应的角度说，前面说"自己动手，丰衣足食"时，是"丰衣"在前，"足食"在后的，那么后面的文字照应它时，也应该"丰衣"在前，"足食"在后。但是，这个段却是先写了"足食"——"不但吃得饱""开荒、种庄稼、种蔬菜，是足食的保证"；后写了"丰衣"——"穿得暖""纺羊毛，纺棉花，是丰衣的保证"。照应时变换了顺序，那么为什么要作这种变换呢？通过与下文联系起来读，我们可以体会到，作者之所以这样变换了顺序，原来不是为了强调"足食"，而是为了适应段与段之间衔接的需要：本文的表现中心是写"纺车"。"足食"与"纺车"的关系不大，不是本篇要强调的重点，"丰衣"与"纺车"有关，下面还要继续写，因此后写"丰衣"乃是为了与下文的内容联系紧密。如果按照"丰衣足食"的顺序先写"丰衣"后写"足食",这样"丰衣"与下面继续写的纺线织布之间就被"足食"间隔开了,联系就不紧密了。

由此,我们又可以得到一种认识,即看待文章要讲求顺序安排和前后照应,绝不可从形式上、表面上看,一定要体会其精神实质。把上面举的几个段联系起来看可发现:讲求顺序安排和前后照应,是为了保持话题的统一和突出中心,如今违背顺序安排和前后照应,也是为了保持话题的统一和突出中心,因此要告诉学生:分析一个段或自己作文布局谋段时,一定要把握住不论怎样写都要有利于突出中心这一实质,对问题进行辩证地分析。

复次,分层要掌握明意段和隐意段的知识。

从表面上看,段有多种类型。如果归一下类,段则只有两类:一类是明意段,一类是隐意段。明意段是有中心句并用中心句将段的中心意思进行表述的段。隐意段是没有中心句,段的中心意思隐含于段内的段。掌握了明意段、隐意段的知识,在给段分层时有捷径可循。

明意段的表现形式:明意段的主要标志是有中心句。中心句必须是能表述全段中心意思的句子,由于它在段中的位置不同,使明意段有了下列四种形式:

甲

这个院子跟附近的许多院子没什么差别。周围是半人高的木栅栏;左边是一间独立的小屋,屋里面有一口井;右边是两间正屋,每间大约一丈见方,前面有走廊;正屋的下面有个地下室,半截露在地面,是做厨房用的,从一道小梯子走下去。——这么样一个院子,在当年正是第比利斯小市民住宅的标准式样。

甲段是明意段的第一种表现形式,特点是起句、结句全是中心句。两个中心句所用的词语不同,但意思相近。这种前后呼应的中心句,用意思相同或相近来强化段的中心意思。如果起句与结句的意思不同或不相近，则不属于这种形式。

乙

你们杀死一个李公朴，会有千百万个李公朴站起来！你们将失去千百万的人民！你们看着我们人少，没有力量？告诉你们，我们的力量大得很，强得很！看今天来的这些人，都是我们的人，都是我们的力量！此外还有广大的市民！<u>我们有这个信心：人民的力量是要胜利的，真理是永远存在的。</u>历史上没有一个反人民的势力不被人民毁灭的！希特勒，墨索里尼，不都在人民之前倒下去了吗？翻开历史看看，你们还站得住几天！你们完了，快完了！我们的光明就要出现了。我们看，光明就在我们眼前，而现在正是黎明之前那个最黑暗的时候。我们有力量打破这个黑暗，争到光明！我们的光明，就是反动派的末日！

乙段中的"我们有这个信心：人民的力量是要胜利的，真理是永远存在的。"是这个段的中心句，它的特点是中心句在段的中间。在段中间的中心句，必须具有既能总结前文，又能统率下文的功能，否则不能作在段中间的中心句。这一段是明意段的第二种表现形式。

第三种是前面引用过的《崇高的理想》段。它的特点是中心句在段首。在段首的中心句有的是一句，有的是两句，一句的居多。

最后一种则是前面引过的"暮春……夏天……"段。它的特点是中心句在段尾，可能是一句，也可能是两句。

综观明意段的中心句，可以这样认为：首先，它经常在段首出现，因为把段中心句写在段首之后，它对全段有统率和确定基调的作用。把统率句和基调确定了，下面的文字就可以围绕着它写，不易走题。其次，中心句还经常在段尾出现。它出现在段尾，便于对全段的中心意思进行总括。正是因为段中心句经常在这两个位置出现，因此人们找段中心句时常常到这两个位置上去找。

到这两个位置上去找，不失为是一种方法，但决不可只认定位置而不顾其他。如下面这几个段，从位置上看很像是有中心句的明意段，其实它们是隐意段：

甲

苏林教授显然是大为生气了。他一向认为，要做一个真正为人民所爱戴的艺术家，首先要是一个高尚的人、一个各方面都能成为表率的人！这样一个自暴自弃的女孩子，是永远也不能成为有成就的歌唱家的！他生气地侧过头去看着窗外。这个城市刚刚受到一次严重的台风袭击，窗外断枝残叶狼藉满地，整排竹篱倾倒在满是积水的地上，一片惨淡的景象。

乙

你要是踩着那窝下去，到17米的地方就会发现井壁的一旁有一条隧道，刚好能容一个人爬进去。约摸爬过4米，就是一条垂直的隧道，有10米长。里头有一架木头梯子。顺着木梯子爬上去，到头儿又是一条横的隧道，有3米长。弯着腰走过这条隧道，就看见一道门。进了门，第一眼就看见一架印刷机。这就是那时候的地下印刷所。

丙

科学就是探求真理。在探求真理的过程中，人们对客观规律的认识要经过艰苦曲折的过程。常常有这样的情形：由于研究的角度不同，掌握资料的差异，认识的方法不同，就会出现"横看成岭侧成峰，远近高低各不同"的情况，以至引起学术上的论争，因此有作为的科学工作者都把反对的意见看作对自己的莫大帮助，把对自己的批评当作珍贵的友谊。正如李四光同志所说："没有什么东西比对我的论题的坦白的批评，更能使我感到激励。"歌德也说："我们赞同的东西使我们处之泰然，我们反对的东西才使我们的思想获得丰产。"这都是因为，赞同的意见未必正确，反对的意见未必错误。退一步说，即使错误的反对意见，对自己的科学研究也是很有好处的。法国科学家普鲁斯特和贝索勒为探讨定比定律，进行了长达九年的辩论。最后普鲁斯特成为辩论的获胜者，发现了定比定律，但他并未因此趾高气扬，相反，他对贝索勒倾吐了衷心的感激之情，说："要不是你的质难，我是难以深入地去研究定比定律的。"并宣告，发现定比定律，贝索勒有一半功劳。今天，为了四化建设而钻研科学的崇高志向，使科学工作者胸怀更为宽广，虚怀若谷，容得下百川之流，听得进"敌对意见"。（注：最后一句原文如此，引用时未改）

甲段被误认是明意段的原因，是误把第一句话当成了中心句。第一句话只能统率到"他生气地侧过头去看看窗外"，不能统率最后一句话的意思。最后一句话已与"大为生气"无关。不能把全段中每一句话的意思都归纳概括进去的句子，不能称之为段中心句。再如前面引过的"现在书评中……"段，也不是明意段，因为第一句话只是该段第一层的中心句而不是全段中心句。

乙段是误把最后一句当成中心句。这最后一句虽是处在常有中心句的位置上，但它不能总结全段的意思。它只能和"进了门，第一眼就看见一架印刷机"有联系，指明的仅是有门、门内有印刷机的地方是地下印刷所。

丙段是中考题，要求考生从这段话中找出中心论点，结果许多人把第一句"科学就是探求真理"当成了中心论点。固然议论段的论点常常在段首或段尾，再加上"科学就是探求真理"又是一个判断句，很像论点，但"像"毕竟是"像"，到底是不是那还要靠科学的分析。分析是不是论点，与分析是不是中心句的方法相似。如果是中心句，那么其余部分一定要围绕中心句的内容进行论述、举例论证或解释说明。如果是论点，那么其余部分也一定要对论点进行论证。我们通读这一段文字后可知: 全段集中进行论述的乃是"有作为的科学工作者都把反对的意见看作对自己的莫大帮助, 把对自己的批评当作珍贵的友谊", 而不是其他。说这一句是论点, 还有一个标志即有指示语"因此"。至于第一句话"科学就是探求真理", 它在这一段中只是一句引语, 用来引出"在探求真理的过程中"会发生争论, 全段文字根本未对它进行论述。

中考可以说是对初中毕业生语言能力、分析能力的一次重要考查。从这个题的考查中我们可以发现: 同学们在阅读时不认真进行分析的现象还是比较严重的, 应引起教师们的注意。

隐意段是没有中心句的段, 正因如此, 隐意段的表现形式也较为特殊, 往往段中诸句是由一个隐含的中心意思聚合在一起的。如果非要用上中心句这个词, 那么可以这样说: 隐意段的中心句是暗示的, 不是明显地表述出来的; 段中的语句都共同蕴含着段的中心意思。由于这种段没有一个单独的句子能清楚地代表中心句, 所以就必须体会段中的每一个句子, 从中提炼出中心意思。也正是因为它没有中心句, 使它的表现形式复杂化了, 所以它的表现形式较多, 本书不能一一列举, 只能罗列几种常见的形式。这些形式所确定的关系, 根据的都是各段的最大层之间的关系, 也是以"|"为最大层的分层标志:

甲(转折关系段)

长期以来, 语文教育界对段的重要性缺乏足够的应有的认识。字、词、句、篇、语、修、逻、文, 大家都同意这是语文的基础知识, 而段却被排斥于基础知识之外; 中学统一的语文教材一改再改, 在最近一次的修改中, 段的知识仍是微乎其微; 全国语文报刊和专著那么多, 也很难找到研究段的教学论著。|其实, 段在文章中, 段在语文教学中, 都是不容忽视的一环。

乙(选择关系段)

冬季来临, 天气冷了。蚊子、夜蛾死的死, 躲的躲, 蝙蝠则什么吃的也

没有了。怎么办呢? 是躺着等死, 还是像大雁、燕子那样千里迢迢, 飞到温暖的南方去? 不! 都不是。|蝙蝠是采取"睡眠"的办法来对待绝粮。

丙(解说关系段)

那是一辆普通的纺车。|说它普通, 一来是它的车架、轮子、锭子跟一般农村用的手摇纺车没有什么两样; 二来它是延安成千上万辆纺车中的一辆。那个时候在延安, 无论是机关的干部, 学校的教员和学员, 部队的指导员和战斗员, 在工作、学习、练兵的间隙里谁没有使用过纺车呢? 纺车跟战斗用的枪、耕田用的犁、学习用的书和笔一样, 成为大家亲密的伙伴。

丁(因果关系段)

蚕的小小的身躯是一座非常奇妙的"加工厂", 用的原料是桑叶。桑叶含有水、蛋白质、糖类、脂肪等成分。蚕吃进桑叶, 经过消化, 吸收了桑叶中的蛋白质和糖类等营养物质, 形成绢丝蛋白质, 绢丝蛋白质是绢丝腺里的胶状液体。当蚕老熟时, 就吐出这种液体, 形成细丝。蚕就是用这种细丝围绕身体, 结成了茧。|所以蚕丝不同于麻纤维, 而是一种动物蛋白质, 它完全是由蚕的生命化成的。

戊(递进关系段)

要建设, 就必须有知识, 必须掌握科学。|而要有知识, 就必须学习。顽强地、耐心地学习。向所有的人学习, 不论向敌人或朋友都要学习, 特别是向敌人学习。咬紧牙关学习, 不怕敌人讥笑我们, 笑我们无知, 笑我们落后。

己(条件关系段)

在我们面前有一座堡垒。这座堡垒就叫做科学, 它包括许多部门的知识。|我们无论如何都必须占领这座堡垒。青年们如果愿意成为新生活的建设者, 愿意成为老近卫军的真正的接班人, 就必须占领这座堡垒。

庚（并列关系段）

在前面"如何给一段文字分层"中举过的"卢沟桥"段即是代表段。全段分为四层。

辛（承接关系段）

在前面"如何给一段文字分层"中举过的"谢老批复王观娃案"段即是代表段。全段分为三层。

掌握了明意段和隐意段的知识之后，分层时有便捷之处：

如果知道自然段中有一类是明意段之后，在给段分层时即可先看一下段首是否有中心句，因为中心句多是概括句，比较容易识别。如段首是概括句，则逐句分析其他各句与首句的关系。如一直分析到段尾，发现自第二句起各句均是围绕首句进行记叙、说明、议论的，则可判断此段为明意段，首句是段中心句。这样，这个段即分为两层：中心句为一层，其余各句共为一层。如分析到段尾，发现结句又是一个与首句呼应的中心句，那么这个段即属于明意段的表现形式中的甲种形式，给这段分层要分为三层，首尾中心句各为一层，中间各句共为一层。

如段首句不是概括句，在分析此段句与句的联系时则需注意两点：一点是对句中话题有所改变的地方要注意，在这种地方要作个标记；一点要注意这个段是否属于明意段表现形式中的乙（中心句在段中间）丁（中心句在段尾）两种形式。如属于乙种形式，也是分为三层：中心句为一层，中心句前的各句为一层，中心句后的各句为一层。如属于丁种形式，则中心句前的各句为一层，中心句自为一层。

如段首句不是概括句，在分析句与句的联系的过程中又未发现此段属上述的乙、丁两种形式，这时则去回顾那个已作过标记的、话题有所改变的地方，以确定最大的层分在何处。这时前面列过的隐意段的表现形式即可作为参考。如果此段是庚、辛表现形式，则层数可能在两层以上。如是其他表现形式，则均切分为两层。

再复次，重视段中的轻重适当。

所谓轻重适当，是指从篇幅大小上说该洒墨如泼的地方洒墨如泼，该惜墨如金的地方惜墨如金。一般情况下，洒墨如泼的地方多是要突出中心意思的地方，惜墨如金的地方多是进行过渡的地方或者为了反映全面情况不交代不行，又无详述之必要的地方。重视每一个段是怎样做到轻重适当的，从阅读的角度说，有利于把握段的中心意思；从写作的角度说，有利于提高布局谋段的能力。比如读《背影》的第6段：

我说道："爸爸，你走吧。"他望车外看了看说："我买几个橘子去。你就在此地，不要走动。"我看那边月台的栅栏外有几个卖东西的等着顾客。走到那边月台，须穿过铁道，须跳下去又爬上去。父亲是一个胖子，走过去自然要费事些。我本来要去的，他不肯，只好让他去。我看见他戴着黑布小帽，穿着黑布大马褂，深青布棉袍，蹒跚地走到铁道边，慢慢探身下去，尚不大难。可是他穿过铁道，要爬上那边月台，就不容易了。<u>他用两手攀着上面，两脚再向上缩；他肥胖的身子向左微倾，显出努力的样子。这时我看见他的背影，我的泪很快地流下来了。我赶紧拭干了泪，怕他看见，也怕别人看见。</u>我再向外看时，他已抱了朱红的橘子望回走了。过铁道时，他先将橘子散放在地上，自己慢慢爬下，再抱起橘子走。到这边时，我赶紧去搀他。他和我走到车上，将橘子一股脑儿放在我的皮大衣上。于是扑扑衣上的泥土，心里很轻松似的。过一会儿说："我走了，到那边来信！"我望着他走出去。他走了几步，回头看见我，说："进去吧，里边没人。"等他的背影混入来来往往的人里，再找不着了，我便进来坐下，我的眼泪又来了。

读这一段，我们就要特别注意这几句："他用两手攀着上面，两脚再向上缩；他肥胖的身子向左微倾，显出努力的样子，这时我看见他的背影，我的眼泪很快地流下来了。我赶紧拭干了泪，怕他看见，也怕别人看见。我再向外看时,他已抱了朱红的橘子望回走了。过铁道时,他先将橘子散放在地上,自己慢慢爬下,再抱起橘子走。"这几句就做到了该突出的内容突出了,该节省的地方节省了,又没留下缺漏。父亲对儿子的爱是这篇散文的中心思想,是该突出的地方,因而在这里突出地写了父亲不顾自己身体肥胖爬月台吃力的背影。至于买橘子讲价付钱与散文的中心思想无关,因而连提都没提。但买橘子讲价付钱毕竟是往返买橘子过程中不可缺少的一个阶段,作者就用"这时我看见他的背影,我的泪很快地流下来了……他已抱了朱红的橘子望回走了"这种中断视线的手法,省去了父亲讲价付钱的过程,突出了自己的眼泪。这种中断视线的写法,既使该省的内容节省了,又突出了父子情深这一中心思想,做到了一举两得,天衣无缝。

《背影》中的这种当轻则轻、当重则重,基本上是基于突出中心思想的需要。还有一种轻重适当,不仅基于突出中心思想的需要,而且还兼顾了感情色彩,即对值得歌颂的人和事多用笔墨,对应该批判的人和事少用笔墨。为了节省篇幅,还用前面已引用过的《崇高的理想》段来说明这个问题:

从这个段的第一层(①②句)来看,这个段所论证的"前一种人"和"后一种人",在全段中的地位是相等的,但是看一看对前者使用的笔墨与对后者使用的笔墨可以说是不成比例的。引证史实时,像霍去病、岳飞,这些人都是一人用一个很长的句子,而写秦桧、洪承畴、曾国藩的呢?则只是一个短语。写袁世凯、蒋介石、汪精卫,用的就更少,仅仅是点出他们的名字。如果"算总账",写"前一种人"用了14句,写"后一种人"则只用了3句;引用史实,引"前一种人"的是9句,引"后一种人"的是1句。从上述所列数字可以看出,作者这样写除去要突出《崇高的理想》的中心思想之外,这明显的不成比例还表明了他爱憎分明的态度。这爱憎分明的态度，又从另一个侧面表达了作者对"前一种人"的景仰和对"后一种人"的鞭挞。

最后，重视段的解体练习。

前面说过，句子只是语言运用的基本单位。要表达一个相对独立完整的意思，一个句子往往不能胜任，需要把若干个句子组合起来才能表达。不仅如此，组合起来的句子还必须排成链状结构才能保证语言的连贯和句与句之间衔接合理、紧凑。一般地说，课文中的段落（如前面举过的各段）在组合句子方面都是组合得比较好的，应该让学生在给段分层时，同时作一些给段解体然后再组合起来的练习。这种练习，不仅让学生对"什么是链状结构"有真切的体会，而且还可克服不注意上下文关联的毛病。对段的解体、组装练习，可先选短段，然后逐步扩大到长段。段中有多少层，即拆卸到多少层，最后再组装起来。这样做的收获，比只是阅读要大得多。

（2）给段分层之后，要学会概括段意。段意是段落大意的简称，有的书上亦称段旨。它的特点是能将段中所有句子所说明的全部事实、思想、信息进行概括，传达一个段的必要信息。基于这一特点，在回答一个段的段意时，从表象水平说，不能答个别表象，而要答概括表象（概括表象是既联系于知觉，又联系于思维的）。

对于整篇文章来说，段是构成文章整体的一个局部，是表达文章中心思想的一个环节。但就段落本身的内部结构来说，它又具有相对独立、完整的特点。段落除独句段外，一般是由几个意义相对独立而又从不同侧面集中表达一个中心意思的句子构成的，因此阅读一个段，要从剖析段落内部的表达层次入手，给段分层，接着分析出每层所表达的意思。分析出每层所表达的意思之后，各层共同表达的那个意思就明朗了。最后把共同表达的那个意思归纳概括出来，即达到了析段的目的——把握段意。正确地把握住了一个段的段意，从阅读的角度说，就表明对这个段理解了。

让学生正确地把握文中每一个段的段意，不仅是学生正确理解全文的需要，同时也是发展学生抽象思维能力的需要。特别是学生归纳概括层意，把握段意的过程，能发展学生不受具体事物局限的概括反应机能，是学生锻炼抽象思维的良机，不要让学生错过。

关于归纳概括段意的方法，为了便于学生掌握，笔者把它简缩为"两类、三法"。"两类"是移植类和自己归纳概括类；"三法"是摘句法、联合法和概括法。

①摘句法。摘句法属于移植类，即把段中的原句或原词一字不改地摘出来作为段意。这种方法适用于三种情况：

第一种是明意段。是明意段就把它的段中心句摘出来作段意。一个段中如有两句以上的中心句，可全都摘用，也可选最有代表性的那一句。如前面举过的《崇高的理想》《菜园小记》《最后一次讲演》段均可用摘句法。

第二种是各层都有中心句的隐意段，这种段要把它所有的层中心句都摘出来，共同作为段意。如果一个隐意段中有的层有层中心句，有的层没有，则不能用摘句法。比如前面举过的"抵御风沙袭击的方法"段，共分两层，每层都有中心句。第一层的中心句是"抵御风沙袭击的方法是培植防护林"，第二层的中心句是"其次是培植草皮"。此段可用摘句法，摘这两个中心句写在一起作为段意。

前面举过的"现在书评中存在的问题"段共分两层，也是每层都有中心句，第一层的中心句是"现在书评中存在的问题主要表现为粗、浮、偏、夸"，第二层的中心句是"上述问题的出现同一些书评是奉命之作、为难之作不无关系"。此段亦可摘两个层中心句作段意。

下面举的这一段共分两层。第一层有中心句，第二层没有中心句，这种段只能摘句加概括层意：

故宫是我国古代劳动人民血汗和智慧的结晶。‖据记载，明朝初年，为了修建这座宫城，曾经"役使十万工匠和百万夫役"，从永乐四年（公元1406年）开始修建，到永乐十八年（公元1420年）基本建成，整整花了十四年时间。后来又多次重修、扩建，耗费的人力物力难以统计。明朝万历三十七年（公元1609年）重修三大殿，仅采木一项，就费银九百三十余万两。|近百年来，由于反动统治者腐朽昏庸，帝国主义野蛮侵略，紫禁城遭到空前的浩劫。到解放前夕，这座美丽的宫城已经变得残破不堪，满目凄凉。

这个段的段意应是：故宫是我国古代劳动人民血汗和智慧的结晶。近百年来遭到破坏已变得残破不堪。

一般来说，明意段和各层都有中心句的隐意段用摘句法摘出的段意都是比较明确的，一看就理解它的意思，但是也有个别的明意段，摘它的中心句作段意，意思不够明确。如：

北京的气候记录，1962年的山桃、杏花、苹果、榆叶梅、西府海棠、丁香、刺槐的花期比1961年迟十天左右，比1960年迟五六天。根据这些气候观察资料，可判断北京地区1962年农业季节来得较晚。而那年春初种的花生等作物仍然是按照往年日期播种，结果受到低温的损害。如果能注意到气候延迟，选择适宜的播种日期，这种损失就可能避免。（最后一句是"中心句"，是由前面的事例概括出的结论。）

第三种是明意段的首句不是中心句而是过渡句的段：

我们向沙漠进军，不但保护了农田，开辟了绿洲，而且对交通线路也起了防护作用。包兰铁路从银川到兰州的一段，要经过腾格里沙漠，其间中卫县沙坡头一带，风沙尤其厉害。那里沙多风大，一次大风沙就可以把铁路淹没。有关部门在1965年成立了沙坡头治沙站，进行固沙造林的工作。

这一工作已经提前完成。包兰铁路通车以来，火车在沙漠上行驶，从来没有因为风沙的侵袭而发生事故。

这个明意段第一句中的"不但保护了农田，开辟了绿洲"在下文中没有提到，下文中说明的只是"而且对交通线路也起了防护作用"。而"对交通线路也起了防护作用"确实是这段的中心句，所以这种段亦可用"摘句法"，只不过它摘的是一部分而不是全句。

②联合法。联合法属于读者自己归纳概括类，是用类似抓关键词的方法把段中各层的要点先提炼出来，然后再把要点综合在一起成为段意。因为提炼要点时要删去一些原文或用读者自己的话进行表述，所以"移植"的成分已然很少。运用联合法概括段意的段多是并列关系段，并列关系段中的各层，在段中的地位都是相等的，因此概括段意要用把各层要点联合起来的办法，每层的意思都不能漏掉。在前面已举过的"永定河上的卢沟桥"段，即是一个并列关系段。这个段曾作为高考题考查过给段分层、概括段意。分层的标准答案是分四层，段意的标准答案用的是联合法，即把这四个层的要点进行概括之后再综合在一起。它的第一层层意是写卢沟桥修建的时间，第二层是写桥的结构，第三层是写桥的坚固程度，第四层是写桥的石柱雕刻的高超技艺。把它们综合起来即是：这一段写的是卢沟桥的修建时间、桥的结构、桥的坚固程度和桥的石柱雕刻的高超技艺。

③概括法。概括法完全属于读者自己归纳概括类，即完全用读者自己的话做提要或评述去充当段意。这种方法适用于那些从段中既无中心句可摘，又无要点可提的段。运用这种方法时，先要对段中每句话的意思作出准确的概括，然后做出恰当的提要和评述。为了能简单明了地说明如何运用这种方法，下面先举一个独句段：

为了准确查明长江情况，更好地开发利用长江水利资源，长江流域规划办公室组织的调查组对长江源头区进行了勘查，取得了不少第一手资料。

概括上面这个段的段意，就必须用概括法。概括的段意应为说明勘查的目的和可信性。段意中的勘查的目的，是由"为了准确查明长江情况，更好地开发利用长江水利资源"这一分句概括出的；段意中的可信性，是由"为了准确查明长江情况""长江流域规划办公室组织的调查组对长江源头进行了勘查，取得了不少第一手资料"这一个短语和一个分句概括出的。从这个概括过程中可以看出，这个段的"为了准确查明长江情况"，既与这个段的第二个短语联系着，又与第三个短语联系着。提取要点，必须把各个分句联系起来提取。这联系起来提取，实际上就是概括了。另外，从这个段中提取出的可信性一语，既是从"为了准确查明长江情况""取得了不少第一手资料"两个短语中提取出的，同时又带有概括段意的人进行评述的性质。笔者给这个段概括段意是用了可信性这个词，换一个人进行概括，也可能不用这个词而用另外一个意义相近的词。这些，都应视为正常情况，不能强求一致。

前面文中还举过一个"谢老批示王观娃案卷"段，由于这个段写的是一个完整的过程，没有明显的中心句，往外单提哪一个阶段也不行，所以要总结这个段的段意也要用概括法。概括之后应为：谢老批示王观娃案件和王观娃得救的过程，并表现了谢老认真负责的精神。

通过上述对摘句法、联合法、概括法的讲解，我们可以发现这样一个问题：运用摘句法、联合法总结段意的段，语言标志比较明显，表述起来比较容易；而运用概括法总结段意的段，既无明显的标志，表述起来也比较困难。事实也是这样。如果回顾一下教学中在总结段意时所发生的分歧，十之八九的分歧都出在用概括法概括出的段意上；学生最感困难的也是对自己所概括出的段意拿不准。为了解决上述问题，建议教师做好以下工作：

首先，要告诉学生，段意一般由两个部分组成，一个部分是段中所写的内容，另一个部分是写这个内容要达到的目的；概括出段意后，要分析一下该段意是否包含了这两个部分，包含了，就可以拿得准了，有遗漏，则要补遗。如上面概括的"谢老批示王观娃案件和王观娃得救的过程，并表现了谢老认真负责的精神"，前半句即是段中所写的内容，后半句即是写这个内容要达到的目的。笔者看到有的教学指导书上不是这样指导概括段意的，嫌这样表述段意啰唆。按指导书的意见，"谢老批示"段的段意只用前半句就够了。对此，笔者还是要强调一个观点，即给每段概括段意不是最终目的，最终目的是通过归纳概括各段段意去得出全文的中心思想。"谢老批示"段引自一篇记叙谢老事迹的文章，这个段的段意在被归纳得出中心思想时，恐怕用到的只是"表现了谢老认真负责的精神"这后半句，前半句则要被概括掉。这是因为什么？这是因为有些段（特别是写人记事的段）所写的内容只是个"寓体"，写它乃是为了要表达它所蕴含的意思。谢老的认真负责精神，就是蕴含在批示过程之中的。所以在给段归纳概括段意时，还是把内容和目的都兼顾到才好。

其次，还有这样一种段，必须把重点放在追问写作目的上。如《驿路梨花》的最后一段：

我望着这群充满朝气的哈尼小姑娘和那洁白的梨花，不由得想起了一句诗："驿路梨花处处开。"

这种段如只归纳概括它的内容，会发现只有一种办法就是照抄原文，而照抄原文又达不到理解这个段的目的，因此要指导学生在给这样的段总结段意时，须把重点放在追问写这个段的目的上。追问之后可知：这个段是通过引用联想起的诗句，歌颂边疆地区的军民向雷锋学习、人人见行动，社会主义道德风尚大发扬的精神面貌。

④正确、灵活地处理"三法"运用过程中出现的问题。在前面"给段分层之后，要学会概括段意"的开头语中，笔者提出了段意的特点是能将段中所有句子所说明的全部事实、思想、信息进行概括，传达一个段中所有的必要信息；此后在介绍概括法时，又提出了段意由内容和写这个内容要达到的目的两个部分组成。笔者提出这些看法的用意，主要有下列两点：其一，让学生对什么是段意有一个比较全面的看法，使他们能全面而准确地概括段意。学生能全面而准确地概括段意了，才有可能全面而准确地概括全文的中心思想，所以笔者给段意所作的界说，完全是从有利于学生自学的角度着眼的。至于能否适应各地的中等学校考试，笔者不敢打保票，还请各地教师作入乡随俗、因地制宜的处理（从笔者搜集到的各地中考标准答案来看，各地对回答段意的要求并不统一）。其二，笔者在对段意的界说中既提概括又提必要，目的是让学生表述段意时能力求全面而又简练，可能一时不能做到但要作为努力方向。

师生对什么是段意的看法统一认识后，仍需有一种思想准备，即同一个段由几个人来概括段意，表述出来会各不相同。这是完全正常的，因此对概括段意应坚持一条原则：不求雷同，但要言之成理，没有遗漏。

对段意的表述方法可以给学生一些格式，但不拘于格式。如有的段只用"写了××"即可（多用于说明文），有的段则需写"通过××，表现了××"或"通过××，论述了××"。

而隐意段切分为两层以上者，要把各层的意思均归纳概括到段意中。

此外，有些文章可借助文章的开头把握段意。文章的结构、布局、选材等和作者的思路有着密切的关系，如能把握住作者的思路，有利于深入地理解文章,准确地归纳各段的段意。有些文章,读者读了它的开头就能把握住全文的思路,因此可以预测开头以后的行文将怎样按照开头的提示展开、发展。如《松鼠》的开头,写的是"松鼠是一种漂亮的小动物,驯良,乖巧,很讨人喜欢"。这样,读开头以下的各段时,就可以分析哪些段写的是"漂亮",哪些段写的是"驯良",哪些段写的是"乖巧",能较快地归纳概括出各段段意。

5. 统篇法

所谓统篇,就是研读全篇,归纳概括出文章的中心思想。在前面我们已经对怎样认字、识词、释句、析段作了一些分析,到最后则是把认字、识词、释句、析段统一到统篇上来。这正如机器是由一系列部件组成的,但部件不等于机器。同样的,把文章的各个段、句、词都理解了,不等于理解了全篇。理解了文章的各个段、句、词,只不过为进一步理解全篇提供了基础。那么怎么研读文章的全篇呢?

(1)分析文章的标题。文章的标题有时能把文章的中心思想透露出来。如《人民英雄永垂不朽》,既是人民英雄纪念碑的主题,也是本文的中心思想。《同志的信任》,就是"鲁迅先生是最可信任的同志"这一中心思想的缩写。《继续保持艰苦奋斗的作风》,则是此文的中心论点。

(2)重视文章的首段。文章的开头是读者最先看到的部分,给读者的印象最深,而且地位显著,所以许多文章都喜欢利用这一显著地位来突出文章的中心,把文章的中心思想在这里点出来。有人把这种写法称之为"开宗明义"。如《谁是最可爱的人》在开头即点出中心思想:"我们的部队,我们的战士,是最可爱的人。"《说谦虚》在第一段即摆出中心论点:"满招损,谦受益。"《故宫博物院》也是在第一段即说明了故宫博物院的特征:"是明清两代的皇宫,是我国现存的最大最完整的古代宫殿建筑群,现在已成为我国最大的博物院。"

有些文章的开头虽未点出中心思想，但它可能作出提示，提示读者去理解文章的主要内容和中心思想。如《回忆我的母亲》的首段即提示了全文的主要内容并有利于读者理解全文的中心思想——歌颂母亲的平凡和伟大，抒发对母亲无限敬爱的深情。

（3）重视文章的尾段。文章的结尾也很重要。因为往前看，文章已成定局，往后看，"无他事继其后"，因此一定要把全文中最重要的话放在这里显现，以给读者留下最近的、最鲜明的印象。有人把这种写法叫做"卒章显志"。"章"本是歌曲诗文的段落。"卒章"在这里就是文章结束。"卒章显志"就是在文章结束的地方把文章的中心思想显现出来。如下面几篇文章结尾的全文或加横线的句子，都是点明中心思想（中心论点）的句子，认真理解这些句子的含义，就理解了全文的中心思想：

A.我望着这群充满朝气的哈尼小姑娘和那洁白的梨花，不由得想起了一句诗："驿路梨花处处开。"

B.我和白求恩同志只见过一面。后来他给我来过许多信。可是因为忙，仅回过他一封信，还不知他收到没有。对于他的死，我是很悲痛的。现在大家纪念他，可见他的精神感人之深。我们大家要学习他毫无自私自利之心的精神。从这点出发，就可以变为大有利于人民的人。一个人的能力有大小，但只要有这点精神，就是一个高尚的人，一个纯粹的人，一个有道德的人，一个脱离了低级趣味的人，一个有益于人民的人。

C.花儿这样红，是大自然的杰作，更是人工培育的结果。

（4）重视文章的写作背景。一篇课文是一个相对独立的系统，又是一个非封闭性的系统。它与作者的经历、所处的历史环境、各种思潮、各门学科都有着千丝万缕的联系，所以在阅读一篇文章时，特别是在归纳概括文章的中心思想时，不能忽略与写作背景的联系。如《谈骨气》

的中心论点,许多人都认为是"我们中国人是有骨气的"。这样认为当然是没有问题的,但是如果认为《谈骨气》的中心论点仅仅就是这样一句话,那么这又是很不够的。不够在没有联系文章的写作背景来认识这篇文章的论点。这篇文章写在中国人民遭遇巨大灾害的三年困难时期,在这个时期作者写文章论述"我们中国人民是有骨气的",绝不会仅仅是让读者认识我们中国人有这一优秀的品质,因为如果是这样,那么《谈骨气》的价值也就局限在向读者进行爱国主义教育的范围了。实际上,作者写这篇文章有更深的意义,那就是让读者认识到我们中国人有这种优秀品质并且要去发扬它,要正视我们所遇到的困难,克服我们所遇到的困难。文章这更深的意义,联系文章的写作背景是可以看出的。如果细心地读此文,会发现在文章的结尾也点明了此意:"我们中国人有自己的英雄气概,有自己的骨气,这就是决不向任何困难低头,压不扁,折不弯,顶得住,吓不倒,为了社会主义、共产主义建设的胜利,我们一定能够克服任何困难,奋勇前进!"

(5)重视文章中的抒情议论句。有些边记叙边抒情边议论的文章,常常在边抒情边议论中点明中心思想,因此在阅读中要重视对抒情议论句的分析。分析抒情议论句,可以帮助读者把握中心。如《温馨的风》的倒数第2段有这样的抒情议论:

苏堤柳色,玄武波光,固然怡神悦目;而更让我动情的,则是从不少年轻人身上反映出的心灵的美。……

那风,直扑到我怀里,一路疾苦,简直爽然若失了。猛地,心头一动:途中那几次难以名状的感觉,似乎只有这温馨的风,才略可以比拟。……

在这篇文章中作者没有写出明确点明全文中心思想的语句,但是文中的上述抒情议论句,则有利于读者概括出全文的中心思想。

(6)分析文章各段之间的联系,划分出文章的各个部分,从而归纳概括全文的中心思想。

每篇文章都要表达一个中心思想。一篇文章的中心思想虽然只有一个，可是为表达这个中心思想所必需的内容，则往往需要很多段文字去承载。这就需要作者把众多的内容进行有条理地组织，先写什么，后写什么，要作出有次序的安排。这有次序的安排，就把文章的内容分出了层次。层次性是语言的基本特征，也是篇章的基本特征。在一篇文章中，各段并不是都处于同一级层次上的。有的一个段就独属一个层次，有的则是若干个关系密切的段联系起来组成一个层次，而这个独段层次与数段组成层次的级别是相等的，它们都分别表达一个相对独立完整的意思。通过分析，可以把文章的各个级别的层次划分出来。把文章的各个级别的层次划分出来可以结合着各个层次所表达的意思去了解文章的中心思想。与此同时，从学习写作的角度说，又可以学习文章是怎样布局谋篇的。在本节的标题中说的要"划分出文章的各个部分"，就指的是给文章划分出层次。因为"层次"一词的含意比较宽泛，所以在这里改用"部分"一词。部分指的就是文章中的最大的层次。

第一，通读全篇，从整体入手，研究段与段之间的向心性与向外性，从而划分出部分：

在给文章划分部分之前，已通过析段把文章中的各段段意归纳概括完了。所谓通读全篇，从整体入手，研究段与段之间的向心性与向外性，就是从第一段起分析各段段意。那些段与段之间向心性强，表达同一相对独立完整意思的段，就可能同属于一个部分；与邻段无向心性而具有向外性的段，即可能属于另外一个部分。

首先，向心性强、可能同属于一个部分的段，在内容上有如下的参考线索：

按纵向发展变化顺序安排材料的文章，记叙同一过程、同一阶段、同一时期（如《从百草园到三味书屋》的百草园时期、三味书屋时期）的各段，属插叙部分的各段，隔行之内的各段归并为一个部分的可能性大。

按横向并列顺序安排材料的文章，记叙相对同一空间的各段（如《人民英雄永垂不朽》的第2至5段介绍纪念碑的位置、结构，第6至10段介绍浮雕），并列地记叙一人一事一物各个方面的各段（如《卓越的科学家竺可桢》第1至7段写竺可桢注重实际、第8至9段写竺可桢与毛主席研究科研空白的问题、第10至12段写竺可桢的孜孜不倦；《大自然的语言》第1至3段写什么是物候、物候学、第4至5段写物候观测对于农业的重要性、第6至10段写物候现象来临的决定因素）归并为一个部分的可能性大。

按照逻辑顺序安排材料的文章，记述同一推理过程的各段（如《向沙漠进军》的第1至3段写为什么向沙漠进军、第4至8段写怎样向沙漠进军、第9至13段写确实能向沙漠进军），这三组段分别归并为一个部分的可能性大。

按先总说、后分说、再总说，先总说、后分说，先分说、后总说顺序安排材料的文章，这总说的段与这分说的各段，分别归并为一个部分的可能性大。如《一件小事》的第1至2段（总说），第3至15段（分说），倒数第一段（总说），即分为三个部分。

其次，向心性强，可能同属于一个部分的段，在形式上也有供参考的线索，即段与段之间有语接的标志。语接共有三种。第一种是近接，即前段的结句与下一段的起句相接，两句中有相同或意义相近的词语。如下列段中画横线句：

一霎时，这喊声就把大家吸引到草坡的四周来了。总司令看了看面前的人群，兴奋地说："第一个好消息，毛主席领导的北上红军打了大胜仗啦！"总司令把"大胜仗"三个字拉得长长的，加重了语气。人群沸腾起来，掌声和欢呼声经久不息。总司令也激动得和大家一道使劲地鼓掌。接着，总司令又报告了两个好消息：我们已经渡过了最艰难的水草地，<u>而且有了一条牦牛</u>。

"牦牛！"许多人惊喜得叫起来。在这个渺无人烟的草地上，哪来的牦牛呢？经过总司令的解释，才知道是先头部队送给我们的。最近一个星期，我们每天两餐，每餐只有二两左右的炒面泡水充饥，再过几天，二两炒面也会发生困难。现在居然有了一条牦牛，怎么不叫人高兴呢？"把牦牛杀了，<u>美美地吃一顿</u>"。我们都这样想。但是仅仅一条牦牛，怎么能够好几百口人吃呢？

总司令一下子就把我们的心思猜中了。他笑着说："不能一顿吃了呀，最困难的时刻还没到来哩。同志们，过日子要有个长远打算，不能光看到鼻子尖上，宁愿顿顿缺，不能一顿无啊！我们四川有句俗话，'有了一顿充，没有了敲米桶'，我们可不能那样啊！"

上述三个段近接，可能同属于一个部分。

第二种是远接，即隔段相接，前一段的首句与下一邻段的首句相接，如：

<u>春天，在北海公园</u>，常常有一个面容清瘦、精神矍铄的老人，早晨从北门进园，南门出去，晚上南门进园，北门出去。这位老人就是卓越的科学家竺可桢。从他的住宅到办公地点，正好经过北海公园。本来他可以坐汽车去，但他宁愿步行穿过公园，来来去去，度过了许多美好的春天。

<u>竺可桢走北海公园</u>，单是为观赏景物吗？不是。他是来观察物候，作科学研究的。他研究物候的目的，是要掌握自然现象变化的规律，了解气候变化对生物的影响，以便为社会主义的农业生产服务。

<u>他来到北海岸边</u>，细心观察：哪天桃花开了，哪天柳絮飞了，哪天布谷

鸟叫了。这些自然现象的变化，他都作了翔实的记录。遇到工作紧张或者外出，就让他爱人帮助留心燕子什么时间飞来，也让他女儿帮着观察北海的冰什么时候初融，还让邻居的孩子向他报告哪天杏花开了第一朵。

上述三个段远接，可能同属于一个部分。

第三种是转接，即前段结句与下段起句在语言上有转折的标志。两段转接一般都表明下段表述的内容与上段不同，至于两段能不能分在一个部分之内，要进行具体分析。如下面这两段，就分属两个部分：

当夜，我就离开了山村，再也没有听见那小姑娘和她母亲的消息。

但是从那时起，每逢春节，我就想起那盏小橘灯。十二年过去了，那小姑娘的爸爸一定早回来了。她妈妈也一定好了吧？因为我们"大家"都"好"了！

再次，从部分与部分的连接处找出划分的合理依据，可保证准确地划分部分。特别是上下文之间、前部分与后部分之间的衔接转换需要过渡，如没有恰当的过渡，文章的各部分就要离榫、脱扣，所以在文章论述问题由总到分或由分到总的转折处，在文章由一层意思转到另一层意思的发展处，在故事情节、时间、空间发生变化处，常有过渡性的词语。找准过渡词语，亦可保证准确地划分部分。

下面列出的是《人民的勤务员》中的两个部分：

一天，雷锋因公出差，……

为人民服务，雷锋是永远不知道累的。

到沈阳换车的时候，雷锋出了检票口，……雷锋用自己的津贴费补了一张车票，塞到她（需要帮助的人）手里……

火车进了抚顺站，雷锋背起老人的包袱……终于帮助老人找到了儿子……

"同志，我一辈子也忘不了你的情意啊。"

雷锋说："大嫂，咱们军民是一家嘛。"

1961年夏天，雷锋到佳木斯执行任务。……

人们都称赞说："雷锋出差一千里，好事做了一火车。"

1962年春节，同志们都愉快地一起搞各种文娱活动。雷锋和大家打了一会乒乓球，心里却觉得有什么事要做似的。原来他想到每逢年节，正是各种服务部门和运输部门最忙的时候。他请了假，直奔抚顺飘儿屯车站，帮助打扫候车室，给旅客倒水，扶老携幼，帮旅客上下车。车站上的同志以为雷锋又是借出差的机会，在这里为大家服务。问道："雷锋同志，春节还出差吗？""是啊，春节你们太忙了，我来出个公差。"车站上的同志感动地说："你辛苦了，休息休息吧。""做点事累不着。"

雷锋就是这样永不停息地为人民做好事。难怪人们一见到为人民做好事的，就自然而然地想起了雷锋。

毛主席说："一个人做点好事并不难，难的是一辈子做好事，不做坏事，一贯的有益于广大群众，一贯的有益于革命，艰苦奋斗几十年如一日，这才是最难最难的呵！"雷锋正是按毛主席的教导去做的，他在日记中写道：

"我觉得一个真正的革命者，他是大公无私的，所作所为，都是对人民有益的，他的责任是没有边的。"

因为用"毛主席说"开头的段很像是总结上文的段，所以很容易把由"一天"开始直到"他的责任是没有边的"这长篇文字看成是一个部分。其实如果再细心地找一找划分的合理依据，可发现用"毛主席说"开头的段并不是总结段。在这一段之前的"雷锋就是这样永不停息地为人民做好事"段，才是"总结段"。理由是：①"雷锋就是这样永不停息地为人民做好事"这句话，是总结语。其中的"这样"和"好事"指的是前面所列的好事。②用"毛主席说"开头的段，是另一部分的开始，是全文的议论部分。这议论部分是与此文的开篇两段（即此文的第一部分）遥相呼应的。从"一天，雷锋因公出差，……"到"就自然而然地想起了雷锋"是此文的第二部分，是具体记叙雷锋如何"永不停息地做好事"的。

再如《荔枝蜜》是按感情的发展变化将文章分为五部分的。在这五部分中都可以找到划分部分的语言标志（即为什么只能这样分，而不能那样分的语言标志）：

第一部分，是第1段，内有"小时候有一回……"和"可是从此以后，每逢看见蜜蜂，感情上疙疙瘩瘩的，总不怎样舒服"。这些语句表明这一段写的是小时候的事，与下一段的"今年四月"不是同一时期，故应独立为一部分。

第二部分，是第2、3、4、5段，内有"今年四月"显然是另一部分的开始（但对蜜蜂的感情仍是"疙疙瘩瘩"的）；又有"我不觉动了情"想去看看一向不大喜欢的蜜蜂。这与第1段相比，显然是感情发生了变化。自下段起，该是写"去看看"了，空间有了变化。所以到这一句止，应为第二部分的结尾。

第三部分，是第6段至17段，这是写"去看看"的同一过程（空间变了）。另外有与"我不觉动了情"并列，并标志感情进一步发生了变化的语句"我不禁一颤"。

第四部分，是第18段，内有"实际也是在酿蜜"。可见是由蜜蜂引起的相似联想，由小动物想到了人。本段为什么不属于第三部分而单独成为第四部分？因为它是总结了6至17段的内容后所产生的联想，不能放到第6至17段中去和各个自然段并列。另外本段描述的对象与第6至17段所描述的对象也不同。

第五部分，是第19段，这个段的语句表明感情已达到高潮，由"感情上疙疙瘩瘩"已发展到"愿意变成蜜蜂"，因此应独立成为一部分。还应该研讨的是：这个段可否与第四部分合并？根据部分具有单一性的原则，一个是写农民，一个是写"我"的，无法合到一起去；另外，这一部分与第一部分（即首段）遥相呼应，如果与第四部分合并，则必须带着第四部分一起与首段呼应，而第四部分是与第一部分毫无关系的，所以第五部分与第四部分不能合并。

最后，初步确定各部分之后，要考查各部分是否具有明确性与连贯性。具有这两点，初步划分的部分才能确定是正确的。

规范的文章，组织材料、安排段落时，是以明确性和连贯性为依据的。安排的部分具有明确性，才能看出它真的是在为表达文章的中心思想提供材料、表明顺序，各部分都向心（向心是为表达中心思想服务）；安排的各部分具有连贯性，才能使文章形成整体。划分时，如果在明确性、连贯性方面觉得有问题，那就要考虑是否有地方划错了。如《闻一多先生的说和做》显然是用最后两段总结全文的，所以它们必须单独划出来成为全文的第二部分。此文的第一部分，应是闻一多作为学者、诗人方面和作为革命家方面。最后两段中的倒数第二段"闻一多是卓越的学者，热情澎湃的优秀诗人，大勇的革命烈士"，是从"学者"和"革命家"的角度总结第一部分；倒数第一段"他，是口的巨人。他，是行的高标"则从说和做的角度总结第一部分。此外其他任何分法都不对。

此外，部分的明确性还有一个含意，即并列的两个部分，不能表现的是同一内容；如果是同一内容，这两个部分则要合并。比如给一篇议论文划分部分的结果是分为四部分：第一部分是提出问题，第二、三部分是分析问题，第四部分是解决问题。此种分法就要把第二、三部分合并为一个部分。有的人之所以把分析问题部分分为第二、三两个部分，是因为论点是由连词"和"连接起来的两个短语表述的，因此把论证前一个短语的部分和论证后一个短语的部分分成了两个部分。这样分不能如实地反映文章的层次，因为在文章中，能与提出问题部分、解决问题部分并列的，只有一个分析问题部分，而不是两个分析问题部分。另外，反映同一内容的部分分多了，也会削弱明确性。单一，才利于明确。

给文章划分部分，实际上还是在研究作者写这篇文章时思想认识发展的层次是怎样的。这对于划分者来说，对他写作时如何布局谋篇，也有借鉴意义。

第二，划分部分之后，要归纳概括部分大意得出中心思想。

段虽是构成文章整体的一个局部，但从结构上说，段这个局部毕竟没有部分这个局部在全文中占的比重大。因此归纳概括段意的训练，有利于归纳概括部分大意。如果在归纳概括段意时受到了严格的训练，归纳概括部分大意就要显得容易一些。其原因就是段意与段意之间的向心性比层意与层意之间的向心性明显、好找。待各部分大意归纳概括出来了，再参考写作背景以及从标题、段首、段尾中所获得的信息（含思想、观点、知识）进行归纳概括，即得出全文的中心思想（这是进行阅读要达到的目的）。归纳概括中心思想，一般地说分五种情况：

其一，说明性的文章一般要归纳概括"写了什么内容"。

如《苏州园林》在鸟瞰式读部分已引出此文，下面结合原文了解此文应如何归纳概括部分大意，总结中心思想。

归纳概括出的各段段意为：（用带圈的阿拉伯字母代表第几自然段）

①苏州园林是我国各地园林的标本。

②苏州园林务必使游览者眼前总是一幅完美的图画。

③苏州园林追求自然之趣，布局绝不讲求对称。

④苏州园林都有假山和池沼。

⑤苏州园林栽种和修剪各种树木也着眼在画意。

⑥苏州园林的花墙和廊子隔而不隔，界而不界。

⑦苏州园林在一个不显眼的角落也注意图画美。

⑧苏州园林的门和窗，图案设计和雕镂琢磨功夫都是工艺美术的上品。

⑨苏州园林极少使用彩绘。

首先说上述段意是怎样概括出的。

作者写此文的每一自然段时，为了让读者较快地理解各段所写的内容是什么，给每一段都写了中心句。上述段意均是用作者给每段写的中心句来表示的。作者给每一段写中心句，从中心句所在的位置上说有两种，第一二自然段写在了段中间，其他段均写在了段首。

其次说根据上述段意如何划分部分。

第1段写苏州园林是我国各地园林的标本。这是从苏州园林在我国园林中所占的重要地位方面突出苏州园林总的特点。

第2段写苏州园林务必使游览者眼前总是一幅完美的图画。这是苏州园林从利于游览者观赏方面突出苏州园林总的特点。

第3至9段分别依据第2段中所提出的各个局部写了各个局部的特点。

纵观这9个段可知：第1、2段是总写苏州园林的特点。第3至9段是分写苏州园林的特点。全文是典型的总分结构，因此全文应分为两大部分，第1、2段是总说，应为第一部分；第3至9段是分说，应为第二部分。

再次说如何归纳部分大意。

第一部分的大意为：苏州园林是我国各地园林的标本。它有务必使游览者无论站在哪个点上眼前总是一幅完美图画的共同点。

第二部分的大意为：分别说明苏州园林是一幅完美图画的共同点，如何体现在园林的各个局部中。

最后说如何总结中心思想。

概括第一部分与第二部分的大意，总结出的中心思想为：苏州园林是我国各地园林的标本。它有使游览者无论站在哪个点上眼前总是一幅完美图画的共同点。它既有整体美，也有各个局部的特殊美。

其二，议论性的文章要归纳概括所表达的思想观点。

如《纪念白求恩》划分部分，归纳概括部分大意，总结中心论点的过程。

各自然段段意为：

①要学习白求恩同志的国际主义精神。

②要学习白求恩同志毫不利己、专门利人的精神。

③要学习白求恩同志对技术精益求精的精神。

④向白求恩同志学习和向他学习的重大意义。

归纳概括各段段意，给全文划分为两部分：

第一部分（1—3段）介绍和评论白求恩同志的事迹，号召学习白求恩同志的共产主义精神（国际主义精神、毫不利己的精神、对技术精益求精的精神是白求恩同志共产主义精神的具体体现，这三段是并列关系）。

第二部分（4段）总括前三段，再次提出向白求恩同志学习和向他学习的重大意义（此段中的"现在大家纪念他，可见他的精神感人之深""从这点出发，就可以变为……"有总括性，因此与第3段也有了向外性）。

归纳概括部分大意得出中心思想：每一个中国共产党党员都要学习白求恩同志的共产主义精神（第二部分中的"向他学习的重大意

义"，在中心思想即中心论点中似未明确写出，但这一点可由"都要学习白求恩"包容）。

其三，还有的课文要内容与思想两方面全兼顾到。

如《中国石拱桥》即是。其段意如下：

①介绍石拱桥的外形。

②石拱桥是出现得比较早的桥并介绍它的结构。

③介绍中国石拱桥的一般情况：历史悠久，到处都有，形式多样，杰作很多。

④介绍赵州桥在世界桥梁史上的地位和历史情况。

⑤介绍赵州桥的高超设计与施工，赞颂我国劳动人民的智慧和力量。

⑥介绍卢沟桥的修建时间、结构特点、坚固程度和工艺水平。

⑦介绍卢沟桥的艺术价值。

⑧介绍卢沟桥的历史意义。

⑨介绍中国石拱桥的成就及取得成就的原因。

⑩介绍新中国成立后石拱桥的新发展。

归纳概括各段段意，给全文划分部分。本文可有两种划分方法：

第一种，从全篇整体上看，可视为文章运用了由一般到个别的写法，这样就要按由总貌到具体，由过去到现在的顺序划分。

第一部分（1-2段）写石拱桥的形式优美、结构坚固、年代久远。

第二部分（3段）写中国石拱桥的一般情况：历史悠久，到处都有，形式多样，有许多杰作（有过渡性质，文中的"我国的石拱桥"与2段有向外性）。

第三部分（4-9段）写中国石拱桥的典型杰作，用以突出中国石拱桥的特点，突出中国劳动人民的智慧和力量（4段中的"赵州桥"与3段中的"其中最著名的当推河北省赵县的赵州桥，还有北京附近的卢沟桥"有向外性)。

第四部分(10段)写中国石拱桥的新发展(此段中的"两千年来，我国修建了无数的石拱桥"与9段中的"为什么我国的石拱桥会有这样光辉的成就呢?"有向外性)。

第二种，从全篇整体上看，又可视为文章运用了概括说明与具体说明相结合的写法。这样就要按概括说明与具体说明划分:

第一部分(1—3段)概括说明石拱桥与中国石拱桥。

第二部分(4—9段)举例具体说明中国石拱桥并说明中国石拱桥取得光辉成就的原因。

第三部分(10段)概括说明中国石拱桥取得的新成就。

从上述两种划法中均可看出本文的主体部分是4至9段。

归纳概括全文各部分大意得出的中心思想是:这篇课文以赵州桥、卢沟桥为例，生动具体地介绍了我国石拱桥的光辉成就，说明了我国石拱桥在设计施工上的独特创作以及高超的技术水平和不朽的艺术价值(写了什么内容)，赞颂了我国古代劳动人民的智慧和创造力(表现了什么思想)。

其四，有一些记叙性的文章归纳概括中心思想时，除了要归纳概括写了什么内容，表现了什么思想之外，还要把文章的字里行间有哪些深层内涵概括出来。文章的字里行间的深层内涵既然是深层的，因此就不一定像写了什么内容，表现了什么思想观点那样，从文章的字面上可直接地分析出来。这需要读者发挥想象力和联想力才能体会出来。这个问题也可以这样说:在阅读过程中需要读者充分地进行想象和联想;在归纳概括文章的中心思想时，同样也不要放下这促人深入阅读的"武器"——想象和联想。比如下面举出的两篇短文与一篇长文，概括这三篇的中心思想时就要注意这一问题：

甲

小马要过河，先遇到牛大伯，问是否可以趟过去。牛大伯说水很浅，能趟过。小马正准备过，忽然松鼠告诉他，水很深，不能过，前天还淹死了它的一个同伴。小马没主意了，回去问妈妈。妈妈叫他多想想，试一试。结果小马过去了，水不深也不浅，刚好过膝盖。

乙

世界闻名的大科学家爱因斯坦读小学的时候，有一次上劳作课，同学们都交上了自己的作品：泥鸭、布娃娃等等，唯独爱因斯坦没有交。直到第二天，他才送去一只粗陋的小板凳。老师看了很不满意，说："我想，世上不会有比这更坏的小板凳了……"爱因斯坦回答说："有的。"他不慌不忙地从课桌下面拿出两只小板凳，举起左手说："这是我第一次做的。"又举起右手说："这是我第二次做的……刚才交的是我第三次做的。虽然它还不能使人满意，但总比这两只强一些。"

丙

远在二十五年前，我读过一部诗集《雪朝》，是六个人的合集，其中有一位是朱自清。封面是黄色的，里边的诗人有一个共同的趋势：散文化，朴实，好像有很重的人道主义的色彩。那本诗集现在已经很不容易得到了，并且里边的诗我一首也不记得。但根据我模糊的印象，我可以说，假如《雪朝》里的诗能够在当时成为一种风气，发展下去，中国的新诗也许会省却许多迂途。只可惜中国的新诗并没有那样发展下去，中间走了许多不必要的歧路，而《雪朝》中的六个作者也有的在中途抛弃了诗，有的改变了作风。其中真能把那种朴质的精神保持下来，不但应用在诗上，而且应用在散文上以及做人的态度上的，据我所知，怕只有朱自清先生吧。

　　我最初遇见朱先生是一九三二年的夏天，那时我住在柏林西郊，他在清华任教休假到伦敦住了一年，归途路过柏林。我请他到我住的地方谈过一次，过了几天又陪他到波茨坦的无忧宫去游玩过。他很少说话，只注意听别人谈讲；他游无忧宫时，因为语言文字的隔阂，不住地问这个问那个，那真挚求真的目光，使回答者不好意思说一句强不知以为知的话。此后他就到意大利从威尼市登船回国了。三年后，我也回国了，和他却很少见面，见了面也没有得到过充足的时间长谈。至于常常见面，能以谈些文学上的问题时，则是共同在昆明西南联合大学教书的那几年。

　　他谈话时，仍然和我在柏林时得到的印象一样。他倾心听取旁人的意见，旁人的意见只要有一分可取，他便点头称是。他这样虚心，使谈话者不敢说不负责任的话。他对我的确发生过这样的作用，我不知道，别人在他面前是否也有过同样的感觉，但愿他的诚挚和虚心——这最显示在他那两只大眼睛上——曾经启迪过不少的人，应该怎样向人谈话！

　　由虚心产生出来的是公平，没有偏见。党同伐异，刻薄寡恩，在朱先生的文字里是读不到的。他不是没有自己的意见，但他对每一个文艺工作者都给予分所应得的地位，不轻易抹杀任何一个人的努力。去年"五四"，北大举行文艺晚会，我和他均被约去讲演，我在讲演时攻击到战前所谓象征派的诗，夜半回来，他在路上向我说："你说得对，只是有些过分。"今年七月四日，我到清华去看他——这是我最后一次见他，他已十分憔悴，谈起一个过于主观的批评家，他尽管不以他为然，却还是说："他读了不少的书。"

　　一个没有偏见的，过于宽容的人，容易给人以乡愿的印象，但是我们从朱先生的身上看不出一点乡愿的气味。一切在他的心中自有分寸，他对于恶势力决不宽容。尤其是近两年来，也就是回到北平以来，他的文字与行动无时不在支持新文艺以及新中国向着光明方向发展。他有激愤，有热烈的渴望，不过这都蒙在他那平静的面貌与朴质的生活形式下边，使一个生疏的人不能立即发现。他最近出版的两部论文集《论雅俗共赏》和《标准与尺度》是他最坦白的说明。他一步步地转变，所以步步都脚踏实地；他认为应该怎样，便怎样。我们应该怎样呢？每个心地清明的中国人都会知道得清楚。不幸他中途死去。中国的新文艺失却一个公正的扶持人，朋友中失却一个公正的畏友，将来的新中国失却一个脚踏实地的文艺工作者。

现在我如果能够得到《雪朝》那本诗集，再把他历年的著作排在一起，我会看见他在这一世纪的四分之一的时间内走着一条忠实朴素的路。

给上述甲乙两篇归纳概括中心思想，甲篇应为：遇事要先独立思考，思考后要确定能不能用实践去检验此事可做不可做；乙篇应为：好与坏都是相对的，哪个好哪个坏只有在比较中才能确定。

表述甲乙篇中心思想的文字，都不是从原文的字面上直接截取下来的，而是通过分析文章字里行间的深层内涵再加上联想而得出的。当然，甲篇中的"多想想，试一试"似可作为表述该篇中心思想的文字，但此文中所含有的要独立思考的意思，用"多想想"表达不出来（文章是小马问牛大伯在先，接着又是小马听松鼠的意见不得要领，这两问即有要小马独立思考之意）。

丙篇的中心思想，也是要通过先概括各段段意，然后归纳概括各部分大意才能得出。其各段段意、部分大意如下：

①朱自清先生25年来一直在诗歌、散文以及做人的态度方面保持着朴质的精神。

②16年前作者与朱先生在柏林相遇时即感受到了朱先生的谦虚、诚挚求真的态度。

③十几年后作者依然被朱先生的诚挚和虚心所感动。

④朱先生公平，没有偏见，对每一个文艺工作者都给予分所应得的地位。

⑤朱先生没有乡愿的气味，一切在他的心中自有分寸。他步步脚踏实地，对恶势力决不宽容。

⑥朱先生的逝世使中国的新文艺失却一个公正的扶持人，朋友中失却一个公正的畏友，将来的新中国失却一个脚踏实地的文艺工作者。

⑦朱先生在25年的时间内走着一条忠实朴素的路。

根据上述七个段的段意可将全文分为三大部分：

第1段为第一部分，总说朱先生具有朴质的精神。

第2、3、4、5段为第二部分，从鲜明的政治态度、高尚的思想品质、对新文学的重大贡献三个方面分说朱先生走着一条忠实朴素的路。

第6、7段为第三部分，总说朱先生走着一条忠实朴素的路和他的逝世所造成的损失。

总结全文的部分大意，得出此文的中心思想是：作者怀着敬佩之情从三个方面赞美了朱先生走着一条忠实朴质的路。

上面表述丙篇中心思想的文字中，有"作者怀着敬佩之情"和"赞美"这样的词语。这些词语也不是原文中有的，是这些词语所表达的情感渗透在文中的字里行间，由读者"挖掘"出来的。

通过上述的分析可知：像《朱自清先生》这类记叙文写的是生活的实录，谈的是生活的实感，表面上好像没有什么深层内涵可藏，其实，这类文章中也是蕴蓄着某些深意的。再如《一件珍贵的衬衫》中有这样一个独句段：

检查和治疗结束后，这位工作人员打电话把我们车间的支部书记和我们班的班长请来，让他们同我一起到交通队去谈谈情况。

这个段，没有直接表现周总理的言行品质，像是交代过程的略写段。如果在阅读过程中这样来看待这个段，那就是没有注意到文章字里行间的深层内涵，因为这个独句段绝不只是交代过程的。它实际上是从另一个侧面表现了一个伟大的革命家的本色，即作为国家总理，在法律面前与群众一律平等。尽管周总理的车使"我"只是受了一点轻伤，除帮"我""检查和治疗"外，还是要把"我"的领导请来关照此事；尽管"检查和治疗结束后"此事可以了结，但是这毕竟是一次交通事故，总理的车也不能例外，一律要到交通队去"谈情况"。

其五，归纳概括寓言和童话这类文体的中心思想，还可能有另一种情况：

首先，拟人和夸张是寓言和童话中常用的表现手法，因此阅读这类作品时，要善于根据拟人和夸张的表现手法来理解它们的寓意，不要太拘泥于实际。

其次，由于寓言、童话常常是作者哲学思想的文学化、形象化，常常是借此喻彼、借古讽今、借物喻人。其内涵丰富，概括力也强，如果篇末不直接说理，不直接传达某种经验教训，那么它使人读后得到的中心思想，往往会因人而异，会因为读者的经历不同、理解水平不同而有差别。要视此种情况为正常现象。

各类文体归纳概括出中心思想后都要进行文字表述。下面把一般的表述方法小结如下：

①使用陈述句，不使用疑问句或感叹句。

②选择准确的概念进行表述，不使用比喻等比较模糊的表述方式。

③从文中能"移植"出原句表述中心思想的，尽量使用文中原句。

④目前在学校中通常使用的"通过……表现（反映）了……"的格式，不作为必用的格式。

(三) 进行理解式读训练的目的

1. 从实用价值上说，是为了准确地获得文章的思想、意义和信息，以达到深入阅读的目的

有些文本，对阅读者来说关系重大，必须准确地一字不落地掌握其精神实质，不容有半点疏忽，这就需要学会字斟句酌的理解式读；另外，为吸收而阅读，要在内容和表达两方面体味作者之苦心，逼近作者之思想，也需要学会细细揣摩地理解式读。这字斟句酌地读和细细揣摩地读都需要通过理解式读的训练才能学会。前面说过，尽管这种深入理解的阅读，在一个人的平素阅读总量中只占10%至15%，但它却是一个人必须具有的基本功。不练就这项基本功，就不能算是学会了阅读。此外，现在许多教师很重视培养学生的速读能力。如果培养学生速读，那么让学生同时学习理解式读，也是非常必要的。其理由就是：速读的能力，是靠字字求甚解的读练出来的。关于这一点，两位语文大师都有论述。朱自清先生说："'不求甚解'的那份能力正是经过分章析句的过程而得到的，必须有了咬文嚼字的教学培养后，才能真正达到那种不求甚解的境界；没有经过一番文字分析的训练，欲不求甚解，也不易得也。"叶圣陶先生说得更明确一些，他认为："就教学而言，精读是主体，略读是补充，但是就效果而言，精读是准备，略读是应用。"总之，要想让学生把读到的思想、意义、信息真正变成自己的思想、思维工具和表达工具，要想让学生学会各种读法，就一定让学生学会理解式读。

2. 从提高语文能力的角度说，理解式读也是培养语感力的需要

前面在谈鸟瞰式读时已然说过，语感力既包括在良好的语言环境中，是反复运用不自觉地积累形成的一种良好语言习惯，又包括在平时的语文学习中，是自觉地运用语文基础知识来分析使用语言而形成的一种语言修养，因此这理解式读的过程，也就是自觉地运用语文基础知识分析使用语言，提高语言修养的过程。要全面地提高和发展学生的语感力，就必须对他们进行理解式读的训练。

3. 从通过阅读发展智力的角度说，是为了锻炼学生思维的深刻性和准确性

由于理解式读过程中要进行深入地分析综合、归纳概括，因而可以锻炼人的思维的深刻性。缺乏思维的深刻性是中学生思维的一个显著弱点，理解式读正可以弥补这一弱点。此外由于学生在认字、识词、释句、析段、统篇时要准确地将语言符号译出并转换成声音、图像、人物、事件和道理，还要准确地辨识语句的字面义、文体义和情境义，因此这理解式读又有利于对学生思维准确性的培养。

4. 从引导学生科学用脑的角度说，理解式读可以刺激人的大脑的四个功能部位，使其得到全面发展

人的大脑有四个功能部位，即感受区、贮存区、判断区、想象区。理解式读首先是深入而准确地接受外部世界的信息，因此可发展感受区；接着是将从外部接受来的感觉和信息进行整理储存，可发展贮存区；对所获得的信息进行判断与评价，可发展判断区；阅读中还要按新的方式把已有知识与所获得的新信息进行结合，又可发展想象区。此外，人在阅读过程中有四种理解水平，这四种理解水平理解式读都要用到：第一，学生将前面讲过的阅读要领都掌握了并拿来运用，这就用到并提高了按规则进行理解的水平；第二，能结合语境理解语句，这就用到并提高了联系语境进行理解的水平；第三，能按逻辑推理理解语义（如前面举过的理解"大约孔乙己底确死了"这一语句），这就用到并提高了按逻辑推理进行理解的水平；第四，在阅读中自己能对文本有创造性的见解，这就用到并提高了创造性理解的水平（这个问题在后面还要讲，暂不举例）。

5. 从培养学生情感意志品质的角度说，理解式读有利于锻炼学生严谨、细致的品质

理解式读是字求其训、句索其旨地读，读后还要能回答："写的是什么，表现了什么思想，这样回答的根据是什么，还注视了什么，此段与上下文的联系是什么。"（对这几问，后文将进行详细解释）这样几种读后回答非常有利于学生细致性的培养。此外，在阅读时还要研究文本中遣词造句、谋篇布局的条理性与必然性，即为什么这样写而不那样写，因此又有利于学生严谨性的培养。

（四）怎样保证理解式读获得最佳效果

读时要严格要求自己：全凭借自己的实力，不参考其他信息，思考每一自然段段意是什么，全文分为几大部分、部分大意各是什么，全文的中心思想是什么，对上述回答的内容自己是怎样归纳概括出来的，根据的是什么，用了什么方法，被问及时还要能对答如流。

读时要力求找出文中的精妙之笔和看似平常、实寓深意的地方。这些地方找到了，既有利于理解文章和汲取智力价值，又有利于积累阅读经验，指导此后的阅读。一般地说，读者阅读时要找到自认为是精妙之笔的地方或者遇到难点要进行注视，多看两眼（在教学中我们称多看了两眼的地方为"应注视点"）。这多看两眼抓应注视点，是学生学会阅读的重要措施之一，也是阅读过程中必须有的一项内容。关于如何指导学生找应注视点，本书有专文附后。

（五）理解式读的缺点

理解式读和鸟瞰式读一样有它本身的局限性。理解式读由于注视太多，因而容易形成人的思维的凝重性。人的思维的凝重性会使人行动缓慢，办事不敏捷。但阅读的真正目的是获取准确信息，而获取准确信息就要依赖理解式读，因而又不能由于理解式读有局限性而废之不用。

不过进行鸟瞰式读对克服思维的凝重性有一定帮助。理解式读所培养的细致性对鸟瞰式读所带来的粗疏性也会有所抵消。

三、消化式读法

（一）什么是消化式读法

消化式读，是总结文章的写作规律和考虑如何把这些写作规律用到自己的作文中来的阅读，也是和作者讨论的阅读。

进行理解式读，把握了文章的中心思想（中心论点）之后，消化式读则仍需通读全文，分析文章为了表达中心思想都采取了哪些表现手段，然后探讨如何把从文章中所学到的表现手段运用于自己的作文中去。在分析文章为了表达中心思想都采取了哪些表现手段时，除分析已体现于文章之中的表现手段外，如有可能，还要分析作者在下笔之前对所写的事物认真观察、抓其本质、取其精髓的情况，从而提高自己的观察力和把生活现象同当代社会的主要矛盾联系起来的构思能力。将上述分析、探讨活动完成之后，还要和作者讨论。和作者讨论主要的是讨论两条：一条是对文章中独有的、富有创造性的地方进行提炼；一条是要谈出来自己认为文章中美中不足的地方，谈出来之后师生共同讨论。讨论时都要言之成理，持之有故。

（二）进行消化式读的要领

1. 第一方面，有几个问题须先统一认识

（1）对如何看待模仿的问题须先统一认识。消化式读是让学生总结所学文章的写作规律，然后考虑如何把这些规律迁移到自己的作文中为自己所用的读。这实际上是让学生模仿所学文章的各种表现手段，从读学写。从读学写时：学生可以取意。如他们学了《春》，可以写《春的联想》。可以学神。如学了《松树的风格》，可以写《梅花的风

格》。可以摹形。如学了某一篇文章的结构，可以仿这篇文章的结构去写另一篇文章。可以点摹。如可以把某一文中的开头、结尾、过渡段、句式，变其意用于自己的作文中。这样，就很自然地出现了一个问题，即如何看待模仿？让学生模仿会不会束缚学生的创造性？因此在让学生模仿之前，有对这个问题探讨一下之必要。下面谈谈笔者的看法：

①模仿符合人运用知识的规律。教师让学生作文，实际上是让学生运用已有知识去解决新问题。正如托尔斯泰在《论艺术》中所说的，"艺术是人们把自身曾经体验过的某种感情，用适当的感性材料，以外在的形象再现出来传达给别人"。那么学生在作文中要运用的各种知识或托翁说的要用的那"适当的感情材料"从何而来呢？实际上必然有一部分是学生从别人那里学来的。把这从别人那里学来的知识，用在自己的作文中就避免不了模仿。所以唐代的刘知几在《模拟》中说："述者相仿，自古而然。"也就是说人们在写作时模仿别人，是自古以来就有的现象，对这一点不用怀疑，因为别人写得好，符合写作规律，把这写得好的方面拿来为自己所用，这正是有眼力的表现，何来束缚创造性之说呢？如王勃由古至今被人赞不绝口的名句"落霞与孤鹜齐飞，秋水共长天一色"，我们可以从庾信的"落花与芝盖同飞，杨柳共春旗一色"中找到影子；白居易的名句"安得万里裘，盖裹周四垠"，我们可以从杜甫的"安得广厦千万间，大庇天下寒士尽欢颜"中找到影子；范仲淹的名句"先天下之忧而忧，后天下之乐而乐"又可从《白居易集·策林》中找到"乐人之乐，人亦乐其乐；忧人之忧，人亦忧其忧"。齐己拿自己的"前村深雪里，昨夜数枝开"去请郑谷品评，郑谷说了一句"数枝未为早也，不如一枝"，使他获得了一个"一字师"的美誉，也使此后陈亮再写梅花，就避免了"未为早也"的毛病，写成了"一朵忽先变，百花皆后香"。现代作家杨朔写《荔枝蜜》，用了先抑后扬的写法，被人赞为"飞来之笔"。

待人读了《冯谖客孟尝君》后，会知道这先抑后扬乃是《荔》文模仿了《冯》文。《冯》文是这样写的，"冯谖贫乏不能自存"，"愿寄食"于孟尝君"门下"。孟尝君问冯谖"客何能？"冯谖答："客无能也。"但到后来的实际情况是，"孟尝君为相数十年，无纤介之祸者，冯谖之计也"。可见这《冯谖客孟尝君》乃是最佳的先抑后扬的样板。苏轼有那么高的才学，似乎在写作中已无所不能。但是他也不回避模仿，甚至有一次模仿不仅使他殿试夺魁，而且年方弱冠就进入了儒士名流。他这次模仿，并不复杂。在他的殿试文章《刑赏忠厚之至论》中，他写了这样一个情节："当尧之时，皋陶为士将杀人。皋陶曰杀之者三，尧曰宥之者三。故天下畏皋陶执法之坚而乐尧用刑之宽。"由于这一情节第一凸显了《刑赏忠厚之至论》的主论——刑赏忠厚（这一论点非常符合皇上的心意，皇上出这个考题就是想宣扬"奖赏宁可失之过宽，处罚应慎行"），第二又把皇上比作尧帝，说他如尧帝爱民之深，忧民之切。这样就使苏轼的文章金殿夺了魁。夺魁后，苏轼去拜见主考官欧阳修。欧阳修不说客气话，直接就问苏轼"尧帝与皋陶之争出自何典？"苏轼也很直接，回答为"想当然耳"。这"想当然耳"是何意呢？原来是模仿了孔融说的"想当然耳"。据《后汉书·孔融传》：曹操战败了袁绍，曹丕就霸占了袁绍的儿媳甄氏。孔融非常鄙视这种行为，就给曹操写信说，"武王伐纣成功后，武王把妲己赐给了周公，让妲己作周公的妾"。曹操看了，问孔融此事出自何典？孔融答复说，"想当然耳"。意思是说，想象当中应该是这样的，因为战胜者都要把战败者家中的女性进行霸占！用来讥讽曹操和曹丕。那么苏轼模仿的是孔融的哪一点呢？模仿的是孔融的那种想象。孔融可以依据曹丕的行为想象出"以妲己赐周公"，自己就顺着这个思路，由皇上出"刑赏忠厚"这样的题表明心意，就想到了用尧帝这一形象来体现皇上的心意。此外再举一个模仿者超过被模仿者的例子：晚唐吴融的《途中见杏花》中有"一枝红杏出墙头，墙外人行正独愁"。这"一枝红杏出墙头"在此诗中仅指诗人眼前的景物，是勾起思乡情绪的媒介，不含言外之意。此句后被南宋陆游的《马上作》完全引用，用为"杨柳不遮春色断，一枝红杏出墙头"。在陆诗中此句与前三句联系起来是写实景，也可引人联想到春色之美不胜收。又过了几十年叶绍翁的《游园不值》问世，写出了"春色满园关不住，一枝红杏出墙来"的名句。由于陆诗与叶诗仅有几十年之隔，"一枝红杏出墙来"只有"头"与"来"的一字之改，所以叶诗很像是模仿了陆诗。即或是先认定模仿为真，但后人则非但不认为叶的模仿有什么不好，反而认为"一枝红杏出墙来"与前三句联系起来既继承了陆诗可引人遐想的优点，又在韵味和意境方面都优于"一枝红杏出墙头"。其优于之处是：后两句的一关一出使情绪急转直下，失望中忽见浓浓的春色，不觉令人一喜；同时也能向后人昭示，一切美好事物都有顽强的生命力，其勃勃生机是很难扼杀的。真是妙趣横生，活泼感人！

上面我们举了一些实例来说明模仿。下面我们再听一听前辈关于模仿的见解。

鲁迅在谈到自己喜用白描手法时，就谈到是受了"中国旧戏不用布景，中国年画不用背景"而能"突出人物"的启发。他说："我深信对于我的目的，这方法是适宜的。"歌德在谈到"向前辈学习"时也涉及模仿。他说："人们老是在谈独创性，但是什么才是独创性！如果我能算一算我应归功于一切伟大的前辈的东西，此外剩下来的东西也就不多了。"因此今人傅腾霄在《论艺术风格》中补充说："长久以来比较容易被人们忽视的问题倒是作家的独创是怎样成功的呢？难道是从天而降或是脑中固有的吗？不是，它是首先在学习别人的基础上产生的，所以我们认为，作家为了形成自己的艺术风格，首先必须向不但为后世留下了作品而且也为后世留下了风格的优秀的前辈作家学习，没有这个学习与模仿的过程，独创是不可思议的。历史上无数成名的作家的经验，证明了这一点。"由此可见，写作过程中的模仿不仅是有益的，而且它与独创又是分不开的。写作是如此，其他的发明创造又何曾离开了模仿？汽车为什么要四个轮子？还不是模仿了马的四蹄。模仿了马的四蹄，才能有稳定性。有些飞机的机翼在高速飞行急转弯时折断了，一经模仿蜻蜓的翅膀进行改制，再高速急转弯时就经得住考验了。所以有的科学家又称"模仿乃发明之母"。笔者以为这是有道理的。

②笔者从教学实践中还体会到，让学生仿写还有以下好处：

一是可以促使学生认真学习、认真思考。由于在阅读时就想着文章中的精华如何为自己所用，所以学得认真，思考积极，时时要分辨哪些是精华，可以直接为我所用；哪些是不足，可以间接为我所用。这从读学写，无形中成了一种动力。

二是可以强化学生的记忆。由于学习中注重了分辨和选择，这一层分辨与选择的工夫，实际上乃是加深记忆的第一步。

三是可以加深学生的理解。由于是学了就用，所以这用的过程又是一番深入理解的过程。

四是可以引起学生的作文兴趣。由于写作有所依据，容易完成作文的任务，因此也容易让学生看到自己的写作成果。学生看到了自己的成果，也就打消了作文难的神秘感，有了写作兴趣。

综上所述可以看出，让学生从阅读中模仿写作，是应该予以肯定的。

在肯定了从阅读中模仿写作之后，接踵而来的就是如何让学生模仿的问题：是让学生死记硬背若干种可以生搬硬套的文章模式，还是把重点放在思想方法和思考能力的锻炼上？答案显然是后者。要让学生去学习典范文章作者的思想方法，把精力放在学习人家的神髓上。比如学了

《春》之后，让学生模仿《春》之作者是如何体物入微，由此及彼写出了对人的情怀；学了《松树的风格》后让学生学习《松树的风格》的作者是如何把握反映对象的特点，挖掘出反映对象的深层意义。这样的模仿学习，就不会引导学生去背可以生搬硬套的模式。由于学生经过上述学神髓的多次训练，再学到《枣核》《记一辆纺车》时，不经教师指点，学生就可能想到：在写作方面要学习这两篇文章的以小见大，能揭示事物的本质和社会意义等等。当然，虽说模仿要学神髓，但在学生仿写的实践中还是避免不了生搬硬套，甚至大多数同学是从生搬硬套，从模仿形式起步。笔者认为：这也不要紧，特别是不要冷落这种情况。一方面要肯定他们借鉴和吸收了前人作品中的有益成分，一方面要向他们宣传齐白石老人所说的"学我者生，似我者死"。也就是说，学形可以，但不要满足于学形。因为学人家的精神、神髓才能"生"，才能自己有创新；只满足于学人家的形，学得不论怎么好，也仅是"你像人家"，而不是"你是你"。这话说得有点玄乎，得容学生慢慢体味。

（2）对语言文字的学习，出发点在"知"，终极点在"行"的认识要统一。语言文字的学习，出发点在"知"，终极点在"行"的观点，在本书的第一章已然强调过了。之所以还要在这里统一一下认识，就是因为目前语文教学中还有这样两种情况：一种是文学理论讲得过多过烦，以创作论代替教学论，让作家作品牵着语文教学的鼻子走；一种是分析了课文的思想内容和写作特点就算完成了语文教学任务。这两种情况的共同特点，就是不引导学生去实际运用所学到的语文知识和不培养学生学是为了用的语文意识，以致学生学过许多范文，但作文的水平得不到提高。笔者认为，语文乃是工具，学语文的主要意义就在于运用。如果学生学了语文不去运用或者不能去运用，那么他们就不能算是完成了学习任务。这是非常不可取的，有统一认识之必要。

（3）对文无定法的认识要统一。消化式读要总结文章的写作规律拿来为自己所用，而文章又无定法，一篇文章一个样儿，那有什么规律可寻呢？

是的。从文章的表现形式上来看，确实是文无定法，一文一个面目。但是，是不是无规律可寻呢？不是的！文章的实际情况是："定法确无，大体则有。"这"大体"即是秩序与变化。英国美学家罗杰·佛莱说对于艺术，"我们感觉的第一个品格是秩序，没有它，我们的感觉就会遇到麻烦和困惑；另一个品格就是变化，没有这个变化，它就不能完满地刺激感觉。"这秩序与变化，乃是人的感觉与知觉的要求。罗杰·佛莱的这番话，虽是针对艺术说的，但笔者以为它完全适用于写作。因为任何一篇写得好的文章它都要符合秩序与变化这两项要求。一篇文章无秩序，就会杂乱无章；一篇文章无变化，就会呆板枯燥。那么这秩序与变化在文章中的具体体现应是怎样的呢？笔者以为有两种说法。第一种说法是体现在集中、连贯、协调、轻重、语言五个方面；第二种说法是中心明确，内容具体，条理清楚，前后一致，首尾一贯。也就是说，只要是优秀作品，表现形式尽可以篇篇不同（"文无定法"），但篇篇都得符合上述两种说法所涉及的方面都好的要求（"大体则有"）。叶老说："教材无非是个例子。"据笔者体会：教材并不是作为定体来让学生学习的；它是例子，就是在上述两种说法所涉及的方面给学生作例子，让学生学习的。

2. 第二方面，分两大部分领会文章的"大体则有"

第一部分，读文章是怎样做到集中、连贯、协调、轻重的。

（1）集中。每一篇文章都有个中心。所谓读文章是怎样做到集中的，就是着眼于全文的整体构思，看全文是怎样从表现中心思想的需要出发，按着思路的发展，把语言材料组缀成文的。分析之后，要从中吸收写作营养。

一般地说，一篇文章是由两大部分文字组成的。一部分是表明文章主旨的文字，另一部分则是为了更好地表现主旨而作的疏解、阐明、描摹、衬托。读文章是怎样做到集中的，就是要读出文章中的哪些部分是明确地表明文章的主要意旨的，哪些部分则是为了更好地表达主要意旨而作的疏解、阐明、描摹、衬托。

文章中明确地表明主要意旨的部分，我们在前文统篇中讲开宗明义、卒章显志等问题时已涉及了，这里不再重述。

为了节省一些篇幅，下面以《马说》为例，谈一下如何分析"怎样做到集中"的：

《马说》的全文是：

世有伯乐然后有千里马。千里马常有，而伯乐不常有。故虽有名马，祇辱于奴隶人之手，骈死于槽枥之间，不以千里称也。

马之千里者，一食或尽粟一石。食马者不知其能千里而食也。是马也，虽有千里之能，食不饱，力不足，才美不外现，且欲与常马等而不可得，安能求其千里也？

策之不以其道，食之不能尽其才，鸣之而不能通其意，执策而临之，曰："天下无马！"呜呼！其真无马也？其真不知马也。

分析怎样做到集中之前，先引出理解式读时所概括出的中心思想：本文阐明了无伯乐，则无千里马的道理，表达了作者怀才不遇的愤懑和对封建统治者埋没人才的抨击。

看全文是怎样从表现中心思想的需要出发，按着思路的发展，把语言材料组缀成文的。

①分析标题：《马说》是《杂说四首》中的第四首。《马说》这个标题是后人加的，不反映作者的思想，故不予分析。

②分析第1段：第一句话就摆出了本文的基本观点："世有伯乐，然后有千里马。"这一观点还包括一个反题：无伯乐，则无千里马。这第一句话实际上是利用开头的显著位置突出文章的中心。这样写十分有利于文章的集中。

第二句话"千里马常有，而伯乐不常有"，突出了"常有"与"不常有"之间的尖锐矛盾，道出了千里马被埋没具有必然性，接着就用"祇辱于奴隶人之手，骈死于槽枥之间"，描绘了千里马被埋没的具体情形，证明了无伯乐，则无千里马这一文章中心，同时还为下文揭露"食马者"的"不知马"张本。可见本段第二句以下各句是证明本文基本观点的阐明句与描绘句。

③分析第2段：第一句用"一食或尽粟一石"强调千里马的特点，用"食马者不知其能千里而食也"说明"食马者"的无知，最后又用反诘句"且欲与常马等不可得，安求其能千里也"对"食马者"的无知进行强烈的谴责。这样就紧承上文揭示了千里马被埋没的根本原因是"食马者""不知马"，可见本段又进一步阐明"无伯乐，则无千里马"这一中心思想，使文字非常"集中"。

④分析第3段：还是紧承上文，先用"策之不以其道，食之不能尽其材，鸣之而不能通其意"，写出"食马者""不知马"的愚蠢。又用"执策而临之曰：'天下无马！'"嘲讽这种人的洋洋自得和无知妄说，从而使这种人丑态毕露。最后用"呜呼"领出作者的慨叹："其真无马邪？其真不知马也。"这文中最后一句的"其真不知马也"，虽然没用与无伯乐，则无千里马相同的词语，但是它点出了造成上述种种不合理现象的根本原因在于世无伯乐。所以这最后一句话，是与开头摆出的基本观点相照应，再次点明了本文的中心思想。

⑤通观全文，可知文中连用了11个"不"字：开始说"伯乐不常有"，

千里马之"不以千里称"隐隐透露出不知马的意思；中间先明确指出"食马者不知其能千里而食"，然后以"食不饱、力不足、才美不外现，且欲与常马等不可得"，说明不知马所造成的恶果；最后以"不以""不能"来痛斥"食马者"的无知，导出全文的结句"其真不知马也"点明中心。

综合上述分析可知，此文是采取了以下几种表现手段使文章做到集中的：在开头首句即摆出本文要论述的基本观点，使中心突出；全文三个段都紧紧围绕所摆出的基本观点进行论述而且论证有力，使中心突出；结尾再次强调基本观点并与开头遥相呼应，使中心突出；运用11个"不"字，使"不知马"这句话贯穿全文突出中心。

（2）连贯。一篇文章，一段自成首尾的文字或一段讲话，要表达一个中心，它的句以上的层次之间必须有合理的组合。有合理的组合才能把要表达的中心顺畅完整地表述出来，所以读文章是怎样做到连贯的，就是要研究一篇文章的各段之间、一段文字的各句之间是怎样有序地为表达一个共同的话题连接为一个整体的。所谓有序，就是文章的段与段、句与句之间要符合时间线索、空间线索、心理线索这些合理的思维程序。如果把段的顺序、句的顺序颠倒一下，就会改变原意要表达的话题或读起来让人感到不合逻辑。所谓为表达一个共同的话题连接为一个整体，就是文章的段与段、句与句都向心于要表达的话题并且相互衔接与呼应。文章的段与段、句与句都不游离要表达的话题，它们之间要衔接与呼应，这比较易于理解，不需再举例。下面举一个顺序改变，话题亦跟着改变的例子：

宋朝有一位叫莫子山的，一日登山游玩，见山景优美，因此行至一寺庙前便禁不住低吟起一首诗："终日昏昏醉梦间，忽闻春尽强登山；因过竹院逢僧话，又得浮生半日闲。"这时低吟的诗是根据莫子山由家出门一直走到寺庙前时的心理线索写的。等到入寺与和尚交谈之后，发现僧人的谈吐很庸俗，使自己昏昏欲睡。谈完之后，他就在壁上题了一首诗："又得浮生半日闲，忽闻春尽强登山；因过竹院逢僧话，终日昏昏醉梦间。"先前走到寺庙前时低吟的诗一字未改，只是换了一下诗句顺序，意思就大不相同了。可见顺序与要表达的内容之间联系之紧密（后一首诗是根据莫子山由家出门到与僧人谈完话时的心理线索写的。心理上有了改变，诗句顺序也就改变了）。

读连贯，首先要读文章各段是怎样衔接的。

段的句与句衔接，在理解式读给段分层时已研究过，因此消化式读时要着重分析段的衔接。

第一，文章中各段、各个部分的联系与衔接，首先是在内容方面，因此分析连贯，先要分析文章是怎样把表达相同内容的段安排在一起的，因为相邻段的内容有联系而且衔接合理，才有利于文章的集中。

第二，其次要分析语言的衔接。各段语言上衔接得紧，可使篇章的内部联系明显，保证文气畅通。

其一，分析文章各段语言上的衔接，要看文章是否使用了近接、远接的语接方法。这种方法因有语言标志可循，最易使语气畅通。如《记一辆纺车》就充分运用了这一语接方法：第1段与第2段用"纺车"远接；第2、3段用"纺车"既远接又近接；第3、4段用"纺羊毛，纺棉花"与"纺的毛线"近接；第4、5、6、7段均用"纺线"远接，使这些段衔接得十分紧密。

其二，分析文章各段语言上的衔接，还要看怎样使用过渡句、段。

①用带关联词语的句子衔接。关联词语中最常用的有因此、然而、由此可见、事实证明、总而言之、就这样、就因为这些等等。

②用上段的结句启下或用下段的起句承上。

③用一句话或一个段承上启下。

第三,过渡句段与语接形式都起语言衔接的作用,对它们的区别在消化式读时也应加以分析,小结。

其一,当文章的重要层次进行转换时,为了表示强调,前一层与后一层常常用过渡句衔接。如《记一辆纺车》的第三部分(第11、12、13段)与第二部分(第10段为最后一段)衔接时就用了承上启下的过渡句——"就因为这些,我常常想起那辆纺车"。此文的第二部分中的第二小层与第一小层衔接也用的是过渡句——"就这样凭劳动的双手,自力更生"。此文的第5段由于自此段开始要写另外一个内容——"有兴趣的生活",所以它的起句既与前段语接又是过渡句。

其二,过渡句与过渡段功用相同,但在运用方面又小有区别。过渡段有独句段和多句段,它们常常用于容量大于句或地位高于句的过渡。如《从百草园到三味书屋》的第9段,由于既要抒发对百草园的留恋之情又要为批判封建的教育制度作铺垫,所以写了一个多句段进行过渡。地位高于句,所以不独立成段则不足以当此重任。

第四,文章的表现手段是复杂的,过渡句段的情况也是复杂的。消化式读时要重视这种复杂的情况,特别是要去发现那些从形式上看不像是过渡句而实质上却有过渡性质的句子。如《夜走灵官峡》中有这样两个自然段:

我鞋子上的冰雪化开了,这工夫,我才感觉到冻得麻木的双脚开始发痛。为了取暖,我跺着脚。

成渝咬住嘴唇,又摆手,又瞪眼睛。我懂得他的意思了:怕我把他的妹妹惊醒。我说:"你对妹妹倒挺关心!"

这两个段的前一部分是写成渝的爸爸以及筑路工人英勇劳动的感人场面;接着写成渝坚持上班看妹妹,再转向写成渝妈妈。那么,小说是怎样把写成渝爸爸与写成渝、写成渝妈妈衔接起来的呢?没用前面我们已讲过的那些典型的过渡句，只用交代情节的一句话——"为了取暖，我跺着脚"就把故事情节过渡到写妈妈上去了。这一过渡，可以说未露丝毫的痕迹就完成了，因此理解和运用过渡句要着眼于它起过渡作用的特点，而不仅是从形式上记它有什么标志。

读连贯，其次要读文章各段的顺序是怎样安排的。

文章各段顺序的安排，既反映文章的条理性、联系性，又反映作者的思路。作者认为什么重要，想强调什么，用段与段的顺序安排也可以体现（此意请参见前面莫子山诗）。

段与段顺序的安排有两种情况，一种是稳定性顺序，一种是非稳定性顺序。所谓稳定性顺序，指的是围绕一个话题所说的各层意思的先后排列，存在着制约因素，不能随便变动。如按时间先后进行叙述，时间的各阶段有明确的连贯线索的，进行叙述的各段之间的顺序不能随便变动，这时间的各阶段的连贯线索即为制约因素。如《老山界》《草地晚餐》等按时间先后记叙的顺序，即属于稳定性顺序。再如按空间方位记叙，又以先描述的事物为连贯起点的，这种空间顺序也不能随便变动。这以先描述的事物为连贯起点即为制约因素。如《故宫博物院》的顺序安排，即属此类。此外，从平行的不同方面围绕一个中心来述说的各段，各段述说的内容有轻重、主次之分时，这样各段之间的顺序，也属稳定性顺序。讲述重要内容的段在前，讲述次要内容的段在后，轻重、主次即为制约因素。如《花儿为什么这样红》的顺序安排即属此类。

所谓非稳定性顺序，指的是围绕一个话题所说的各层意思，先写哪些，后写哪些均可，不存在制约因素。

在了解了文章各段的顺序有稳定性顺序与非稳定性顺序之后，我们在阅读中分析各段的顺序时，就要重视稳定性顺序被改变了的情况。

原属稳定性顺序的，忽然被改变了，其中必有原因，很可能是作者要突出什么，强调什么。这样，就要依据作者的思路，去了解作者的意图。如《同志的信任》，写的是在一段时间内连续发生的事，段与段的顺序安排应属于稳定性顺序。但此文从全事件的过程来说，却把后发生的事（鲁迅接信）写在了前面，把本是发生在前面的事（方志敏写信）写在了后面。这样写有什么用意呢？经过分析，读者可以认识到：①突出了鲁迅接信，使"鲁迅按时赴约，忠于其事"的情景给读者先留下一个深刻的印象；②"同志的信任"可以是互相的，理解为方志敏信任鲁迅、鲁迅信任方志敏均未为不可。如今《同志的信任》改变一下稳定性顺序，强调一下鲁迅接信，再加上重笔在结尾写出这样一句话——"鲁迅先生不是中国共产党党员，可是，在所有共产党员心目中，他永远是一个能以生命相托付的、最可信任的同志。"这样作者要强调鲁迅的意图就得到了体现。同时也因此又一次突出了"鲁迅是最可信任的同志"这一重点。

最后读连贯，还要读文章的首尾呼应。

文章的首尾呼应也是使文章保持连贯的重要手段。所谓文章要做到前后一致，首尾一贯常常要借助于这一手段。不仅如此，文章做到首尾呼应之后，还可使文章的结构完整、中心得到深化。如下列几篇文章的首尾，就都具有上述的作用。

《一件珍贵的衬衫》的首段有："①这衬衫，凝聚着敬爱的周总理对工人群众的阶级深情……②每当我捧起它，就不由得回想起那激动人心的往事。"尾段有："①这件事已经过去四年多了……②我深深知道，我经历的这件事，在敬爱的周总理一生的伟大革命实践中，不过是微乎其微的一件小事，然而，从这件小事上，我们看到的是周总理那平易近人的高贵品质，对劳动人民的深切关怀，一个伟大的无产阶级革命家的本色。"

分析这首尾段，可以看出：首段①句与尾段②句遥相呼应，不仅深化中心思想而且做到了首尾一贯。尾段①句承接上文，终止倒叙，同时也与首段②句呼应，使首尾段自然地衔接起来由倒叙转入顺叙。首段与尾段中心相同，但角度和语言各不相同——首段立足于"情"（感情），尾段立足于"意"（意义），体现了文字要讲求变化。

《朱自清先生》的首段有："其中真能把那种朴质的精神保持下来，不但应用在诗上而且应用在散文上以及做人的态度上的，据我所知，怕只有朱自清先生吧。"尾段有："我会看见他在这一世纪的四分之一的时间内走着一条忠实朴素的道路。"

分析这首尾段，可以看出：①此文首尾段的呼应方式，与《一件珍贵的衬衫》首尾段的呼应方式又有不同。如果说《一件珍贵的衬衫》的首尾段是从不同角度进行呼应，那么此文则是首段点明朱自清先生走着一条忠实朴素的道路，尾段则是进一步证明首段提出的"朱自清道路"。②首段用"怕只有朱自清先生吧"有些不确定的语气提出，尾段则用"我会看见他走着一条忠实朴素的道路"，即以确定的语气加以判断。

《统筹方法》的首段为："统筹方法，是一种安排工作进程的数学方法。它的实用范围极为广泛，在企业管理和基本建设中，以及关系复杂的科研项目的组织与管理中，都可以应用。"尾段为"这里讲的主要是有关时间方面的问题，但在具体生产实践中，还有其他方面的许多问题。而我们利用这种方法来考虑问题，是不无裨益的。当然，这种方法，需要通力合作，因而在社会主义制度下能更有效地发挥作用。"

分析这首尾段可以看出：这首尾段的呼应与《朱自清先生》的又有不同。《朱自清先生》是用尾段证明首段。本文则是用尾段补充首段中没有讲到的内容，两段相辅相成地表达中心思想，使读者对如何使用统筹方法有全面的了解。

通过上述对首尾段的分析我们又可知：①文章首尾段的呼应方式是多种多样的，每篇文章的首尾段呼应都会依据它的内容特点而有所不同。②各篇文章的首尾段呼应，除都能使全文保持连贯性外，还具有其他功用。下面我们再举一个情况比较特别的例子。说它情况比较特别，一是因为它是前后文呼应而不是首尾呼应，二是它呼应得很隐蔽，如不细心揣摩，很容易把它当闲笔放过。这个例子是《藤野先生》的第5段：

大概是物以稀为贵罢。北京的白菜运往浙江，便用红头绳系住菜根，倒挂在水果店头，尊为"胶菜"；福建野生着的芦荟，一到北京就请进温室，且美其名曰"龙舌兰"。我到仙台也颇受了这样的优待，不但学校不收学费，几个职员还为我的食宿操心。我先是住在监狱旁边一个客店里的，初冬已经颇冷，蚊子却还多，后来用被盖了全身，用衣服包了头脸，只留两个鼻孔出气。在这呼吸不息的地方，蚊子竟无从插嘴，居然睡安稳了。饭食也不坏。但一位先生却以为这客店也包办囚人的饭食，我住在那里不相宜，几次三番，几次三番地说。我虽然觉得客店兼办囚人的饭食和我不相干，然而好意难却，也只得别寻相宜的住处了。于是搬到别一家，离监狱也很远，可惜每天总要喝难以下咽的芋梗汤。

读者读了这一段以后，必定会感到作者对在仙台所受到的优待是不以为然的。人家"不但不收学费"还"为食宿操心"，虽不能不说含有优待的意味，但这种所谓优待又很难说体现了什么真正的关心和帮助，充其量不过是因为那里的中国留学生很少罢了，其他再不能说还有什么过硬的原因。那么，在文章的开头，为什么要交代这种看来与藤野先生的交谊毫无联系的感受呢？待读到最后会意识到，原来作者这样写，是为了与后文所写的与藤野先生的交谊进行比照，表明这种优待给自己的感受，与藤野先生的关心给自己的感受是截然不同的。"大手笔的笔下无闲笔"。尽管作者在文中并没有点明有这一意图，但这种比照是起到了突出对藤野先生的怀念之情的作用的。

（3）协调。文章做到协调，一般地说有两种表现。第一种表现是：围绕同一语义中心的许多语义，是按照协调集中的原则聚集在一起的。协调，指的是各方面的分工合理又能配合；集中，指的是紧扣语义的焦点。第二种表现是：文章为表达中心服务的结构井然有序。

文章各方面的分工合理又能配合，可使文章的中心思想突出，给读者以清新活泼的感觉。下面分别举例说明：

①以《晋祠》为例，加以说明。先引出全文：

从山西省太原市西行40里，有一座悬瓮山。在山下的参天古木中，林立着100多座殿堂楼阁和亭台桥榭。悠久的历史同优美的自然风景浑然融为一体。这就是著名的晋祠。

晋祠的美在山，在树，在水。

这里的，山巍巍的，有如一道屏障；长长的，又如伸开的两臂，将晋祠拥在怀中。春日黄花满山，径幽香远；秋来草木萧疏冷落，稀稀落落天高水清。无论什么时候拾级登山都会心旷神怡。

这里的树，以古老苍劲见长。有两棵老树，一棵是周柏，另一棵是唐槐。那周柏，树干径直，树皮皱裂，顶上挑着几根青青的疏枝，偃卧躺卧。在石阶旁。那唐槐，老干粗大，虬枝盘屈，一簇簇柔条，绿叶如盖。还有水边殿外的松柏槐柳，无不显出苍劲的风骨。以造型奇特见长的，有的偃如老妪负水，有的挺如壮士托天，不一而足。圣母殿前的左扭柏，拔地而起，直冲云霄，它的树皮上的纹理一齐向左边拧去，一圈一圈的，纹丝不乱，像地下旋起了一股烟，又似天上垂下了一根绳。晋祠在古木的荫护下，显得分外幽静、典雅。

这里的水多、清、净、柔。在园里信步，但见这里一泓深潭，那里一条水渠。桥下有河，亭中有井，路边有溪。石间细流脉脉，如线如缕；林中碧波闪闪，如锦如缎。这些水都来自"难老泉"。泉上有亭，亭上悬挂着清代著名学者傅山写的"难老泉"三个字。这么多的水长流不息，日日夜夜发出叮叮咚咚的响声。水的清澈真令人叫绝。无论多深的水，只要光线好，游鱼碎石，历历可见。水的流势都不大，清清的微波，将长长的草蔓拉成一缕缕的丝，铺在河底，挂在岸边，合着那些金鱼、青苔以及石栏的倒影，织成一条条大飘带，穿亭绕榭，冉冉不绝。当年李白来到这里，曾赞叹说："晋祠流水如碧玉。"当你沿着流水去观赏那亭台楼阁时，也许会这样问：这几百间建筑恐怕是在水上漂着的吧！

然而最美的还是祖先留给我们的古代文化。这里保存着我国古建筑中的"三绝"。

一是圣母殿。它建于宋天圣年间，重修于宋崇宁年间（1102），这是全祠的主殿。殿外有一周围廊，是我国古建筑中现存最早的带围廊的宫殿。殿宽七间，深六间，极为宽敞，却无一根柱子。原来屋架全由墙外回廊上的木柱支撑，廊柱略向内倾，四角高挑，形成飞檐。屋顶黄绿琉璃瓦相间，远看飞阁流丹，气势十分雄伟。殿堂里的宋代泥塑圣母像及31尊侍女像，4尊女官像，是我国现存宋代泥塑中的珍品。侍女或梳妆，或洒扫，或奏乐，或歌舞，形态各异，形体丰满，俊俏，面貌清秀圆润，眼神生动，衣纹流畅，真是巧夺天工。

二是殿外木雕盘龙。这是我国现存的最早盘龙雕柱，雕于宋元祐二年（1087）。八条龙各抱一根大柱，怒目利爪，周身风从云生，一派生气。距今已近千年，鳞甲须髯，仍然像要飞动，不能不叫人叹服木质的优良与工艺的精巧。

三是殿前的金沼飞梁。这是一个方形的荷花鱼沼。沼上架起了一个十字形飞梁。下面由34根八角形的石柱支撑。桥边的栏杆和望柱形状奇特。人行桥上，可以随意左右。这种突破一字形的十字飞梁，在我国古建筑中也是罕见的。

以圣母殿为主体的建筑群还包括献殿、牌坊、钟鼓楼、金人台、水镜台等，都造型十分优美，做工精巧。全祠除这组建筑外，还有朝阳洞、三台阁、关帝庙、文昌宫、水母楼、胜瀛楼、景清门等都依山傍水，因势起屋，或架于碧波之上，或藏于浓荫之中，各有不同的情趣。

园中的小品，也极具匠心。比如一座假山，山上一挂细泉垂下，就在下面立着一个汉白玉的石雕小和尚，光光的脑门，笑眯眯的眼神，双手齐肩，托着一个碗接水。那水注入碗中，又溅入脚下的潭里，总不能盛满碗。再如清清的小溪旁有一只石雕大虎，两只前爪抓住水边的石块，引颈探腰，嘴唇刚好没入水面，那气势好像要吸尽百川似的。历代文人墨客，都喜爱晋祠这个好地方，山径旁的石壁和殿廊的石碑上，留着不少名人的题咏，词工句丽，书法精湛，为湖光山色平添了许多风韵。

晋祠真不愧为我国锦绣山河中一颗璀璨的明珠。

如《晋祠》写"晋祠的美在山，在树，在水"部分，就给"在山""在树""在水"以合理的分工，写出了游人在山上、树下、水旁的各种不同感受。先利用山高写出了"无论什么时候拾级登山都会心旷神怡"，利用树密写出了"晋祠在古木的护荫下显得分外的幽静、典雅"，再利用水清写出了"当你沿着流水去观赏那些亭台楼阁时，也许会这样问：这几百间建筑恐怕是在水上漂着的吧！"由上可知，晋祠与这山、树、水的关系也各有不同：与山的关系是"这里的山……如伸开的两臂，将晋祠拥在怀中"；与树的关系是"晋祠在古木的荫护下"；与水的关系是"是在水上漂着的吧"。这"拥在怀中""荫护下""漂着"三种位置既使晋祠的上下左右是怎样一种情况给人以想象的余地，又使人感到文字富于变化，不呆板。

②《一件珍贵的衬衫》的首段着重写"情"，尾段着重写"意"；《统筹方法》首段给统筹方法下定义，尾段补充说明首段没有讲到的内容。这些也都是分工合理而又配合的体现。

③有的文章中还有一种隐形的分工配合。对这种隐形的分工配合，需分析所写的这一部分与主题何干，这样才能发现。如《枣核》的开始有这样几句话，作者访美，已分别半个多世纪的朋友要他带一些枣核去。作者想：所要带的东西分量不重，"可是用途却很蹊跷"。接着写抵美见面之后，老友像是很关心"枣核带来了没有"，直到已知带来了，这才放心。该写到老友家去访问了。到老友家去的途中应该是与带枣核前来访问的主题无关的，似应简写，可是文章却大写途中所见，"那真是一座美丽的山城，汽车开去，一路坡上坡下满是一片嫣红。倘若在中国，这里一定有枫城之称。过了几个山坳，她朝枫树丛中一座三层小楼指了指说：'喏，到了。'"

引文至此，读者会明白：作者这么详细地介绍老友住在"美丽的山城""一片嫣红""枫树丛中"，原来是为了解开"用途却很蹊跷"之疑。什么疑呢？就是这里并不缺树。按常理讲，要枣核一定是为了种枣核，长枣树解决绿化问题。如今借着途中所见把枣核的这一可能用途否决了。这样对枣核用途的蹊跷就引导读者另作他想了（实际上是引导读者往思念北京的生活模式方面想）。这里之所以称写途中所见为隐形分工配合，就是不直白写作目的而能收到直白的效果，使人有表现方法多样化之感。

④构思文章时，有了要使文章的各方面分工合理而又配合的意识，选材时必然会以"以一当十"的标准选那些分工合理而又互相配合的材料。这样所写出的文章会趋向精炼。文章精炼了，中心也容易突出。

把文章安排得井然有序，这是文章符合协调要求的另一种表现。把文章安排得井然有序，第一，有利于读者把握作者的思路从而较快地理解中心思想；第二，可以给读者以美感。下面仍以《晋祠》为例说明这一问题。《晋祠》全文的结构图，分别用两个图列出。第一图是全文简图：

第一部分总说	第二部分分说	第三部分总说
悠久的历史文物同优美的自然风景浑然融为一体	晋祠的美，在山、在树、在水 然而，最美的还是祖先留给我们的古代文化。这里保存着我国古建筑中的"三绝"	晋祠，真不愧为我国锦绣河山中一颗璀璨的明珠

第二图是第二部分简图：

分　说			
总　说	分　说	总　说	分　说
晋祠的美在山、在树、在水	这里的山，巍巍的，长长的……	然而最美的还是祖先留给我们的古代文化。这里保存着我国古建筑中的"三绝"	一是圣母殿 二是殿前柱上的木雕盘龙 三是殿前的鱼沼飞梁。以圣母殿为主体的建筑群…… 园中的许多小品，也极具匠心

从上述两个简图中即可看出，《晋词》一文的结构是做到了井然有序的，这主要表现在：

第一，全文的总说与分总说，以"浑然融为一体"与"一颗璀璨的明珠"相呼应；总说与分说又以"悠久的历史文物与优美的自然风景浑然融为一体"与"晋祠的美，在山、在树、在水""然而最美的还是祖先留给我们的古代文化"相呼应，因此全文井然有序，总分总的结构十分明显。总分总中存在着一个语序问题，需在下一个条目中进行说明。

第二，全文的分说部分（第二部分）划分为两层。这两层的每一层中都包含一个总说和一个分说。这每一层中的总说、分说，它们之间也是一一相对的："在山、在树、在水"对"这里的山""这里的树""这里的水"；"古代文化"对"三绝""建筑群"和"园中的许多小品"。由此可见，这分说部分也是条理清楚，井然有序的。

第三，全文分说部分中又有分说，条理也十分清楚：分说的每一段文字"这里的山·心旷神怡"，"这里的树·幽静、典雅"，"这里的水·在水上漂着的吧，"都是先概括说明其特点，然后作具体描写，最后写人的感受与评价。由于每一段都是先概括说明特点，然后作具体说明，所以每一段都是近于总分关系的明意段。

综上所述可见，《晋祠》一文的结构乃是"总分总"式结构中包含着"总分、总分"式结构，"总分、总分"式结构中又包含着众多的明意段。如将全文的结构列一个"简表"，则很像一个规则有序的图案画：

总　说	总　说	这里的山 这里的树 这里的水 （全是明意段）	一是圣母殿 二是殿前柱 三是鱼沼飞梁 主体建筑群 园中小品 　（全是明意段）	总　说

注："|"表示文中最高的层次，"||"次之，"|||"更次之。

第四，按照写作的通常方式，全文总说句的语序（即先说什么后说什么）对全文分说部分的语序安排是起制约作用的，二者是应一致的，这样条理才清楚。但本文却把在总说中原是写在前面的"悠久的历史文物"后写了，把在总说中原是写在后面的"优美的自然风景"写在了前面（这样写是有道理的，这里暂不谈）。该文虽然没有按照写作的通常方式那样写，但文章的条理仍是很清楚的。这主要是因为总说的内容与分说的内容对应得十分明显，因此没有造成混乱。

通过上述对《晋祠》全文结构的分析可知：文章的各大小层次都能做到对应明显，井然有序，非常有利于读者阅读时的思考方向与思考流程单纯化。有阅读经验的读者，他读了文章的首段之后，会沿着首段所指引的方向去读文章的后续发展。由于文章的下文与上文对应明显，完全不出所料，所以能不甚吃力地就把握住了中心思想。没有阅读经验的人，尽管他看了前文不能预测后文将如何发展（有经验的读者也是预测的），但由于文章的层次分明、井然有序，中间没有"枝杈横生"，所以也有利于这种读者思考流程单纯化。

（4）轻重。所谓文章做到轻重适当，指的是三种情况。第一种是文章写到当详处则详，当略处则略。当详处则洒墨如泼，当略处则惜墨如金。第二种是给文章的显著地位安排重要内容，寸土寸金，绝无浪费。第三种是重要的内容先说，次要的内容后说。关于做到轻重适当，在前面讲析段时已涉及一些。段中的轻重与篇中的轻重，其精神实质及作用是一样的，这里就不再赘述。下面还要结合着"篇"举几个例子加以说明。

①当详处则详，以详强化中心。如《背影》在析段中已举过例。举的那个例子说明：作者详写的是父亲买橘时所表现出的爱子之情，略写的则是与爱子之情无关的问价付钱的过程。再从全篇的角度看，读者会注意到这样一句话："到南京时，有朋友约去游逛，勾留了一日；第二日上午便须渡江到浦口，下午上车北去。"紧接着这句话写的就是三大段在浦口送行的文字。由于在南京游逛与全文的中心思想无关但又是必须交代的过程，所以只用一个分句来写；而浦口送行正是表现父子情深这一中心思想的所在，所以洒墨如泼。

②把突出中心思想的关键句段放在显著位置上，表示强调。前文谈集中时谈到的开宗明义、卒章显志以及在段首段尾安排中心句等均

属此类，不再举例。下面只举一个比较少见的例子：

当初，白蛇娘娘压在塔底下，法海禅师躲在蟹壳里。现在却只有这位老禅师独自静坐了，非到螃蟹断种的那一天为止出不来。莫非他造塔的时候，竟没有想到塔是终究要倒的吗？

活该。

全文以惜墨如金的"活该"二字独立成段并作为结尾，把作者对封建压迫势力的切齿痛恨，对镇压之塔倒掉的兴高采烈，对善良人民有了出头之日的欢欣鼓舞，都表现出来了！同时，还特别强调了法海之流的可耻下场，罪有应得。

③对文章首段的安排寸土寸金，还表现在找好落笔的角度上。何谓角度？角度就是指从哪个方面去写。是从总体上概括地写，还是从某个、某些事物上具体地写；是从这一事物写起，还是从另一事物写起。总之，落笔的角度也反映着作者的用心，表明着他的倾向。所以阅读时注意分析落笔的角度，也有利于理解作者的思路，把握中心思想。

A.《论雷峰塔的倒掉》是从"听说雷峰塔倒掉"落笔的。落笔之后又连续强调"听说而已"，"破破烂烂的掩映于湖光山色之间""并不见佳"。这样，就让读者先了解了作者对雷峰塔倒掉并不可惜的态度，为进一步理解文章要表达的反封建思想做了铺垫。

B.《食物从何处来》是从"一切生物都需要食物"落笔的。落笔之后紧接着写的是"食物的定义"而没回答"从何处来"这一问题。作者之所以这样写，是因为回答食物来源这一问题所涉及的科学知识比较复杂，在文章的一开始就把这复杂知识讲给读者，会引起读者的困惑。为了使读者顺利地接受答案，所以采取了先从读者最容易理解的问题讲起的办法，之后再让读者水到渠成地接受那些复杂知识。由此可见，文章的落笔不仅要考虑如何易于引入主题，还要考虑如何让读者易于接受。因为人著文最先考虑的还应是如何让读者读懂所写的文章。

C.《驿路梨花》中涉及的人物众多，为什么先交代"过路人"？这也是一个值得注意的问题。通过分析可知：作者是把雷锋精神作为一种"不断发扬、不断传递的运动过程"来写的。所以先交代"过路人"，从而把十多年来有如颗颗明珠串联起来的往事引出来，以便揭示雷锋精神经久不衰、代代相传这一富有社会意义的主题。其次，作者是要把雷锋精神同生活中的美好形象、美好心灵融为一体的，因此在小说的开头也先点出那作为"雷锋精神大发扬""见证"的"人家"。再次，作者是要把自然美与生活美融为一体的，因此在小说的开头又多次点到"梨花"：让那"梨花开满枝头"，让那"梨花的白色花瓣轻轻飘落在我们身上"，用以突出洁白朴素的"梨花"乃是雷锋精神的象征。

从上述三例还可看出，写一篇文章如何落笔，虽仅仅是写一篇文章过程中的一个并不算大的举动，但它却关系着能否写好一篇文章的全局，决定着全篇文章的行文。所以在阅读中重视文章是怎样落笔的，问一个为什么，这将会对自己写作时如何根据写作目的落笔从而驾驭全篇有好处。

D.为了表示强调或重要，还应注意语句先后顺序的安排。读《晋祠》时可见：第一段总括晋祠的特点为"悠久的历史文物同优美的自然风景浑然融为一体"，是把"历史文物"写在"自然风景"的前面的。但到第二段具体写晋祠时，却没先写"历史文物"而是写了"晋祠的美，在山，在树，在水"即"自然风景"。那么作者为何要这样写呢？这就涉及重要的内容要写在前面这一安排顺序的原则了。晋祠是祖先留给我们的古代文化，自然比自然风景重要，故在"文物"与"风景"一起说时，要先说"文物"后说"风景"。可是具体说明晋祠时为何又不按重要内容先说这一原则写了呢？这就又涉及另一个问题，即如何写才能让读者易于接受晋祠：晋祠在上下左右的自然风景包围之中，要接近晋祠才能介绍它。要接近它，必须要先经过包围它的"自然风景"。所以具体写时先写"自然风景"，并不是放弃了重要的先写的原则而是为了适应行文的需要。

第二部分，读文章怎样做到中心明确、内容具体、条理清楚、前后一致、首尾一贯的。

学习文章怎样做到这五点的，可能从一篇文章中全学到，也可能从一篇文章中只学到一点两点，对此要灵活加以掌握。下面以《苏州园林》为例加以说明：

（一）中心明确：

1.文章先在第1、2自然段的显著地位用"苏州园林是我国各地园林的标本"和"苏州园林有个共同点：务必使游览者眼前总是一幅完美的图画"这样两个中心句突出了苏州园林的特点，使读者刚开始读就对苏州园林的特点有了比较深刻的印象。同时这也给读者做了提示：继续读时要去探求这两个中心句所涵盖的内容具体表现在哪些方面。

2.为了使中心明确，第2段还具体地提出了体现苏州园林特点的各个方面："讲究亭台轩榭的布局"等四个讲究。

3.自第3段起详写四个讲究，使读者逐步加深对苏州园林特点的认识，最后获得深刻的印象。

（二）内容具体：

第1、2段提出苏州园林特点后，自第3段至第9段一一详细地写出了亭台轩榭的布局等七个方面的具体表现。

（三）条理清楚：

1.从全文的角度看，全文是总分结构。第1、2段总说，第3至9段分说。先总后分，条理十分清楚。

2.从每一段来看，每段都有概括本段内容的中心句。第1、2段的中心句在段中，其余各段的中心句都在段首，形成总分关系。条理也十分清楚。

（四）前后一致：

1.从全文的角度说，第一部分（1、2段）总说苏州园林特点，第二部分（3至9段）分说苏州园林特点。前后两大部分话题一致。

2.从段与段之间的角度说，各段话题一致（都是在说明苏州园林的特点）。

3.第2段列出了四个讲究，自第3段起就按照这四个讲究的顺序写，顺序的先后都没有改变。

（五）首尾一贯：

1.《苏州园林》的起始部分是总说，结尾部分是分说，所说明的内容相同，是首尾一贯的一种表现形式。

2.《晋祠》的首段写"这就是晋祠"，尾段写"晋祠真不愧为我国锦绣山河中一颗璀璨的明珠"。首尾段有相同词语呼应。这是"首尾一贯"的另一种表现形式。

读完上述中心明确等五个方面，会发现分析这五个方面的文字有重复的现象。既如此，是否对这五个方面的某一方面应进行削减呢？不可！因为这五个方面是为了保证对典范文章的要求完美、严谨而提出的。如分析条理清楚的文字与分析前后一致、首尾一贯的文字似有重复。其实这三个方面是有分工的：条理清楚是就全篇而言的，前后一致是就段与段之间不能连接不上而言的，首尾一贯是就开头与结尾不能不呼应而言的。只有从各个角度都提出要求，才能保证不出漏洞。

关于消化式读，每一篇课文都要读该课文的中心明确等五个方面，然后学写这五个方面。如果能这样坚持初中一个学段，把一个学段所学的120篇课文中的这五个方面都学到手，不言而喻，学生的作文水平必能有所提高。关键是坚持学，日积月累。

第三方面，和作者讨论。

高尔基说："阅读就是和作者讨论。"黑格尔也说："每件艺术品也都是和观众中每个人所进行的对话。"我们之所以在消化式读中除提出尽力地从读学写之外，还提倡和作者讨论，就是为了按高尔基等人所提出的这一阅读规律进行阅读。据笔者理解，和作者讨论可达到三个目的。第一个目的，是让学生读书有一个正确的态度。这正确的态度就是不自夸不盲从、实事求是。自己认为好的，就肯定；自己认为不好的，也不为尊者讳。第二个目的是促进学生深入阅读、深入思考："读书无疑者，须教有疑，有疑者却要无疑，到这里方是长进。"因为读者从书中获得感悟，一般产生于阅读之时，而更深的感悟则产生于读完全书、掩卷深思之时。消化式读是我们的读书法中最后一轮阅读了，正该是掩卷深思一番的时候了。第三个目的，是让学生多比较、多鉴别。因为有比较才有鉴别，有鉴别才能发现、创造。读书人的学问是在纵横比较中获得的。与此同时，学生在多比较、多鉴别的过程中，自己已经掌握的语文基础知识，也必然得到充分地运用与延展。至于如何和作者讨论？和作者讨论的内容和途径可能很多。这有待研讨发展。依笔者之见，应先向学生强调三条：第一，不能"只知他人之说可疑而不知己说之可疑"；讨论之前要"试以诘难他人者以自相诘难"，见出得失后再作定夺。第二，"衡虽正，必有差"。"察察者有所不见，恢恢者有所不容"。所学习的教材虽都是范本，但也不要看成绝对的好。第三，评价作者，不仅要了解作者的作品意义、人生追求，也要回顾历史，了解作者的生活背景。不能违背历史，苛求于作者。学生如经过上述三条指导，和作者讨论这一环，在教学中必当得到健康的发展。这一点在笔者的教学实践、教学实验中已证明有成效，表现在：

其一，使学生的阅读变成了一种有准备的，主动的，批评性的时刻注意的过程。这种过程对集中学生的注意力、增强求知欲、提高学习兴趣、促使加深理解和强化记忆都有好处。

其二，能及时发现教学中的漏洞和教师备课不深入的地方，能及时补漏纠偏。

一是发现教学中的漏洞，主要表现在学生拿对课文的误解来向作者质疑。学生这一问，师生就会发现，这样教师就可以赶紧补课。

二是，发现教师备课不深入的地方，主要表现在学生进行争论时教师感到预测不足，提不出肯定的见解，在激烈的智慧交锋面前不知所措。这样教师就吸取了经验教训。

其三，学生发展了独立思考的能力，确实能提出值得商榷的问题。

如在《藤野先生》的下列这段话中，学生提出应在"讲义"前加一个"在"字：

其次的话，大略是说上年解剖学试验的题目，是藤野先生讲义上做了记号，我预先知道的，所以能有这样的成绩。末尾是匿名。

再如学生对《晋祠》的第6段提出一个建议（请见前面的引文），建议作者把这一段一分为二：让"然而，最美的还是祖先留给我们的古代文化"独立成段，与第2段的"晋祠的美，在山、在树、在水"在全文中取得同等的地位。这样全文写自然风景与写古代文化的两个层，就都变成了先写统率段后写具体内容段，使文章的主体部分（第二部分）两大块一一对应，十分匀称。如果不改，学生认为"晋祠的美，在山、在树、在水"可以统率下文中所有属于"自然风景"的内容，而"最美的还是祖先留给我们的古代文化。这里保存着我国古建筑中的'三绝'"，却不能统率下文中属于"古代文化"的所有内容，只能统率下文中的"三绝"，因此要把"这里保存着我国古建筑中的'三绝'"这句缩小了范围的话下移到分说那一层去。如按照学生的建议改，学生还画了一个改后的主体部分结构图。师生看了结构图，都觉得言之成理。现将图附下：

总　说	分　说	总　说	分　说
晋祠的美，在山、在树、在水	这里的山这里的树这里的水	最美的还是祖先留给我们的古代文化	这里保存着我国古建筑中的"三绝"：一是圣母展二是木盘龙雕三是鱼沼飞梁以圣母殿为主的建筑群，园中的许多小品

再如，《枣核》的结尾"改了国籍不等于就改了民族感情；而且没有一个民族像我们这么恋故土的。"学生读后就提出了删去后一分句的意见。理由是：论据不足，因为得出正确结论要依靠正确的、可靠的、广泛的依据，并不是有根据就一定能够得出正确的结论。"没有一个民族像我们这么恋故土的"涉及的面太广了！这样说，似有偏颇之嫌。

（三）进行消化式读训练的目的

第一，从实用价值上说，是为了充分发挥教材的范型作用，促进学生从读学写、从读学说；让学生有意识地学习课文所反映出的写作规律，然后将写作规律运用于写说实践。关于运用于写说实践，说明下列几点：

（1）总结出文章为表现中心思想都采取了哪些表现手段之后，要根据已拟定的《作文训练序列》选取表现手段中的一条或几条加以运用。所谓已拟定的《作文训练序列》是在学段之初（如初一或高一）教师作通盘考虑后拟定的。拟定这个《序列》时要了解全学段三年的教材，根据《课程标准》中的作文训练要求，分别选取各篇教材宜于仿写的写作特点编制而成。如让学生的作文水平达到《课程标准》所规定的学段要求，没有这种全学段的通盘考虑是不行的。有了这种通盘考虑，既可以发挥三年六本教材的每一篇的优势，又可发挥三年六本教材的整体优势。让学生学一文有一得，然后得得相连，三年之后，学生才可达到《课标》所规定的要求。所谓发挥每一篇教材的优势，指的是要选每一篇教材独具的写作特点（前文在谈模仿时有举例）；所谓发挥六本教材的整体优势，就是使各篇教材所确定的仿写点能相辅相成，最后让学生形成合理的作文知识结构。

（2）学生消化式读后，仿写运用的一般只是一篇教材的一两种表现手段（如只仿写开头或结尾），但学生写出的作文则是全篇。这全篇中其他尚未依课文模仿的部分则让学生作"放胆文"。学生学写作文恐怕都有这样一个过程：学习作文时每次要一项一项地学，而写作文时则每次都要多项成篇地写，让学生这样局部地学，成篇地写是不违反学习规律的。

（3）如果仿写的是片断，可以书面作文，也可以口头说文。用说文的形式仿写，更可锻炼学生语感的敏锐性，利于吸收写作营养。

第二，从提高学生语文能力的角度说，首先是提高学生总结写作规律的能力，使学生的写作能力结构不断地得到充实。学生进行消化式读，分析本文为表达中心思想都采取了哪些表现手段时，必然同时要想到此文中所采取的表现手段，哪些在其他课文中已经学过，哪些还没学过；对那些适用于别文如今又适用于此文的表现手段，则可让学生把这些表现手段作为规律性的写作知识进行积累，书面储存到思维组合件中去。这思维组合件乃是学生积累知识的外储形式（后文中对它将专题论述并附有举例）。学生用这种外储形式贮存知识时，对所学的知识必然进行整理，因此积累思维组合件的过程，又是培养整理知识能力的过程。其次，在消化式读中提倡和作者讨论，除促进学生深入理解课文外，还能提高学生的鉴赏能力。

第三，从利用阅读发展智力的角度说，消化式读能锻炼学生的纵向思维与横向思维。纵向思维是发现一种现象后，立即纵深一步，探究产生这种现象原因的思维。理解式读后，学生已把握了文章的中心思想，消化式读针对中心思想去探究文章采取这种表现方法的原因，即是纵向思维的一种体现。学生和作者讨论，再进一步追究文章所采取的表现方法是不是已经天衣无缝了，这又锻炼了学生解决问题寻求多种答案的横向思维（也叫发散思维）。纵向思维是创造性思维品质中的重要品质。任何一种现象都代表着一种本质，遇事爱纵深探求一步，爱从常见现象中追究其本质，往往可以得到突破性进展。"苹果下落"与"万有引力"的发现，"水沸了顶起壶盖"与"蒸汽机"的发明，都得利于纵向思维。培养学生对社会人生的领悟能力、对客观真理的探索精神，也需要纵向思维。横向思维是思维活动朝着横的方向运动的思维，通常说的触类旁通、举一反三就是这种思维。在消化式读中让学生利用教材的范型作用进行写作，也能发展学生的横向思维，锻炼知识迁移能力。

第四，从引导学生科学用脑的角度说，是为了发展学生的想象机能。想象力是人类特有的专利，是一切新生事物的催产素。有的专家认为，人的大脑中有专门的想象区，一般人只发挥了自己固有想象力的15%，此区有待于深入开发。在消化式读中安排学生从读学写，按新的方式把新旧信息结合起来；安排学生分析写作特点，体味有些文章的形式美与内在美，都可促使学生发展想象机能。据专家分析，按新的方式把新旧信息结合起来，是定位在大脑的右半球，这还非常有利于开发学生的右脑。此外中学生易于注意语言的形象性而不易于体味形象的内在美，引导他们注重分析综合、概括归纳，又非常有利于弥补他们的这一弱点。

第五，从培养情感意志品质的角度说，是为了培养学生的思维独立性，养成遇事要追究一个为什么的习惯。这样，他们遇事会有自己的见解，不致随帮唱影，人云亦云。

（四）怎样保证消化式读训练获得最佳效果

1. 要让学生抱着"拿来我用"的态度读

读后要运用所学到的写作知识去书面作文或口头说文。如果不作文说文，也要让学生谈一谈这篇文章中的某一表现方法，如何运用。总之，要把所获得的写作知识消化一下。

消化所获得的知识时（仿写或谈如何运用），不要把照搬一个明显的成果作为自己的目标，最好想一想在所获得的知识中有哪些是尚在蕴藏而别人还没有认识到的微妙之处；实在想不出时，也要另辟蹊径加以运用而不要生搬硬套，食书不化。

2. 要让学生读后做整理知识的工作

所谓整理知识就是学习每一篇课文之后，要把所学到的规律性知识，按照知识的内在联系，分门别类地纳入到一组组思维组合件中去。思维组合件乃是与某一知识点相关的已学到的所有知识的组合。小者，可以是与一个字相关的知识的组合；大者，可以是与一种文体、一种方法相关的知识的组合。有的科学家称这种思维组合件为知识的相似块，意思就是：这个组合件（相似块）中有与你要找的那个解决方法非常相似的解决方法。你要解决某一问题，即先找到与此问题相关的思维组合件。从此件中或可找到立马可用的解决方案，或可找到值得参照的解决方法；又或这两者均不能找到，也会找到可扩展你思路的因素，所以思维组合件，乃是人在思考解决某一问题时可提供解决办法的一个知识组合。众所周知，人的大脑要进行的一个很高级的工作，就是要进行创造想象与创造思维。而人进行创造想象、创造思维时,谁也离不开大脑中的已有知识之间的由此及彼的思索、知识之间的相互联系与生发。这思维组合件就是由相互有联系的知识组成的,它可以为由此及彼的思索、相互联系与生发提供线索。有人也许要问:"把知识记住不就行了吗?为什么非要把知识组成思维组合件?"下面分别说一说理由:

(1)将知识组成思维组合件有利于记忆。心理学专家的研究和人的记忆实践表明,人的最佳记忆方法是外储与内储相结合。内储就是将知识记入大脑,外储就是将知识记入资料卡。人的大脑记忆是会"挥发"的,日久会遗忘,所以单凭大脑内储有局限性。辅之以外储,到用的时候如果遗忘了,还可以"查寻"。积累思维组合件就是最好的进行外储的过程,同时又是强化内储的过程,也是将所学知识由博返约的过程,因此积累思维组合件的意义,绝不止是将所学知识记录在纸面上。

(2)根据知觉的整体性规律,知觉的范围取决于知觉对象之间的意义联系。一个复杂的感知对象,如果组成一个有意义的、有联系的系统,就容易被感知、被记忆。思维组合件就是以同一知识点或具有同一意义的内容为中心组织在一起的一个系统。这个系统中所组织的知识不仅有内在联系,而且具有接近性、相似性与对比性。所谓接近性,指的是知识之间内容相近;相似性指知识之间从形式上看"外表"相似;对比性指的是可与形式相似、内容相近的知识进行对比,从而发现它们意义上的异同。在人的认识活动中(包括获取知识、运用知识、整理知识等活动),人对某一特定问题进行感知时,这三性均易于引起人对其他性质相似或联系紧密的知识进行回忆,十分有利于在解决问题时对联想起的所需知识的提取。教学成败的表现之一,就是学生是否真正理解和接受了知识并增长了能力。可以这样认为，让学生整理知识并组织思维组合件的活动，也是促进学生接受知识、培养能力、发展智力的活动。这一活动既让学生锻炼了整理知识的能力，同时又为此后的认识活动提供了脑力加工的线索与材料。因此此活动也是为学生今后的学习培深根、植厚基的活动。

当然，学生将知识组织成思维组合件，并用思维组合件进一步形成合理的知识结构，并不是一件易事。它难不仅难在思维组合件不易组织上，而且还难在组织者没有持之以恒的韧性上。但这一工作是让学生奠定学习基础的工作，无论如何也要迎难而上！

学生组织思维组合件的初期，特别是分类、支起组合件的知识框架之时，十分需要教师的指导。教师要把同一类知识系统中所包括的项，每一项中又包括多少小项、多少知识点给学生分好。分好之后，学生一旦学到了该进入组合件的规律性的知识，就可按知识所属的"项"与"点"对号入座，日积月累，边积累边用。

3. 关于初中学生应积累成的思维组合件

本书在后文举了一些例子可供参考。为了说明这一问题，下面先举一个简单的例子，这个例子是有关一个字的思维组合件的。

矢志提高语文自学能力的学生，他们把在文言文学习中常见的"之"字，在初中二年级时就组成了下列思维组合件：

$$
\text{"之"的思维组合件}\begin{cases}
\text{(1)助词：} \\
\text{①相当于"的"。} \\
\text{②用在主谓之间，使这个主谓结构不能独立成句。} \\
\text{③用在前置宾语与动词之间，作为宾语前置的标志。} \\
\text{④用来凑足一个音节。} \\
\text{(2)动词：到（某地）去。} \\
\text{(3)代词：} \\
\text{①第一人称"我（们）"。} \\
\text{②第三人称"他（们）"。} \\
\text{③指示代词"这个""这些""这样"。}
\end{cases}
$$

当学生到初三自学《活板》中的"其上以松脂、蜡和纸灰之类冒之"时，班上就出现了两种情况，一部分学生说："这句话里的'之'字老师还没讲，我不会。"另一部分对"之"这个字组成了组合件的同学，则根据这一组合件，一一结合着"之类冒之"的语境去对照，看哪一种意义或用法最切合此语境的要求，然后就用切合语境的意义或用法的那一条去进行解释。学生从对照中发现："之类冒之"中的这两个"之"，一不是相当于"水上草木之花"的助词"之"；二不是"而两狼之并驱如故"用在主谓之间，取消句子独立性的"之"；三不是"宋何罪之有"的构成动宾倒装的"之"；四不是"久之，目似瞑、意暇甚"的凑足一个音节的"之"；五不是"吾欲之南海"的作动词的"之"；六不是"幸来告语之"作代词"我们"的"之"。"之类"的"之"，是"曾不能损魁父之丘"作指示代词"这"的"之"；"冒之"的"之"，是"先自度其足而置之其座"的代词"它"的"之"。从学生利用思维组合件自行今译"之类冒之"的意义的过程，可以证明前文所说过的这样几点是有道理的：

（1）学生注重于把所学的知识拿来运用，收到了效果，确实能自行解决问题。

（2）思维组合件第一充当了学生分析问题、解决问题时的思维凭借，第二充当了"开锁"的钥匙。

（3）学生将从初一到初二对"之"字的数十次学习，由博返约为助词四条，动词一条，代词三条，既锻炼了他们的分析综合能力又强化了他们的记忆。退一步说，如果记不住这八条，能记住助词、动词、代词这三项，利用助词、动词、代词这三项之间的对比性，也容易把遗忘的某一条或某几条联想起来。

（4）从学生解决"之类冒之"应如何今译的过程中，我们可以明显地看出：学生是利用了"之"字的思维组合件与"之类冒之"之间的相似性、接近性作线索，以对比为思考加工的手段，把问题加以解决的。

四、自学方法小结

鸟瞰式读、理解式读、消化式读三种读法，是指导学生应掌握的第一类自学方法，小结如下：

第一，古人云："泛滥无归，终身无得；得门而入，事半功倍。"由于"三读法"对自学时先怎样读，后怎样读，读时如何思考都指示得十分明确、十分具体，做到了按一定的程序把许多动作（包括思维活动）组织在一起，成为一个较为稳定的动作系统，十分有利于自学者得门而入，故"三读法"可视为比较好的第一类自学方法。

第二，这个动作系统符合学生依据自学规律和合理程序，运用科学的方法进行自学的要求。

自学规律指的是（1）自学者要有自学的要求；（2）要进行自学，自学者必须具有进行自学的实力，即自学者的知识水平、思想水平和情感意志品质均能适应自学的需要；（3）进行自学时有理论指导优于无理论指导。用"三读法"指导学生自学，是完全符合上述规律的（理由在前文中已阐述过，不重述）。

合理程序在"三读法"中表现为：

（1）"三读"是按照人的认识规律进行安排的，人观察一个事物，总是要先整体后局部然后再整体，才观察得全面深入。人读书也是这样，因而安排先鸟瞰式读，再理解式读，后消化式读，完全符合整体—局部—整体的顺序。此外，如果说"三读"是大步骤，那么在理解式读、消化式读中还有小步骤。理解试读指由字词到句段到篇，即由语言到思想，通过分析语言概括出中心思想的步骤；消化式读指针对中心思想，分析表现方法的优点和表现方法的不足的由思想到语言的步骤。

（2）"三读"的顺序又是"三读"之间的内在联系决定的。鸟瞰式读对全文的语义中心有了一定了解之后，有利于理解式读对每一段的语义中心的把握（因为每一段的语义中心，是受全文的语义中心制约的）。理解式读又是消化式读的前提。如果理解式读对文章的中心思想领会不深刻，消化式读对写法的优劣就领略不到，同时也不好学。

运用科学的方法指的是"三读法"乃是同学习和研究过程结合在一起的思想方法、策略手段和筹划方法。当然，思想方法、策略手段、筹划方法这三者是交织在一起不可分的。为了具体地说明"三读法"到底是怎样体现这三者的，下面姑且作一些机械地划分：

首先，"三读法"的每一读都指示了怎样读，读时遵循哪些要领，如何想，为什么这样想，这实际上是侧重指示了思想方法。

其次，"三读法"侧重指示的策略手段是：

（1）任何教学方法和学习方法，必须符合整体原理。按整体原理进行安排，才可能取得最佳效果。"三读法"是符合这一要求的：既进行鸟瞰式读、理解式读，又进行消化式读，可分别满足学生掌握阅读技能与写作技能的需要，同时在"三读"过程中又分别发展了智力，锻炼了科学用脑，并培养了情感意志品质，使学生的认识活动和心理诸因素之间互相促进，得到了整体性的发展。同时，"三读"中的每一读，除均具有各自的使命外，它们又相互补充，科学地结合（互补情况已见前文）。关于消化式读，虽然在思维能力的培养方面与前两读的互补关系不十分明显，但因为人的想象力是以人的思维敏捷性与深刻性为基础的，所以它和两读的关系也不能视为不密切。由上述可知：任何单一的教法和学法都是有局限性的。教学之所以是艺术，就在于教学中的整体安排，发挥优势，抵消劣势，使教法与学法实现最优的选择。

（2）"三读法"从整体性发展出发安排阅读过程，还有一个优点就是把阅读过程建立在了学生的尚未成熟又将要成熟的机能上，从而使学生的学习接近"最近发展区"，发挥了潜在水平。

我们在教学中发现：学生的学习心理表明，并不是所学的知识越容易他们就越有兴趣。他们感兴趣的乃是既需要努一把力，努力之后又可达到的目标水平。用一句通俗的话来说，那就是他们喜欢吃自己跳了一跳后摘下的果子，而不喜欢吃别人送到自己嘴里的果子。当然别人嚼碎了喂他的，他更不爱吃。从上面已阐述的"三读"要领中可知，"三读"中的每一"读"，都是得"跳一跳"才能有收获的；有的甚至"跳"了，也不一定真能达到要求。如鸟瞰式读，它的要求是比较高的，绝非三朝两夕之功就能达到要求的。但是，要告诉学生，只要认真按着要求做，达不到要求也会有收获，因为鸟瞰式读的意义，不仅在于获得成果，也在于进行鸟瞰式读的过程（另两"读"也是如此，都是让学生在"跳一跳"的过程，发掘潜在水平的过程，推动他们接近"最近发展区"的过程）。"最近发展区"是每一个人尽到自己的最大努力之后所能达到的最高水准，学生通过向"最近发展区"接近的过程，即使不能进入但也会有所前进。这有所前进即是收获。学生的身心，就是在不断的有所前进中得到发展的。

（3）"三读法"还符合下列两条阅读原则：

第一，符合阅读的小步子原则。所谓小步子原则即不论用什么方法读书，一定得有次第。"三读法"不仅次第分明，而且还是能力训练的分解动作。

第二，符合阅读的扩大本位原则。所谓扩大本位，就是阅读时不能本位太小，本位太小就不能深入理解。"三读法"是在读一篇文章时有多种本位并且在各个步骤中有意识地变换本位。如先整体感知后分段感知；先由语言到思想再由思想到语言（也称之为先由左向右读，再由右向左读）；先推末以至本，再推本以至末等均是。

（4）"三读法"符合建立语文自学能力结构的需要。

"三读法"中的鸟瞰式读、理解式读侧重于培养获取知识的能力，消化式读侧重于培养整理知识的能力，"三读"全培养运用知识的能力。这"三读"结合起来可满足形成语文自学能力结构之需要。

（5）"三读法"符合学生学习作文的规律。

中学生学习作文要走积累—模仿—创造的路。鸟瞰式读、理解式读有利于学生理解和把握课文所体现的写作规律，有利于学生积累；消化式读则有利于学生总结写作规律并运用于自己的写作实践。此外，"三读法"还提倡不知规矩当步趋于规矩之中，既娴规矩当变化于规矩之外。这也应是一条学习作文的规律。

（6）"三读法"可让学生获得不依赖于具体文章而能独立运用的语文知识。

语文教学多年来存在着这样一个问题：学生学了许多课文，能说思想内容和写作特点，但是没有学到比较全面的不依赖于具体文章而能独立运用的语言知识。按"三读法"进行学习则不同。不仅"三读法"中已提供了不依赖具体文章可独立运用的语言知识（如认字、识词、释句、析段、统篇等)，而且学生在学习过程中自己还会不断地发现和充实有关这方面的知识。有了这方面的知识，不仅使学生自学成为可能，而且除前文已谈到的策略手段外，学生还可发现新的策略手段。如前文在理解式读析段中所谈到的明意段概括段意的方法，就是学生发现的。这种方法有减少思维步骤的性质，故可算是一种策略手段。

再次，"三读法"侧重指示的筹划方法是：

（1）不要用一种方法读所有的书。阅读方法要适应阅读目的的需要。

（2）读教材上规定的基本课文要把"三读"都用上。读非基本课文或报刊杂志上的文章，可只用"三读法"中的某一种读法，以适应阅读目的和阅读训练的需要。

最后，自学方法应是学习规律与学习原则的体现形式和基本思想方法。上面所谈的运用科学的方法由于是只结合着"三读法"谈的，因此有一些内容还没有谈到，容到后文补谈。

第三，这个动作系统还符合对学生的情感意志品质有积极影响的要求。

根据现代教学论的要求，教学内容应是知识结构、智能结构、品格结构有机结合的三维结构。这三维结构中缺乏任何一维结构，都不符合培养现代化人才教育目标的要求。说得通俗一些，也就是要培养现代化人才，光传授知识不行，加上培养能力、发展智力也不全面；教学一定还要促使学生的个性得到充分全面的发展，才能达到教育目标的要求。用"三读法"指导学生自学，是符合这一认识的精神的。因为"三读法"既注重了促进学生知识、智能因素的发展，同时也注重了促进学生非智力因素的发展。

第四，能否运用好"三读"关乎着语文课程的价值取向与教学成效。

　　鸟瞰式读、理解式读、消化式读，是中学语文教学中要求学生在教师指导了如何读之后，必须亲自进行的"三读"。学生亲自进行鸟瞰式读之后，要根据自己的理解答出课文的中心思想是什么？这中心思想是根据哪些词语概括出的？亲自进行理解式读之后，要先能答出这每一段写的是什么？表达了什么思想？你这样答的根据是什么？接着还要能答出根据段与段之间的关系，把全文分了几大部分？每部分的大意是什么？全文的中心思想是什么？进行消化式读之后，要能先答出为了表达中心思想，本文都采取了哪些表现手段？接着要能答出此文在表现方法方面是否还有可商榷之处？

　　学生进行"三读"之后，要学生篇篇都回答上述问题，是不是像有人所批评的那样，太单调、太类型化了呢？笔者的回答很坚决："否！"之所以是"否"，是基于两个原因：一是，要学生进行"三读"，乃是为了培养学生具有三种阅读能力。而上述"三读"之后的回答正是培养"三读"能力的需要。阅读是什么？阅读的实质是获取意义。怎样检查阅读者是否有了阅读能力？没有别的办法，只有看他通过阅读获取了意义没有？所获取的意义正确不正确？那么检查他有没有获取意义要怎样问呢？无他，只能问上述那些标志着他是否获取了意义的问题。答对了，表明他真获取了意义，真有了三种阅读能力。否则，就表明他能力不足或尚无能力。二是，让学生回答上述问题，也是检验他有没有达到阅读目的，因为他达到阅读目的的过程正是他形成阅读能力的过程。学生为了回答上述问题，他要对课文进行认知理解、感悟思辨、分析综合、归纳概括去获取意义。这通过认知理解、感悟思辨、分析综合、归纳概括去获取意义的过程和此后的纠正错误，补充不足的过程，才是真正促使他形成阅读能力的过程。因此从这个角度说，让学生回答上述问题又对他们培养能力有引导和催促作用。

培养学生具有阅读能力是一件非常朴质的事。应该怎样引导就怎样引导，不能耍花样，求热闹。

回过头来我们再看一看主张让学生回答问题要非类型化的教师，他推荐的提问是怎样的呢？下面只引他文章中的一问一答：

教师问："还有哪里令我鼻子一酸？"

学生用读课文回答："母亲说完，立刻又坐了下去，立刻又弯曲了背，立刻又将头伏在缝纫机板上，立刻又陷入了忙碌。"

上述推荐的提问，确实与培养阅读能力的提问不同（是否做到了非类型化姑且不论）。但是笔者认为：这样的提问不能促进学生提高阅读能力。前面说过，阅读的实质是获取意义。像上面教师问的这个问题，如果意在让学生亲自去获取意义，在获取意义的过程中提高阅读能力，那么正应该问学生："他所读的课文上的那段话写的是什么或者表现了什么？"这样向学生发问后，会促使学生分析思考这段文字，然后再进行概括，得出答案。这分析概括的过程正是提高阅读能力的过程。如今只是让学生读课文回答问题，其思考强度只是停留在转述课文上，是提高不了阅读能力的。此外，笔者认为学生用他所读的那段课文回答"令我鼻子一酸"的问题并不准确，且教师"令我鼻子一酸"的语义限制了学生的思维和表达空间。如果真是让学生不受"令我鼻子一酸"的这个教师导引，而是让他亲自去分析那段文字，学生所得出的答案很可能不是"令我鼻子一酸"，而是"表现了母亲勤于工作，十分忙碌"。

五、自学方法：指导学生按文体特点进行自学

本《培养法》在前面已介绍过第一类自学方法。之所以在这里还介绍第二类自学方法，目的是让学生自学课文时要按所读课文的文体特点进行自学，不让学生在教材上的课文提示的指导下进行自学。之所以这

样做，是因为教材上的课文提示已含有教材编者研究课文后所形成的思想见解。如果让学生按照这课文提示去自学，这编者的思想见解会对学生对课文的理解造成影响。这就干扰了学生阅读中的思维独立性，达不到让学生独立地去获取意义的阅读目的。如教材《台阶》的课文提示是这样的：

"父亲是怎样生活和劳动的？他有什么追求？是一个什么样的人？作者是怀着怎样的情感去叙述故事的？"

笔者从一篇文章中得知：有一位教师到某地的两所中学让该学《台阶》的这一年级的学生按照课文提示自读了《台阶》。结果学生完全能答出课文提示上所问的问题。笔者举这个例子的目的，不是要对这类提示置可否，只是想说：从培养学生自学能力的角度来看这段提示，这提示中的问题，都应是学生在自学《台阶》后回答此文写的是什么？时能回答出的问题（当然这需要回答者与编者的见解一致）。假如回答者与编者的见解不一致，他也许会被这提示牵着鼻子走。那样学生回答的问题，就不纯粹是自己的思维结晶了，达不到独立阅读的目的。况且学生按照课文提示去回答问题，顶多是用了学生转述课文的认知水平。这不符合让学生自学应达到的思维强度。而用文体特点指导，不会涉及课文的具体内容，对学生的独立阅读没有干扰，故继第一类自学方法之后又提出了按文体特点进行自学的方法。

指导学生按文体特点进行自学还有一个考虑就是：各种文体的文章各有其特点，自学时能把握住它们的特点，采用适合它们的阅读方法，不仅可以提高阅读速度，还有利于准确、深刻地理解和评价文章。鲁迅曾经说过："分类有益于揣摩文章。"这说明把文章进行分类阅读是有必要的。从阅读的角度说，前面讲的第一类自学方法可以称之为一般的阅读方法，适用于读各种文体的文章。下面要讲的按文体特点进行自学的方法，严格地说它不限于读法，它着重提示的乃是用"三读法"读某种文体时应着重阅读的内容。这应着重阅读的内容，都是由各文体的特点决定的。学生学到的文体较多，不能一一列举，仅选择主要的几种分述如下：

（一）怎样读记叙性文体

记叙性文体是以记人、叙事、写景、状物为主要内容，以叙述描写为主要表达方式的文章总体。它包括与韵文相对的，以叙述或描写事实材料为主的广义散文，如消息、通讯、报告文学、人物传记、文学散文、小说等。小说本来是以虚构为特征的文学体裁，但中学语文教学中是把它按记叙文对待的。这里，之所以称记叙性文体而不叫记叙文，就是因为以叙述描写为主要表达方式的文章品种繁多，称记叙性文体要准确一些。读记叙性文体，要重视以下各点：

1. 要弄清记叙的六要素：时间、地点、人物、事件、原因、结果

（1）读消息，要将六要素一一分析清楚。之所以如此，是因为六要素乃事件发生的客观反映，而消息是及时真实报道事件发生的情况的，所以只有将六要素一一分析清楚，才能把握消息所报道的全部情况。

（2）读其他以叙述、描写相结合的记叙性文体，也要分析六要素。不过要注意这样一种情况，就是有些记叙文中的要素采用了较为形象的记叙方法，没有像消息那样写得清楚直白。遇到这种情况，就要用具体情况，具体分析的方法来把握它的六要素。如：

①《从百草园到三味书屋》的开头写"我家的后面有一个很大的园，相传叫作百草园。现在是早已并屋子一起卖给朱文公的子孙了，……但那时却是我的乐园。"这段话交代的就是时间、地点，只是写得比较含蓄、幽默，须从"卖给朱文公的子孙了"和"那时"中去了解时间（公元1919年以前）。

②《谁是最可爱的人》的开头写的"在朝鲜的每一天，我都被一些事情感动着"，也具有交代时间、地点的作用。

读记叙性文体，把握了记叙的六要素，有利于把握全文的中心思想。

2. 掌握记叙的顺序

有些记叙文是把记叙的顺序作为它突出中心思想的一种手段，所以分析它的记叙顺序，有利于把握它的中心思想。如《同志的信任》之所以采取倒叙写法，是为了强调鲁迅先生是可信任的同志。《红军鞋》中之所以大段插叙红军离开老根据地之前的情景，都是为突出文章的中心思想服务的。如插叙所提到的"老根据地人民送给红军的鞋""挂在我的腰间，成为我最好的伴侣；在艰难困苦时，他常常鼓舞我奋勇前进""在攻打遵义城时，一颗子弹穿过挂在自己腰上的那双鞋，救了自己的命"。

3. 分析叙述与描写、议论与抒情

（1）读写真人真事的记叙文应着重分析的内容。记叙文，一般分为侧重写人的记叙文和侧重写事的记叙文。这两种记叙文都要表现人物的性格特征和事件的意义，同时还要表现作者对人、事、景、物的态度。它们的不同点是：写人的记叙文也要叙事，但所有的事都是围绕着人物来下笔，都要为表现人物的性格特征服务。比如《回忆我的母亲》是写人的记叙文，这篇文章中所选的事，都是为表现母亲平凡而伟大的高贵品质服务的，不是完完整整地写一件事的发生、发展、结局。写事的记叙文也要写人，因为事总是人干的；只是在写事的过程中，把事件的发生、发展、高潮、结局写全。这样，把事件的记叙和对人物的描写结合在一起，既反映出人物的性格特征，又揭示出事件的意义。比如《老山界》是写事的记叙文，它把红军翻越老山界的过程交代得清清楚楚，既反映了工农红军不怕困难、具有坚强意志和革命乐观主义精神的性格特征，

又揭示了翻越老山界的重要意义。由此可见，记叙文之所以分为侧重写人与侧重写事，主要是就内容而论的。

第一，对侧重写人的记叙文，要从以下几方面分析人物、理解作品的思想内容：

①分析人物的外貌、言语、行动、心理；

②分析人物之间的关系；

③分析人物与环境的关系；

④分析作者对人物的态度、感情。

比如读《回忆我的母亲》，分析人物的外貌、言语、行动、心理以了解人物性格特征，这点比较容易理解，这里不多举例。分析母亲和其他人的关系，可以认识到母亲同情贫苦人的高贵品德以及对作者的影响。分析母亲与环境的关系，可以认识母亲在贫苦家庭中承担着做母亲和做农妇的双重重担。分析作者对母亲的态度和感情，可以了解作者对母亲的热爱以及准备采取怎样的方式报答母亲的深恩。

第二，对侧重写事的记叙文，要从以下几方面分析把握事件所包含的思想意义：

①分析事件的发生、发展和结果；

②分析人物在事件中的表现；

③分析作者对事件的态度、感情。

如《老山界》是侧重写事的记叙文，分析事件的发生、发展和结果，可以认识翻越老山界的艰难险阻；分析人物在事件中的表现，可以感受到工农红军不怕困难，具有坚强的意志和革命乐观主义的精神；分析作者对事件的态度和感情，可以了解翻越老山界在长征的诸多历险中的艰险程度，使读者深刻地体会长征的艰苦。

（2）读写景状物的记叙文应着重分析的内容。写景、状物的记叙文都要表现景物的特点，表现作者对人、事、景、物的态度以及作者的思想感情，因此分析此类记叙文，要着重抓这三点。如《听潮》是写景的记叙文（散文），分析文中所描写的大海的风采和海潮涨落的情景，可以体会大海的雄壮美和它的伟大力量；分析作者对景物的态度，可以体会到作者喜欢大海与海潮以及他那积极向上的思想感情。

《白杨礼赞》是状物记叙文（散文）。它借白杨树这一形象，歌颂了党领导下坚持抗战的北方劳动人民，赞美了北方劳动人民的质朴坚强、力求上进的精神，抒发了作者对抗日军民的崇敬之情。

记叙文中的景物描写（包括对自然环境与社会环境的描写）常常具有交代背景、渲染气氛、烘托人物和突出中心的作用，因此在分析记叙文中的景物描写时，还要注意区分该文中的景物描写是属于上述四种情况中的哪一种情况，以利于把握该文的中心思想。

（3）读小说应着重分析的内容。小说与写真人真事的记叙文有相同点和不同点。相同点是它们都是运用叙述描写为主要表达方式记人叙事，它们都有人物形象、故事情节、环境描写和细节描写。不同点是小说一般都有完整的故事情节，可以虚构，要塑造典型的人物形象。它可以以现实生活中的人为原型依据，创造高于现实生活的人物形象。这些形象要反映形成和决定人物性格的时代，反映社会发展的趋势。而写真人真事的记叙文虽也有故事情节，但不一定很完整，特别是不容有事件、情节的虚构和人物形象的艺术化创造。写真人真事的记叙文也允许有艺术加工，但它的艺术加工只能在保持生活本来面目的前提下，在表达方式上作某些艺术处理：比如叙述一个人的谈话，可以不把他的话原封不动地搬来，对啰唆的话要提炼，不合语法的话要加工，使之更加明确、更加符合文章的主旨。基于以上的相同点与不同点，读小说也要运用上述读记叙文的方法，分析它的情节是怎样组成的，描写了怎样的环境，塑造了怎样的人物形象。由于小说中的人物是作家精心塑造的典型形象，所以在分析情节发展、环境描写以及人物的语言行动时，都要注意人物所显示出的个性特点；注意所塑造的人物反映了怎样的时代，反映了怎样的社会发展趋势。又由于小说要有完整的故事情节，分析情节时，要着重把情节的开端、发展、高潮、结局弄清楚。此外，由小说中所塑造的人物形象还应想到现实生活中的这一类人，使艺术走向生活；使艺术走向生活了，对作品所蕴含的意义会有更深刻的理解。吕叔湘先生说："文学的作用主要是感染，是作者的思想感情能够进入读者的脑子，使读者能像作者一样想，有同样的感情，这样就算达到目的了。"吕先生的这番话可供我们读小说时参考。

（二）怎样读说明文

说明文是以说明为主要表达方式的文章。它的主要目的是通过对事物的性质、成因、功能、用途、形状、关系等进行解释、介绍或阐述，并给人以知识。

说明文具有说明性、知识性与科学性三个特点。说明性指的是主要用说明的表达方式介绍事物、解说事理。说明文的说明性，是就文章的整体而言的。一篇说明文，由于某种需要，也要使用记叙和议论的表达方式，但就全文说并不改变它的说明性质；即使用记叙和议论，也是为了更好地说明。知识性指的是介绍事物的形状、构造、性质，解说事理的成因、功用、关系，使人有所知或在组织生产、生活、社会活动中使人有所遵循。记叙文、议论文也可以给人以知识，但说明文给人讲知识是直接地讲、集中地讲、全篇地讲。科学性指的是：第一，在反映客观事物、事理时，只作客观如实的解说，不掺杂丝毫个人感情；第二，选材及文章结构的安排是由客观事物的特征、本质以及读者的需要决定的，不是由作者主观立意的需要来决定的。此外，说明事物的说明文，它的说明对象是具体实在的客观事物，看得见、摸得着；就认识过程讲，感性认识的成分居多，如介绍工艺品、用具、建筑物、机器的说明文都属此类。解说事理的说明文，说明对象一般是看不见、摸不着的抽象道理、规律。仅凭感性认识不大能理解这些道理和规律，还必须在观察的基础上作进一步的思索，运用概念、判断、推理等方法才能理解。还有一些现象，如彩虹、潮汐、火山爆发、四季变化、花的颜色等，虽然可以观察得到、感觉得到，但仅凭感觉器官无法认识它的本质规律，因此，说明解说这些现象的说明文，也属此类。基于以上特点，读说明文要着重从以下几方面进行分析：

1. 要分析说明对象的特征及整篇说明文的作用

这样做是由说明文的知识性、科学性的特点决定的。从阅读的角度来说，人阅读说明文是要对所说明的对象获得新的认识，理解它所表现的思想意义；而要达到这一阅读目的，就要通过分析抓住说明对象的特征或本质。从学习写作的角度来说，学习者只有抓住了事物的特征，才易于理解作者是怎样将事物解说清楚的，才可以认识到精细周密的观察是把握事物特征及其内在规律的重要前提。

（1）重视分析标题。标题是阅读文章的向导。它在说明文中显得尤其重要。如《巍巍中山陵》的题目不仅明示了说明对象而且突出了中山陵的形体特点和建筑风格。《食物从何处来》就直接指示了读此文要得出的结论，因此阅读时就会目标集中，心无旁骛，紧紧地去追寻来源。《死海不死》既揭示了一种矛盾现象引起读者阅读的兴趣，又把全文的内容进行了浓缩，从而让读者抓住了死海的特征。

（2）重视分析文章的开头。说明文的一个重要特点是常在文章的开头突出说明对象的特征。如《松鼠》在开头用一个独句段全面地说出了松鼠的特点——漂亮、驯良、乖巧。《苏州园林》在开头不仅点出了苏州园林在全国园林中的重要地位（指出它是全国园林的标本），而且指出具有图画的美感是苏州园林建筑的最重要特点。《统筹方法》一开头就把"什么是统筹方法？如何应用？"告诉给读者，读者自可按照这些提示，去进行深入地理解。

（3）重视行文中的概括性语句和设问句。这些概括性语句和设问句，虽然只是提挈全文的某一段落、某一部分时用的，但把它们综合起来十分有利于理解全文的中心思想。如《死海不死》中的"那么，死海海水的浮力为什么这样大呢？因为海水的咸度很高"。这两句话实际上是指出了死海的本质特征。再如《向沙漠进军》中的"沙漠是人类最顽强的自然敌人之一""抵御风沙袭击的方法是培植防护林""沙漠是可以征服的"，把这三句话联系起来读者就可借此想到全文写的是为什么要向沙漠进军，怎样向沙漠进军，确实能向沙漠进军。

（4）分析说明过程。上述几点说的全是辅助手段，要真正达到阅读说明文的目的（即对所说明的对象获得新的认识，理解全文所表现的思想意义），还是要靠分析全文的说明过程。

一篇优秀的说明文常常是知识性、科学性与思想性的有机结合。它的着眼点不但在于传播科学知识，启发读者对科学知识的运用，而且还要进行思想教育。从被选入教材的说明文来说，还要为学生学写说明文提供范例，而说明文的上述这些功能是弥漫在文章的全部说明过程之中的，尤其是说明文的思想性常蕴含于简朴的说明和淡雅的情趣之中，不分析全部说明过程就不会有深切的感受。如《故宫博物院》，它不仅把故宫的特征写清楚了，而且还贯穿着一种思想——让人加深对祖国的热爱；体现着一种精神——发扬民族的创造精神；流露着一种感情——民族的自豪感。上述"思想""精神"和"感情"，都是寓于说明过程之中，渗透于字里行间的，需认真体味才能认识到。如"在湛蓝的天空下，它那金黄色的琉璃瓦重檐殿顶，显得格外辉煌"，就既是对太和殿外形美的描绘，也是对我国古代劳动者的歌颂，对我国古代文明的赞美；再如"这就是西太后那拉氏慈禧实行'垂帘听政'的地方……专横的西太后慈禧当政专权40多年，干了大量祸国殃民的事情"，就既说明了"养生殿是一个什么所在"，又表达了人民对慈禧的痛恨之情。再如《雄伟的人民大会堂》就是在全部说明过程中通过介绍人民大会堂的总貌、外观、结构、设备，说明了它的雄伟壮丽，并热情地赞美了建设者们杰出的智慧和创造。

2. 要分析说明文的结构

前面说过，只有全面分析说明过程才能准确把握说明对象的特征或本质，概括全文的中心思想。那么全面分析说明过程的实质是什么呢？它的实质就是分析全文的各段落、各层次的内在联系，分析全文的结构。可以这样认为，客观事物自身的特点，是说明文结构的本原。客观事物无限的多样性，又决定了说明文的结构是丰富多彩的。阅读说明文分析它的结构，非常有利于全面地理解说明文的中心思想。

分析说明文的结构，必然涉及分析说明顺序。在这里之所以不用"分析说明顺序"这个短语，主要是因为在一篇说明文中可能有多种说明顺序。多种说明顺序分析出来以后不易全面而简单地进行表述。如果分析结构，分析"全文有几大部分"，则易于表述。如在前文理解式读"统篇法"中已分析过的《中国石拱桥》，表述它"全文分为几大部分"，顶多有"两种表述方法"（请参看前文）；如果表述此文全文的说明顺序，表述为按照从一般到个别的说明顺序或按照先概括，再举具体实例，最后又概括总结的说明顺序，都既嫌笼统，也不全面，因为《中国石拱桥》的说明顺序还包括下列说明顺序：①按照因果关系分析中国石拱桥取得光辉成就的原因；②按照历史过程说明先建于隋代的赵州桥和后建于宋代的卢沟桥；③按照依从关系说明卢沟桥的世界意义，因此还是以"分析说明文的结构"进行表述为好。

前面说过，"说明文的结构"也是丰富多彩的，无法一一列举，下面仅就中学教材中的说明文举出几种常见的结构：

（1）按总说、分说关系安排结构。叶圣陶说："说明文大体也有一定的方式。开头往往把所要说明的事物下一个诠释，立一个定义……从下诠释、立定义开了头，接下去把诠释和定义里的语义和内容推阐明白，然后来一个结尾，这样就是一篇有条理的说明文。"（《叶圣陶语文教育论集》）由于说明文多是依据工农业生产、科技研究调查研究的实际情况进行分析综合，把事物的特征、本质及其规律性解说明白的，因此，写文章时把分析综合的思维过程表现出来，就形成了"总说—分说—总说"或"总说—分说"的结构。它的说明顺序是"概括—具体—概括"。如《统筹方法》《晋祠》最为典型，其他如《苏州园林》《食物从何处来》也属此类。《晋祠》的"分说"部分讲自然风景的美和历史文物，又各有一个"概括具体顺序"。《食物从何处来》介绍绿色植物自养时又是按照"根毛集原料"到光合作用这个"把无机物制造成有机食物的化合过程"的顺序来说明。

（2）按时间关系安排结构。如《人民英雄永垂不朽》《雄伟的人民大会堂》安排结构，按照的是时间关系，它们的主体部分又是按空间顺序进行说明的。

（3）按因果关系安排结构。《向沙漠进军》是以事物之间的因果关系作为说明依据的。全文说明的是为什么向沙漠进军，怎样向沙漠进军，确实能向沙漠进军并取得胜利，故此文应属按因果关系安排结构。它所划分成的三个部分，又都各是按因果顺序进行说明的。

（4）按由现象到本质的关系安排结构。《人类的语言》即属此类。在中学语文教学中有这样一种提法："说明顺序以逻辑顺序为主，也有按时间顺序和空间顺序说明的"；还有的地区把"说明顺序"只概括为上述三种顺序并认为"由概括到具体""由主到次""由一般到个别""由因到果，由果到因""性质用途"这些顺序均属于逻辑顺序。笔者因感到逻辑顺序这一概念的含义比较宽泛，所以在前文中没有使用这一概念。如贵地在教学中必须使用"逻辑顺序"这个概念，即请结合贵地要求讲授这一概念。

（5）在分析说明文结构的过程中分析说明顺序，非常有益于读者思维的条理化。它不仅对写说明文很重要，对于写其他文体也有重要意义。

①说明文的时间顺序与空间顺序有时与记叙文的时间顺序、空间顺序很难区别，因此阅读时不宜去区分它们。

②分析说明顺序时要着意去研究一下各项的顺序能不能变，为什么? 这样会有更多的收获。

③读复杂的说明文，着重研究全文各段的首句并把它们联系起来，有利于较快地把握全文的说明顺序。

3. 分析说明方法

说明文要如实地反映客观事物，除要十分准确地把握事物的特征与事理的本质外，同时还得根据说明目的的需要，运用恰当的说明方法进行说明。说明方法较多，中学教材中主要要求掌握"分类别""下定义""举例子""作比较""列数字""打比方""列图表""设事例"等几种方法。

（1）分析说明方法首先要重视对分类别与下定义两种方法的分析，因为这两种方法比较复杂，不易理解。

①分类别: 有些事物的特征比较复杂，从单方面说明不易说清楚，需要分门别类地逐一加以说明。这就用到了分类别的说明方法。这种说

明方法的好处是：能使读者对被说明对象的轮廓有概括的了解；解说能做到层次分明，头绪清楚；能具体地区分出各个类别的差异，帮助读者了解说明对象的各个特性。

运用分类说明的方法，要求做到：分类标准要统一，避免用多种标准分类，因为客观事物从各个不同的角度、不同的标准就有不同的分类方法；分类要对等，被划分的事物（母项）与划分出来的种类（子项）要相等，所有划分出来的种类正好等于被划分的事物，换句话说，即各个子项之和等于母项；分类要包举，即要把被划分的事物可能划分出来的不同种类全部列举出来，不能遗漏；同时列举出来的种类不能互相交叉。如《食物从何处来》中就运用了"分类别"的说明方法：

一切活的生物都离不开食物。如何获得食物？这有两种途径和方法。

一种叫自养。绿色植物都属于这一类。它们自己把无机物制造成有机的食物，满足生长的需要。

另一种叫异养。所有的动物和大部分微生物都是这一类。他们自己不制造食物，靠植物来生活。

文章把获得食物的途径和方法分类为"自养"和"异养"，就完全符合上述运用分类别法所应该达到的要求。

②下定义：为了说明提出的问题，往往用简短的话，把事物所包含的意义概括出来，使读者有一个比较明确的概念，这就是通常说的下定义。下定义要求做到：（1）抓住事物的本质属性，舍弃非本质属性；（2）完整地揭示概念的内涵，同时定义与被定义的事物在外延上要完全相等。如《统筹方法》中就运用了"下定义"的说明方法：

统筹方法，是一种安排工作进程的数学方法。怎样应用呢？主要是把工序安排好。

上述所用的下定义法也完全符合运用此法应达到的要求。

（2）"举例子""作比较""列数字""打比方""列图表""设事例"等说明方法比较容易理解，它们的作用也基本一致——都是为了把事物说得具体、明确，故不多述。

对中学教材的《统筹方法》中所用的"设事例"的说明方法，要补充一点：设例和举例不尽相同。设例的重点在"设"，所谓"设"，基本上是"假设"的意思，表示某种可能性的情况；而举例所举的则应该是事实存在的。从作用上看，举例往往是对某一观点提供支持的材料，带有证明的性质，目的是让人信服；而设例则是用浅显熟知的事例，来解释比较复杂难懂的道理，带有举一反三的类比性质，目的是让人觉得好懂。

4. 分析说明文的语言

说明文的语言从总体来说要有语体感。其语言风格应准确、简洁、平实、通俗。

准确，就是要选最恰当的语言，准确地说明事物的性质、功能等有关情况，对专业术语的运用也要准确无误。

简洁，就是用最经济的语言，把说明对象介绍清楚，做到言简意赅。

平实，即语言要朴实无华，不夸饰，不绕弯。

通俗，即语言要浅显易懂，使人便于接受和理解。

从读学写说明文时，要着重学习所读说明文的以上几点。

阅读说明文，为了能准确地把握所读文章的中心思想，还要特别注意下列几点：

（1）要注意分析修饰、限制性词语。正确无误是说明文语言的生命，而要达到正确无误，则与恰当地运用修饰、限制性词语有密切关系。如下列几个句子中的带点词语：

①我国陕西榆林地区，雨量还充沛。

②风沙的进攻主要有两种方式。

③要向沙漠进军，取得彻底的胜利，必须有充足的水源。

对①句中的"还"不可忽视，忽视了会误认为那里的雨量很充沛；忽视了②句中的"主要"，会误认风沙的进攻只有两种方式；忽视了③句中的"充足的"，会误认为有水源就行，其实有水源而不充足，仍无济于事。

（2）要注意分析专业术语和解释某些现象的句子。这两种词语由于距离人们的日常生活比较远，也不易理解。如《向沙漠进军》中解释"风推动沙丘，缓缓前进"的句子，不仅要仔细分析而且还应边读边画图，直到能用简图把"沙丘的移动"正确地表示出来才算读懂。

（3）说明文讲求科学性，但有的说明文中讲了神话；说明文的语言讲求平实，但许多说明文中又有描写与抒情，因此阅读时要细细地体会它们的作用，以认识说明文表现方法与语言的多样性。

（三）怎样读议论性文体

议论文是以剖析事物、论述事理、证明和反驳某种观点为宗旨，以议论为主要表达方式的文章。这个文体范围也比较广泛，政论、思想评论、杂文、学术论文、文艺批评、读后感均属此类文章。以理服人是这种文体的主要特点。基于这一特点，读议论文要着重分析以下几个方面：

1. 分析文章所证明的论点

议论文所证明的论点一般地说有两种表现形式：一种是指示型论点，一种是包孕型论点。前者是由文章里的一个现成的句子来表述；后者是在文章中没有可以作为论点的现成句子，须读者自己去加以归纳，因此分析文章所证明的论点时要注意这两种表现形式。

（1）分析论点要先重视题目。题目是文章的眼睛。议论文的题目更是这样。议论文的题目就中学教材中的议论文而言，可分为两种：一种是论点型的，即看了题目就能预测到文章的论点是什么，如《俭以养德》；一种是论题型的，即看了题目不能预测出论点是什么，但可知文章要论述的内容和范围是什么，如《怀疑与学问》《谈骨气》《"友邦惊诧"论》《中国人民寻求真理的道路》。先分析了题目，即可为寻找论点奠定良好的基础。

（2）重视文章的开头与结尾。议论文的开头与结尾常常是提出论点和总结论点的地方，重视了这两个关键部位，有利于把握论点。如《恰到好处》就在文章开头提出了论点：我们不管做什么事都需要恰到好处。在结尾用"只有这样，才能准确地判断什么情况是'过'，什么情况是'不及'，才能使我们的工作做得'恰到好处'"与开头呼应。《散文重要》则是在最后总结出论点：散文很重要。

2. 分析文章的结构

分析文章的结构不仅能准确地把握论点而且会注意到作者是怎样来阐述、论证的，有利于学习如何写议论文。

（1）分析结构须先对议论文的结构有个基本的了解。议论文的结构一般表现为：引论，提出论点的部分，也即"说什么"的部分；本论，论证部分，即"为什么"的部分；结论，即"怎么办"部分。分析结构时参照上述表现形式有利于把所读议论文的结构分析清楚。如果所读议论文不属于上述表现形式，则要分析它的开头是不是属于下列几种情况：

①引出法。所谓引出法，是先谈人和事或某一问题，然后由所谈的人和事或某一问题引出要论述的观点或论题。如《继续保持艰苦奋斗的作风》的论点，不是在开头提出的，而是在对问题进行了深入分析后得出的。

②反入法。所谓反入法，是先提出与自己的观点相反的观点或自己认为不正常的现象，然后引入论证。如《"友邦惊诧"论》则是首先摆出

敌论，然后驳斥敌人的论点，再驳斥敌人的论据。《想和做》则是先摆出作者认为不好的现象，然后引入论证。

③其他还有两种常见的"开头"，一种是设疑法，即在文章开头未提出论点，但提出了一个疑问；一种是交代法，即在开头交代写作的原因、动机、有关人物事件的背景，然后再进行论述。

议论文除提出论点部分有上述各种不同外，其他论证部分、结论部分都是必须有的，此处不再多述。

（2）学写议论文，在议论文结构方面要着重学习以下各点：

①如何写好文章的开头。写好议论文开头的关键在于恰当的截取。古希腊先哲亚里士多德说："所谓'头'，指事之不必然上承他事，而自然引起他事发生。"（《诗学》）也就是说，文章的"头"与过去的联系不是重要的，重要的是与要展开的下文有必然的联系，一定要有带动全故事发展或提携全部论证过程的作用（写其他文体也是如此）。总之，文章的开头，应是作者对他所描写的事件或议论的问题的整体性认识的反映。

②如何写好结尾。写结尾比写开头难。开头不需上承他事而且回旋余地尚宽。结尾不然，它要托负全文，自然地上承他事。议论文则要把议论的问题到此说得清清楚楚，让读者心服。

③如何划分好文章的层次。划分层次是写作议论文的中心课题。划分好层次的关键是使总说、分说或分说、总说之间、分说与分说之间保持逻辑联系。划分层次，要着眼于内容思想的划分；段落的划分则侧重于文字表达的需要。

（3）分析结构的过程中要重视全文中叙述部分与议论部分的区分。因为议论文以说理为核心，作者都是按照讲道理的需要选材、安排思路。叙和议是组成这类文章的两种基本方式，所以阅读时要先分辨其叙述部分与议论部分,然后从议论部分中提炼中心论点。

(4)分析结构的过程中还要辨析论据。对初中学生来说,要先分清什么是"例证"(包括有代表性的事例和史实以及统计数字等),什么是"引证"(包括人们公认的观点、定理、原理、定律、格言、谚语等),辨析时一不要只重视事实论据而忽略道理论据;二要特别注意论据的向心性(即它证明的到底是什么观点)。

3. 分析议论文的语言

议论文的语言也讲求生动性与抒情性,但更讲求严密性。其严密性表现在:

(1)议叙结合时要注意三点:①议要从叙中来,"议"与"叙"要有内在联系,不能离开所叙内容空发议论;②议要得当,对所叙内容的目的、意义和作用既不能夸大,也不能缩小;③议要精炼,恰到好处,不能以议压叙。

(2)进行议论时,议要有理,表明自己态度和主张的内容要妥帖有分寸;议论过程中提出的中心句、展开句、过渡句、归纳句要合乎逻辑。

(3)所举的事例精要并有倾向性(倾向所证明的观点);叙述多例时要有层次性和递进性。

(四) 怎样读诗歌

诗歌具有概括性、形象性、抒情性、音乐性四个特点。下面分别加以说明。

一切文学作品都要集中、概括地反映现实生活。诗歌就更要表现出这一点。同时,诗歌的语言高度凝炼,含义丰富而深刻;诗歌的结构富有跳跃性。这些特点都使诗歌在尽可能小的篇幅内,以最少、最精确、最富有表现力的语言,表现出最丰富、最复杂的思想感情,具有最高的概括性。

诗歌具有鲜明的形象性。诗歌的形象性既表现为语言的形象，更表现在形象的描写上。诗人常常把自己的思想感情附于具体的形象，借助联想和想象，将要表达的抽象观念具体地呈现于读者面前，使诗歌具有强烈的形象性与感染力。

诗歌的抒情性是指不仅用抒情的方式来反映生活、表达作者的思想愿望，而且也用抒情的方式去打动和感染读者。抒情性是诗歌的基本特征，也是诗歌的艺术生命。

诗歌的音乐性指在形式和语言上，有与音乐相同和相近的艺术特质。诗歌的音乐性集中表现在节奏和押韵上。下面以读唐代诗人贺知章的《咏柳》（选自中学语文教材）为例，谈怎样欣赏诗歌。《咏柳》全诗如下：

碧玉妆成一树高，万条垂下绿丝绦。

不知细叶谁裁出，二月春风似剪刀。

首先，欣赏诗歌要从分析诗的语言入手，挖掘诗的语言含义，在头脑中要再现诗人所塑造的艺术形象。比如读完"碧玉妆成一树高，万条垂下绿丝绦"，头脑中就应浮现出这样一个形象：一棵绿柳高高地树立在那儿，那一片片细叶鲜嫩新翠，带着玉石的光泽。那茂密的、轻软的、下垂的柳枝，随风飘拂着。这个形象完全是依据诗的语言，挖掘诗句的含义而想象到的。此外，由于"碧玉"又是南朝宋代汝南王小妾的名字，因此又可以不将"碧玉"联想为鲜嫩新翠，带着玉石的光泽，而想象为一棵柳树袅娜多姿，像一位盛妆打扮的美女站在那儿。

其次，欣赏诗歌要思路开阔，要充分发挥联想力和想象力。像上面对第一、二句的分析，除去所根据的诗句的含义，同时也发挥了联想力与想象力。否则，在头脑中浮现的就可能是干巴巴的一棵绿柳。

再次，欣赏诗歌要知道诗歌的语言、口语与一般的书面语言不同。它已离开了口语和一般的书面语言，成为一种特异的语言形式。特别是由于有格律的限制，它在用词造句方面常常有改变词性、颠倒词序、省略句子成分等情况，因此欣赏诗歌要能结合上下文去解释词语的含义，不可拘泥于口语和一般书面语言的语法规则去生硬地解释。比如第一句的"一树高"就不能解释为有一树那么高，而要解释为一棵绿柳高高地树立在那儿。

复次，诗歌是讲求含蓄的，因此欣赏诗歌对于诗意不能只是被动地接受，还需要自己去与作者共同创造。特别是对诗歌的"言外之意"要很好地进行思考，通过自己的思维活动对"言外之意"进行创造性地理解。如读完第三、四句，就不能只理解为二月的春风像剪刀一样，裁出了柳的细叶；而应想到"不知"，既有诗人制造悬念，引人推测的意思，又有表现"春风"威力大的意思，因为"细叶"是在人们不知不觉中"裁"出的，可见其"裁剪"之快；同时"裁剪"出的不能只理解为"细叶"，"裁剪"出的乃是给人们带来希望、带来力量的大好春光。这样进行理解，差不多才能把诗的神韵体会到。

最后，好诗有后劲。诗可以像鹌鹑，但尾巴必须像公鸡，因此读诗要重视结尾，看诗是怎样"把闪光的羽毛翘起来"的。

第四节　引导学生建立合理的语文知识结构

一、怎样建立合理的语文知识结构

国家语文课程标准中对学生的学习提出了应达到的"掌握知识、形成能力"的要求。所谓"建立合理的语文知识结构"，简单地说，就是要让学生通过初中或高中阶段的学习能掌握课标中规定的应掌握的知识和应形成的能力。在学生建立语文知识结构的过程中之所以要强调合理，是因为学生不大可能把每一学段所学教材中的知识全部学到手，也不大可能把教材中所涉及的语文能力全部培养成功。只能要求学生：（1）掌握基础知识和听说读写方面带有规律性的知识（即迁移价值高、概括性强的知识）；（2）学生是在教师的正确教学方法指导下，通过正确的认知方式获得知识的；（3）学生形成了听说读写的基本能力并保持有良好的心理状态。之所以要强调学生"建立知识结构"，就是因为学生学习教材时是一课一课、一个单元一个单元学的。所学的各课之间、各单元之间缺乏系统性，亦无明显的内在联系，随学习各课时所学到的学习方法亦无内在联系。强调"建立知识结构"，一是要引导学生把学到的个别知识，按照知识的内在联系，分门别类地纳入到一定的"文体""类目""知识点"的思维组合件中去，使知识点的思维组合件组成"类目"，使"类目"组成"文体"，从而把所学知识按照"文体"的内在联系组织起来；二是引导学生把分别学到的鸟瞰式读法、理解式读法（包括如何"认字""识词""释句""析段""统篇"，如何抓"应注视点"）、消化式读法，按照内在联系分门别类地进行总结，使知识与方法均系统化、结构化，形成网络，组成合理的知识结构。

准确地说，在语文教学中影响学生学习语文的知识结构是认知结构，它是学生学习的全部观念的内容和组织，包括学生整个的知识面、文化水平、社会阅历、智商以及接受信息、储存信息、表达信息能力等诸多方面。学生的认知结构是在学习过程中通过认知的"同化""顺应"作用，在心理上不断扩大并改进积累而成的。他们的认知结构一旦建立，又成为学习新知识极其重要的能量和因素。本文上面所说的让学生建立合理的知识结构，是狭义的，它的含义已如上述，这一点必须补充说明。

二、引导学生建立合理的语文知识结构的意义

(一) 可以帮助学生有计划地读书与积累

我国传统的学习方法中有这样两点：一是"学欲博，不欲杂；字欲约，不欲陋；杂似博，陋似约，学者不可不察也"；二是"盖以我而观书，随处得益，以书博我，则释卷而茫然"（有计划地读书，能处处受益，漫无计划地充填自己，将毫无所得）。引导学生建立合理的知识结构，由于能使学生"把基本事实的知识"（列宁语）和"那种导致深邃知识的东西筛选出来，而把许多堵塞思路并使自己偏离主要目标的东西撇开不管"（爱因斯坦语），因此就可以避免上面所说的"欲杂""欲陋""释卷而茫然"。此外，现代教学控制论特别强调：知识信息有传输和贮存两种基本状态。贮存状态中不同信息的结合，要呈一定空间分布，内部的语言、文字、图形要各有固定的位置；传输状态中的信息排列，要按一定的时间序列运动。这种认识又启发我们教师：在向学生传授知识的时候，要讲求时间顺序、循序渐进、条理分明，使信息知识有条不紊地为学生接受；在帮助学生贮存知识信息时，一定要科学地分析知识结构，并使之和学生已掌握的知识信息挂钩，构成体系，化为学生的精神财富。引导学生建立合理的知识结构，就是按照这种认识去组织教学的。这样学生的任何一阶段的知识结构，既是前一阶段学习的继续，又可为下一阶段学习作准备。这种结构的不断转换，便构成了学生认识的发展。

"天下书，老死读不可遍，博之为道将如何？曰：在有要而已。"（张之洞语）"学习不应满足于博闻强记，要去'知类。'"引导学生建立合理的知识结构，也符合我国许多大学问家的上述治学精神。

（二）有利于学生记忆所学过的知识

学生多次复习所学过的知识，不失为一种巩固记忆的方法，但这并不是最好的方法。最好的方法前面已谈过，就是内储与外储相结合。引导学生建立合理的知识结构的过程，也是这种内储与外储相结合的过程。不过在这里再强调一点，就是在外储时要让学生有意识地记忆所储的内容，不要"单打一"。

布鲁纳说："关于人类记忆，经过一个世纪的研究，我们能说的基本东西也许就是，除非把一件件事情放进构造得很好的模型里面，否则很快就会忘记。"引导学生建立知识结构，实际上就是让学生把所学的知识，通过积极的思维活动，揭示知识的内在联系和关系，把它们"放进构造得很好的模型里面"。这"构造得很好的模型"，就是新知识与已有知识联系得非常紧密的知识系统。它具有系统化和简化两个特征：系统化，指把记忆的内容按其内在联系加以排列；简化指提炼出记忆的要点。要记忆的知识具有了这两个特征就不易遗忘。

（三）有利于学生运用已掌握的知识

一个人是否真正把知识学到手了，要用运用来检查。如果学了许多知识但不能在运用中表现出来，所贮存的知识不能根据需要成为进一步学习和解决实际问题的智慧和力量，那就是并没有真正把知识学到手。我国传统的学习学对这一点似乎讲得更明确，那就是"学问之道，以各人自用得着者为真""不要操经生之业"。也就是说，要做学了知识会用的人，而不要做只会抄书的人（经生）。引导学生建立合理的知识结构，为的是帮助学生充分运用已掌握的知识，使知识发挥作用。

1. 合理的知识结构，为运用提供坚实的基础

所谓运用知识，其含义是比较广泛的。获取知识、整理知识实际上均在运用知识的范围之内。要获取知识、运用知识、整理知识，要培养

获取、运用、整理知识的能力，都要以合理的语文知识结构为基础。如果没有合理的语文知识结构做基础，获取知识、运用知识的能力就不可能很强。这是因为，获取和运用知识，都不是对已有知识的胡拼乱凑，它们都是已有知识在"全新环境"和"较深层次"上的重新组合。这样就要求运用者掌握的是规律性知识。这规律性知识还必须全面、有内在联系，而且它们之间还要形成系统的结构。如果达不到这些要求，如果形不成上述的结构，那么运用者在全新环境和较深层次上进行重新组合时就会遇到困难，甚至无法组合。比如运用者掌握的知识不全面，遇到他不曾相识的问题必然要瞠目结舌、无言以对；再比如运用者具有的知识量很大，但他的知识没有形成有效的结构，那么他只能解决一些记忆型的问题，如果让他通过分析综合、演绎推理去解决一些新问题，他就会感到力不从心，因为分析综合、演绎推理所需要的都是有内在联系的系统知识、规律性知识；而把知识都用知识点的"思维组合件"组成了系统的有效结构的人就不同了，他们已建立的知识结构既与要解决的问题有接近性、相似性、对比性，又有推理功能，因此不论遇到什么问题都可运用同化或顺应的方式去试着解决。比如学生读说明文，对"说明顺序"这一知识点组成了"思维组合件"。他们初读《松鼠》时就会运用"组合件"中已积累的知识去分析理解《松鼠》的"说明顺序"。下面是运用过程：

（1）"组合件"中的第一条是：说明文常常在文章开头点明说明对象或说明对象的特征。用此条对照《松鼠》的第1自然段，则可较快地初步认定：这第1段不仅点出了说明对象，而且点出了说明对象的特征是"漂亮、驯良、乖巧"。

（2）"组合件"中的第二条是：说明文的第1段常常会把作者写全文的思路明示出来，因此读说明文的第1段时，要考虑此段是否有这个特点（如没有这个特点，也会较快地识别出）；如认为有这个特点，则可根据第1段所显示出的思路去理解第2段以下的文字。《松鼠》的第1段写的是："松鼠是一种漂亮的小动物，驯良、乖巧，很讨人喜欢。"很像是明示了作者写全文的思路，即第1段总写松鼠的特点，第2段以下将分说松鼠"漂亮""驯良""乖巧"这些特点，而且分说的"说明顺序"还很可能就是先说"漂亮"，再说"驯良"，后说"乖巧"。运用这一条去读《松鼠》，《松鼠》的第1段至第5段果然是这样写的，即第1段总说特点，第2段分说"漂亮"这一特点，第3段分说"驯良"这一特点，第4、5段分说"乖巧"这一特点。在阅读时由于有"组合件"中的这一条作导引，因此探索的方向明确（即印证文章所写的是不是自己所预测的内容），思考积极（急于要印证自己预测的对不对），对分析的结果也能信心十足地下判断：分析的结果如与自己预测的内容相合，则会很快地判断为正确；如分析的结果与自己预测的内容相悖，则会促进自己去进行更深入的分析，从而找出正确的结果。如阅读《松鼠》到第6段时，发现第6段写的是松鼠的多产、毛色，它如何梳理自己的毛，它也是一种有用的小动物。这些内容与自己读第1段时预测的第1段将统领全文，全文是概括具体说明顺序是不一致的；事实是第1段对下文确实有统领作用，但只能统领到第5段，第6段就不受第1段统领了，它说明的是"漂亮""驯良""乖巧"以外的内容。这样就会促使读者随之改变原来的想法，认识到《松鼠》全文第1至第5段为第一部分，写松鼠"漂亮""驯良""乖巧"的主要特点；第6段为第二部分，写松鼠"也是一种有用的小动物"的次要特点。原来预测的第1段统领全文的"概括具体顺序"亦应改为"主要次要顺序"。

　　（3）由于"组合件"中还积累有其他许多条（比如《晋祠》中吸收了第1段中所明示的说明顺序与从第2段开始写的实际顺序并不一致的一条），因此运用"组合件"中的某一条分析所读文章遇到困难时，也不致茫然无措，还会运用"不一致"的那一条或其他条去进行分析，直到把问题解决为止。总之，建立了合理的知识结构的人，思路是比较开阔的。

上述第（1）（2）（3）条举的是运用"说明顺序""思维组合件"进行阅读的例子。如果运用这一"思维组合件"去写说明文，那么它的接近性、相似性、对比性（类比性）会更强，有的甚至可以直接参照它去安排。这里就不多举例了。我们应该再强调一点，即知识的作用，主要不是知识量的作用，而是知识的有效结构的作用。

关于知识的作用主要不是知识量的作用而是知识的有效结构的作用，在我国古代早有论述。比如东汉时期的政论家、史学家荀悦，在他所著的《申鉴》中，就曾对知识的有效结构的作用作过形象地论述。他说："有鸟将来，张罗待之，得鸟者一目也。今为一目之罗，无时得鸟矣。"意思是说：（获取知识、运用知识）如以捕鸟为喻，用网捕住一只鸟，从表面上看好像是只用了一个"目"（网眼），但是如果只用一个"目"的网去捕鸟，是永远捉不住的。因为什么？后来清代大史学家章学诚补充的一句话很有见地。他说："然则罗之多目，所以为一目地也。"意思是说：网需要结织成许多网眼，是为了给网中的每一个网眼作后盾（"地"）。也就是说，网中的一个"目"捕住了鸟，好像就是捕住鸟的那一个"目"起了作用，其实，捕住了鸟的那个"目"，是由于有其他的"目"作后盾才把鸟捕住的。事实也是这样：鸟被一个"目"捕住了，并不是鸟飞来就奔着捉住它的那个"目"去的，而是由于网中的每一个"目"都有其他的"目"作后盾，所以鸟不被这个目捉住，也要被那个目捉住。人获取知识、运用知识的过程也是这样。从解决问题的结果看，好像是这个问题是由某一单项知识解决的，其实在解决问题过程中所涉及的知识绝不只是那一单项知识；特别是运用顺应的方式解决问题，更需运用许多借以进行推理、作出判断的结构化知识，只不过它们不显眼，而临近问题解决时所用到的那一单项知识显眼罢了。

关于事物的结构，本来就是一个很重要的问题。马克思、恩格斯对这个问题也多有论述。马克思说："一个骑兵营的攻势力，和该营骑兵一个一个展开的攻势力的总和，在本质上是不同的。一个步兵团的守势力，和该团步兵一个一个展开的守势力的总和，在本质上也是不同的。"其本质不同在何处？其本质不同就在于个体力组织得好，就可以把个体力的局限突破，而把共体力展开。这由多数力融合（结构）而成的共体力，会产生新的力能。恩格斯在谈到拿破仑的军队时，也曾谈到从这个军队的每一个士兵的个人条件讲，每一个士兵的条件并不是最好的，但是由于他们整体的配合好，因而作战能力强。再如，石墨的化学成分与金钢石的化学成分一般无二，但它们的经济价值却有天壤之别，原因只是两者的结构不同。由此可见，结构乃是决定事物性质的重要因素，引导学生建立合理的知识结构，是关乎学生获取知识、运用知识的学习质量的，应该予以重视。

2. 合理的知识结构对运用知识时的检索有指向性

布鲁纳认为，记忆保持的重要问题不是贮存，而是在运用时如何把用到的知识易于提取，易于提取的关键又在于对知识的组织，因此掌握知识的人要善于把所掌握的知识进行科学的安排，到需要时即能知道到何处去提取。由于学生在建立知识结构的过程中就注意了不同信息的结合要呈一定的空间分布并构成体系，知识的"文体、类目、知识点"十分明显清楚，各项知识都有固定的位置，因而提取知识时有一定的检索线索可循，这样就能很快地找到"举一反三"所需要的那个"一"。如果"内储"的部分未能牢固记忆，从"外储"的资料卡中也能很快地找到。

（四）有利于发展学生的智力

知识与智力是互相依存的。没有智力，知识便无从产生、无从传递、无从掌握、无从发展；没有知识，智力活动则失去内容与对象，智力也就无从表现、无从开发、无从运用。可以说，知识与智力是互为前提、互为条件的。知识与智力除去互相依存外还互相转化。人类的知识可以说是智力的外化，是人类智力活动的产物，而智力则可以认为是知识的积累，是人类运用知识的产物，因为知识作为智力活动的粮食和原料，它本身就凝结着前人的智慧，所以它可以促进智力的发展，但是有一条需要特别提出，那就是知识与智力的互相转化是有条件的：在一定的条件下知识的积累能促进智力的发展；而在另一种条件下，知识的积累不仅不能促进智力发展，反而会对智力的发展起阻碍作用。这能促进智力发展的知识就是系统性的知识，这阻碍智力发展的知识就是精芜不分、主次不分、平面堆砌的知识。巴甫洛夫证明：系统性是高级神经活动的一种属性，系统性可使智力活动积极化。如果人掌握的是真正科学的、具有严密逻辑结构的知识体系，即能从知识的科学体系中获得发展智力的丰富养料；反之，则将阻碍智力的发展，因为从知识本身的价值来探讨，知识从人的"智力构成"上看，它既有感知价值、记忆价值，又有思维价值与想象价值。从人的"智力核心环节——思维"的角度看，它既有分析价值、综合价值，又有概括、判断、推理价值。这些价值都是直接满足人的智力发展过程的需要的。显而易见，建立起的系统化、结构化的知识，会十分有利于知识运用过程中的分析、综合、概括、判断与推理，而精芜不分、主次不分、平面堆砌的知识，则将不利于知识运用过程中的知识迁移，甚至有干扰作用。在生活中我们会见到这样一种情况，即有些人读的书不能算少，但分析问题、解决问题的能力却不强，究其原因，不能不和他们掌握知识与积累知识的方式不得法有关。只有当知识的质量与结构达到一定的规定性时，知识才能有效地转化为智力。用这一要求来衡量我们引导学生建立的知识结构，由于这知识结构是根据课标的要求建立的，因此不论是结构状态还是知识质量，都是达到了一定的规定性的。

（五）有利于培养学生的自学能力

19世纪德国教育家第斯多惠曾多次告诫教师："不要把经过多年劳动建成的大厦指给学生看，而要引导他制作建筑材料，和他共同建筑并教他建筑之术。"引导学生建立合理的知识结构，在一定意义上说，就是引导学生制作建筑材料，和学生共同建筑，并教学生建筑之术，因为学生学习知识的最终目的是要能运用所学知识去解决实际问题（建成大厦）。指导学生积累"思维组合件"并把它系统化、结构化，就是为分析问题、解决问题准备材料，即制作建筑材料；和学生共同分析问题，指导学生独立运用所建立的知识结构去解决问题，就是共同建筑并教建筑之术。在这个过程中学生增长的就是自学能力和运用知识的本领。

（六）结构化的知识，可以使人的思维经济化

人在思考复杂问题时需要展开多种平行的信息加工活动。如果人在多种平行的信息加工活动中能将注意力集中在最关键的问题上，就可使思维经济化。建立起合理的知识结构的人，由于他已把所掌握的知识按"类目""内在联系"进行了组织，因此他在加工信息时容易找到与要解决的问题最相关的那些关键问题，从而采取相应的合适行为。此外，他在加工信息时，思维的跨度也要比未建立知识结构的人要大。他思维跨度大是因为他思考问题时所用的知识单位比未建立知识结构的人所用的知识单位大。人的思维乃是知识单位的流动，知识单位越大，思维的跨度就越大，跳跃性也越强，这样就可以加快思考的进程，使思维经济化。比如对文章结构的理解，在未建立知识结构的人的心目中它是由文章中一个一个不同的段组成的，段与段之间有什么关系也不明确。如让他分析文章的结构，他会感到茫然，不知如何下手；而把知识结构化了的人，他会把结构首先看成是由开头、层次、过渡、结尾组成的。其次，他知道这开头、层次、过渡、结尾不仅有各自的功能，而且它们之间还存在着制约关系。如从开头的角度说，开头可决定文章主体部分的层次、写作内容的地位，开头与结尾应呼应，开头应引出所写的主要内容，甚至突出主要内容（如"中心论点""说明对象的特征"）。从层次的角度来说，文章应有"开头""主体""结尾"三个部分，这三个部分应以适当的过渡词、句、段进行过渡，使三个部分紧密衔接；如不用过渡词、句、段衔接，三个部分之间亦须有明显的照应标志表明这三个部分是紧密衔接的；"开头""主体""结尾"三个部分，根据表达内容的需要，有的在同一部分中也要分出层次以表达不同的内容；同一部分的层与层之间有的也需要运用过渡词、句、段，使同一部分中的各层衔接紧密。从结尾的角度来说，要与前文特别是开头呼应，使全文衔接紧密；如通过前文的记叙、说明、议论、描写尚未能明显地表达出中心思想，结尾则需总结全文、点明中心思想或以适当的方式强化中心思想。从上述这一个知识点的举例中可知，将知识结构化了的人，他进行思考时所用的知识单位的含金量是比较大的，因此他不论是在阅读时分析一篇文章的结构，还是在写作时安排一篇文章的结构，其速度和成功率都会比较高。

（七）结构化了的知识有预测作用

结构化了的知识在认知活动中还能相当于一种理论或内部认知模式；人在解决问题时运用它，还可使认识主体从已有知识出发，解释新情景，吸收新信息，起到预测和展望现实以外的东西的作用。如学生读过

《背影》《我的老师》后，积累了这样一个思维组合件，即开头提出"我最不能忘记的是……""最使我难忘的是……""最使人难忘的是……"这样文字的文章，它们一般从第2段起都要紧扣着难忘的内容，写为什么难忘和永志不忘，而且全文一般分三个部分。他们积累了这一思维组合件后，即把这一思维组合件当成一种认知模式。当写这一类作文时，即按三个部分安排文章的层次；当读与这一类文章相仿的文章时，读完第一段后即按思维组合件中的逻辑顺序预测全文的发展。如他们读完《挖荠菜》《回忆我的母亲》的第1段后，都曾作过预测从而较快地划分出了这两篇文章的层次。此后，当他们读《白杨礼赞》时，见文章的首段写的是："白杨树实在是不平凡的，我赞美白杨树！"于是又预测此文自第2段起会写为什么赞美白杨树，但读完第2段发现，文章的第2段并未按预测的那样紧扣着白杨树写，而是写了望不到边的高原。由于他们的知识储存中已有《背影》《我的老师》《挖荠菜》《回忆我的母亲》等文作基础，认为难忘、为什么难忘、永志不忘这一顺序是合乎逻辑的，因此他们料定写高原虽未紧扣白杨树，也一定与写为什么赞美白杨树有关。他们带着这种想法分析此文未紧扣白杨树写而写高原的原因，很快就理解到：这样写一方面是为了交代白杨树生长的环境，以便衬托白杨树傲然挺立的形象；另一方面是为了点明地点是高原，暗示这里是中国共产党领导抗战的根据地，以便为后文揭示为什么赞美白杨树作铺垫。由此可知，假如学生的知识积累中没有上述的认知模式，不用认知模式去预测下文，那么对《白杨礼赞》第2段的作用就不会较早地发现，这样也就推迟了对全文中心思想的理解，当然也更谈不上在所积累的思维组合件中再增添一条新的思路。

第五节　引导学生养成良好的语文学习习惯

习惯是构成一个人个性的重要内容，习惯也是一个人个性心理特征的主要标志。世界上没有毫无习惯的人，也没有习惯完全相同的两个人。所谓引导学生养成良好的语文学习习惯，就是引导学生通过长时期的培养逐渐养成一种最佳的语文学习行为。这种学习行为使学生"应该怎样学习就能怎样学习"并且不易改变。世界上许多知名的教育家对学生良好的学习习惯的培养都极为重视。我国著名的教育家叶圣陶先生，他的教育观就倾向于"习惯养成论"。叶老认为：教育，归根结底就是使学生养成适应社会的习惯。英国教育家洛克也认为，"事实上，一切教育都归结为养成儿童的良好习惯，往往自己的幸福归于自己的习惯"。俄国教育家乌申斯基说得更明确："良好的习惯乃是人在其神经系统中所存放的道德资本。这个资本不断地在增值，而人在其整个一生中就享受着它的利息。"由此可见，习惯在人的生活实践中是具有十分重大意义的，引导学生养成良好的学习习惯，将使学生终身受益。下面引出在教学中应培养的目标，以供参考。

一、良好的学习习惯目标

良好的学习习惯是指勤于思考，勤于验证，态度严谨，持之以恒。思考是学习活动的核心，验证是检验学习的手段，态度是质量的保证，持久是成功的关键。把这四方面结合起来，就能充分发挥学习方法的作用，提高学习质量。此外，在自学时还应培养自己安排最佳的学习秩序和把握住有效的学习时间，这样就可使自己的学习锦上添花。

二、良好的阅读习惯目标

（1）阅读时眼部肌肉活动是唯一的外部运动（多余的体力活动除减慢速度外，对阅读没有任何帮助），扩展视幅，一望一句，不进行唇动舌诵，不用手指、铅笔、尺子指着逐字、逐句读。

（2）阅读时注意力集中于作者所阐明的问题，而不是书上每个字的位置。

（3）阅读时头不摆动（即不须使鼻尖对准阅读的每一个字），让眼睛灵巧地从一个字移到另一个字，不需要借助颈部肌肉的运动。

（4）阅读一般不出声。出声念出每个字的发音，会使阅读速度受到说话的限制（正常读者的默读速度，一般比说话的速度快两倍）。需要出声的阅读，要熟读成诵。

（5）不用"心读"。书面语言实际上是代表声音的符号，这些符号表达了某种思想和意念。人们完全能够一看到印刷符号即明白意思，通过声音转换是多余的。

（6）精读时，从头至尾，逐句玩味，看上句时不知有下句，看得都通透了，再从头看一遍，力求首尾贯通。

（7）字求其训（意义），句索其旨（意思），未弄明白前字、前句的意义，不丢下去读后字、后句，除非读后字、后句是为了推断前字、前句的意义。

（8）熟读、精思、求解，不满足于"夹生饭"。

（9）读书不尽信书。不仅重视"写的是什么""根据是什么"，还要研究"为什么这样写，而不那样写"。

（10）不满足于博闻强记，要去掌握知识体系。

（11）坐姿正确，视距适当，爱护书。

（12）专心致志，注意力集中。

（13）善于借助工具书，参考资料。

（14）有目的地阅读，重视应用。

（15）自己多问"受了什么启发"。

（16）把自学视为为课堂听讲创造良好心理条件的过程。

三、良好的表达习惯目标

（1）对语言好的文章熟读成诵，用以洗练自己的口语，形成良好规范的语感。

（2）善于撷取书中的精彩之笔，为我所用；随时记住有关知识与语言的材料；记语言要记构件。

（3）经常看书报，看到重要材料要概括中心思想并用自己的话表达出来。

（4）勤于观察，勤于动笔。

（5）读书时重视用语感去判断语句是否通顺、流畅，然后再辅之以理性的分析（自己写完文章也要这样审查、修改）。

第五章

培养语文自学能力的教学过程

　　培养语文自学能力的教学过程乃是在教师鼓励、组织、启发、辅导下，学生主动获取知识，逐步学会自学方法，提高获取知识、运用知识、整理知识和听读说写能力的过程。这一过程既是为进一步发展学生的听说读写能力，终至养成习惯奠定基础的过程，又是引导学生思考、研究和练习的过程。学生的独立思考、研究和练习将贯穿始终。在这一过程中，教师的组织和启发，应遵循教学规律和教学原则，对教学过程作出目标明确的安排。这种安排，一要达到所定目标方案中最好的、最适合于该具体条件的、使工作效率得到最大可能提高的安排；二要保证"教"符合"学"的针对性、教法和学法的先进性，使学生所学的知识充分转化为能力，所学的学习方法充分转化为学习行为，继而做到由"他控"转化为"自控"；三要注意师、生、教材三者相互制约的关系以及程序的合理性和科学性，以体现学生的"学"为第一要义。

基于上述精神，教学过程应包括四个环节，即"自学""指导自学""检查自学和精讲""练习"。这四个环节也可以认为是培养语文自学能力教学过程中不可缺少的四要素。

第一节　培养语文自学能力的四个环节

一、自　学

自学，即在每学一篇新课文之前，先让学生自学。自学新课文的要求是：让学生自己使出全力去完成学习一篇课文应完成的所有任务。头脑中不要有预习预习，给老师的讲授做准备的念头，一心想的是不依赖别人，凭着自己的力量，把一篇课文应学到的东西学到手。从时间的使用上说，要保证自学时间，要把自学时间与带着自学成果参加"智慧交锋"、听教师、同学讲授的时间，放到同等重要的位置上。

为什么要这样重视学生自学？有以下几点原因：

（一）是由人形成能力的规律决定的

这一点前文已提到，因为它重要，这里还要再进行补充。首先，虽然有的专家提出人是怎样将学习到的知识转化为能力的，似乎还没有人说得很清楚，但是有一点是被事实证明并得到公认的，那就是一个人要想具有哪一方面的能力，他就必须以规律性的知识为指导，进行哪一方面的实践，通过实践这座桥梁进而转化能力。缩小一下范围说，一个人要想有自学能力，那就要以正确的自学方法为指导，亲自去学，在自学实践中形成自学能力。恩格斯在《自然辩证法》中说："由于手、发音器官和脑髓不仅在每个人身上，而且在社会中共同作用，所以人才有能力进行愈来愈复杂的活动，提出和达到愈来愈高的目的。"接着恩格斯在分析为什么在社会中共同作用可使人有能力进行愈来愈复杂的活动时又说，实践使人在每一个新的进展中扩大了眼界，使自己的手适应于一些动作，从而积累了经验，提高了能力。恩格斯的这些话虽不是对能力必须在实践中形成的全面解释，但是从中我们却可以体会到在实践中扩大眼界，在实践中适应，对能力形成具有重大的意义。

　　心理学告诉我们：人在意向心理活动的主导控制下，不论是能动而有选择地感知、加工、编码、贮存、提取、输出信息，还是对反馈信息进行评价、修正、重新组合、创造新的信息，都会促进脑细胞结构发生微细的变化。可见上述恩格斯所说的提高了"进行愈来愈复杂活动"能力的过程，实际上是促进脑细胞结构发生微细变化的过程。促进脑细胞结构发生微细变化的过程，只有自己"能动而有选择地"去"感知、加工⋯⋯"才能换来，实际上就是亲自去实践才能换来，别人（如老师）是无法给予也不可能给予的，因此要培养什么能力，就必须去参加培养这种能力的实践，哪怕是学习性的实践。通过自己的一系列的行为变化才能培养，依靠其他方式是无从培养的。看一个人是否具有了某种能力，也必须让他从事相应的活动，根据他这一系列活动所产生的行为变化来加以判断。不仅如此，能力的形成还有一条要求，就是必须以一定的实践量次为基础。如果参加了某种培养能力的实践，而实践的量次不够，仍不能形成能力，因此要培养某种能力，忌讳的不是起点低，而是半途而废、不能坚持。

　　其次，语文是工具，它既是交流思想的工具，又是训练思维的工具。人掌握工具的道理也是很明显的，就是必须在使用中掌握。光听别人讲这个工具应如何使用，而自己不亲自去使用，永远也掌握不了它。在培养语文自学能力的教学过程中，让学生自学，也是基于这一道理。

　　最后，初中学生在小学六年的学习中已经形成了要把知识"学会"

的意识。如今要培养自学能力了，就要把"学会"的意识转化为"会学"的意识。如何转化？让学生自学，则是转化的突破口。告诉学生：（1）自学能力只有通过自己亲自去学，自学能力才能培养。（2）学生自学不是为了降低教师的主导作用而是提高了教师的主导作用，如指导学生自学、主持学生自学后的汇报自学成果、进行智慧交锋，这都对教师有很高的要求。对学生来说，学生自学之后参加智慧交锋也不是要把课堂变成民主讨论会，而是为了让每个学生都处于积极主动的学习之中，然后把通过自学得来的成果去求教于老师和其他同学，并含有教授他人之意。这样做，第一表明大家都是老师又都是学生；第二表明全班同学与老师一起都要去为完成课堂教学的任务承担一份责任。（3）自学可以使自学者的各种感官处于高度兴奋状态，各种智力活动处于积极活跃之中。这样就能学得印象深刻，智力也容易发展。（4）自学还可以强化思维过程，把以前那种思维强度很小的听讲、让老师牵着鼻子走，用思维强度大的自读深思的学习方式进行替代。告诉学生上述四条之后，学生必能乐于自学。当然，他们也可能会提出一个问题："不会自学怎么办？"这时教师要提出解决办法，给学生一个满意的答复。

（二）让学生自学也符合中学生的心理特点

仅以初中生为例，初一学生的特点是上进心强；初二学生性成熟了，独立意识增强，开始向成人过渡；初三学生是成人感增强。这些特点决定了初中生已不满足于只用他们的现有水平，你来教，我来学，你讲结论，我接受结论，而是希望能动用一下自己的潜在水平，自己去试着得出结论。比如笔者曾坚持十几年对初中学生作这样的调查：第一项是"是不是越浅显的知识你们越爱学？"第二项是"你们拿到一篇新课文后，是不是愿意别人讲给你这篇课文写了些什么？"十几届初一学生对第一项的回答都是："不是越浅显的知识越爱学，学浅显的知识没意思；我们爱学有难度，凭我们的水平又能学会的知识。"对第二项的回答都是："拿到一篇新课文后，我们不愿意别人讲给我们'它写了什么'，而是愿意自己读出'它写了什么'。"从他们的作文中也可以看到他们有这样的表示：你讲的属于你，不是我的；我自己动脑想出来的，才永远属于自己；宁要明天的自立，不要今日的舒服。从这些回答和表示中也可以看到：让学生自学不仅符合他们的心意，同时也使他们的精神力量有了发展的余地。当然让学生自学，他们会遇到很多困难，这一点是他们估计不到的，但这也不是坏事，因为人的智慧也和肌肉一样，不给予适当的负担加以锻炼，就会萎缩退化，人的面前没有应克服的障碍，就会萎靡不振。学生在自学中遇到的困难，不仅能促使学生克服注意力不稳定、不集中的缺点，而且有利于他们自制性与坚持性等意志品质的锻炼，可使他们的智力因素与非智力因素都得到全面发展。学生通过自学培养了自学能力和良好的意志品质，将会对他们一生的精神生活与智力生活的质量产生重大影响。等他们岁数大了，他们所学到的具体知识可能忘光，但他们在自学中所获得的独立精神、治学方法会一直伴随在他们生活中、工作中，想赶都赶不走，所以培养学生语文自学能力的教学，是以提高素质、发展个性、增强能力为依归的，与以突击备考、重点催肥为特征的考什么就给学生灌什么的教学，是大相径庭的（其实能力增强了，并不怕考）。

（三）让学生自学，可使学生打好学习基础

什么叫打好学习基础？长期以来由于受"老师讲、学生听""注入式教学"的影响，很多人把打好学习基础理解得很狭窄，认为打好学习基础就是多掌握一些基础知识，而把培养独立学习能力忽略在外。其实，打好学习基础是以独立学习能力为中心的合金体。这个合金体中包括良好的学习方法、学习习惯以及学习的自觉性。之所以如此，是因为一个人的一生不论从事什么工作，都要以在工作中进行新的学习为主。在小学、中学、大学所学到的知识很可能就只给新的学习做起步用，在科学技术飞速发展、知识更新日益频繁的今天更是如此。所以不论是谁，只要参加了工作，都有一个结合所做的工作进行再学习的问题。这结合工作进行的再学习，就用到了独立学习能力这个合金体；不依靠独立学习能力这个合金体，就不可能把工作中所需要的知识学好。中学阶段是一个人为此后的学习与工作奠基的阶段，也是一个人打好各方面基础的最佳时期，因此作为中学教师一定要为学生的一生着想，把培养学生具有独立学习意识、独立学习能力作为最重要的教学原则，让学生充分利用中学的最佳时期，打好基础。从初中起让学生自学，就是使学生打好基础的良好举措之一。

（四）自学离不开阅读，阅读更需要自学

阅读乃是具有个人色彩的活动。阅读的中心环节不是将文本照本宣科地念出，更不是别人（如教师）给读者（如学生）讲文本中都说了些什么。阅读的中心环节乃是读者自读时"头脑中的重新组织和转换"。读者进行重新组织和转换，将文本的思想、写法内化为自己的精神财富，是在用自己的思想、学识和经验去感知、思考、评价，与自己的认知结构联系、编码、贮存的过程中进行的，因此阅读后所获得的成果都带有个人色彩。也可以这样说，读者进入了阅读过程之后，读者读到的不再是书面上的语句，而是他的意识同语句化合的产物，因此阅读教学特别是培养语文自学能力的课文教学，应该十分强调接受主体在阅读中的主体地位。让接受主体先自己去读，先自己去与文本客体发生碰撞，循环往复，互相制约，直到自己的认识与文本思想融为一体，形成化合物（即文本的中心思想和写作方法）。这样产生的化合物，才是接受主体真正需要的，接受主体的阅读能力，也正是在上述碰撞、反复、制约的过程中

得以形成的。当然，接受主体经历上述过程所化合出的结果并不一定是正确的，但那也不要紧，因为别人（如教师和同学）还可以针对他所化合出的成果，"持之以故、言之成理"地加以指正，使接受主体存己之长，舍己之短，更上一层楼。我们有些人有这样的错觉，好像在注入式的课堂上，老师给学生就某篇课文分析了思想，讲了章法，学生就完全听信老师的了。其实，只要真让学生自己读读，情况就未必真是那样。比如初中一年级教材《谈骨气》的"课后练习"中有一道题是这样的：

孟子的"富贵不能淫，贫贱不能移，威武不能屈"概括了"骨气"的内容，文中三个事例各突出了其中的一个方面，从而有力地证明"我们中国人是有骨气的"。请按提示填空。

＿＿＿＿＿＿＿的事例，着重从"富贵不能淫"的角度证明论点；

＿＿＿＿＿＿＿的事例，着重从"贫贱不能移"的角度证明论点；

＿＿＿＿＿＿＿的事例，着重从"威武不能屈"的角度证明论点。

题中的这"三个事例各突出了其中的一个方面"，显然是教材编者的阅读成果，而学生自读了《谈骨气》之后，则不认为"文中三个事例各突出了其中的一个方面"，而认为文天祥的事例把三个方面都突出了。理由有两条：一是文章中赫然写着"孟子说的几句话，在文天祥身上都表现出来了"；二是从文章的语言安排上，也明显地看出作者是要以文天祥的事例突出三个方面的。文中概括"骨气"的三个方面是，"高官厚禄收买不了，贫穷困苦折磨不了，强暴武力威胁不了"。学生认为文天祥的事例把这三个方面都突出了。语言例证是：（1）"元朝多次派人劝他，只要投降，便可做大官，但他坚决拒绝。"这一句说明高官厚禄收买不了文天祥（其中的"做大官"与"高官"对应）。（2）"文天祥被拘囚在北京一个阴湿的地牢里，受尽了折磨。"这一句说明贫穷困苦折磨不了文天祥（其中"受尽了折磨"与"折磨不了"对应）。（3）"终于在公元1282年被杀害了。"这一事实说明强暴武力威胁不了文天祥（其中"被杀害"与"威胁不了"对应）。

那么，根据上述情况能不能武断地确定编者与学生有一方错了呢？不能。上述的不同，应该说与阅读具有个人色彩有关。编者的学识中有文章的安排要协调的经验，因此他（她）认为三句话与三个事例应一一对应，而学生的学识中还没有这种体会，他们只是认定语言是思想的直接现实，既然文章中说了"孟子说的几句话，在文天祥身上都表现出来了"，那么他们就认为作者的原意是以文天祥的事例突出三个方面，所以非要让他们按照编书人的经验去填写，他们就有削足适履之感。从这件事可以看出，阅读更需要自学这一论断十分正确。否则，只让学生听教师具有个人色彩的讲读，他们自己没有深入理解，发表见解的机会，会严重削弱他们的思维独立性，助长他们的依赖性。这与培养现代人特质的要求是背道而驰的。设自学一环，先让学生使出全力去读，读后充分发表自己的见解，才可避免上述弊病。此外，从阅读的实际来说，读者尚未接受的文本，本来就有可能的存在，只有读者介入了，与文本进行了交流，"可能的存在"才会变成"现实的存在"；文本的意义才得以揭示。这一点，也是我们在课文教学中应该注意的。有人说："一千个读者会产生一千个哈姆莱特。"话虽有些夸张，但只要我们真正尊重阅读的实际，这句话很值得借鉴。

上面我们说应该让学生自学，是从阅读的本质的角度说的。如果换一个角度，从作家创作的角度来看文本（课文），其实也应该让学生自学。比如有的文本的作者，了解"人进行阅读乃是一个主动的过程"，因此他在创作时就故意闪烁其词，布置艺术空白，有意剔除质实确指的东西，让读者去填补各种意象、思想和感情的空白。这种情况，自然应该让学生自己去填补而不能用教师的讲解去越俎代庖。再比如有的作者很高明，当他们在创作中遇到了不易表达的情况时，索性就在文本中留出"空缺"，使本来难以言说的东西在读者的合作下得以完善地表现出来。这样一来，反使有限的篇幅表现出无尽的内容。类似这种情况，当然也不应该剥夺掉学生作为读者的"合作权"。

（五）自学适宜于对文本思想进行判断取舍的自我意识过程

潜移默化、渗透，是语文教学进行思想教育的突出特点，而学生接受思想教育的关键一步，则是要有个人判断取舍的自我意识过程。这个过程即是让他们在"没有我是在受教育的感觉"的情况下，自己去感悟、去分析问题、解决问题的自读过程。他们自读时，由于没有任何逆反心理干扰，他们能安然地分析语言、探究含义、深入理解、联系自我，通过亲身的情感体验，产生对文本思想的肯定与否定，进而与文本思想在情感上或产生共鸣，或产生隔离。就这样，他们不但理解了语言的含义，培养了阅读能力，同时也自觉自愿地接受了正确思想的熏陶。当然，为学生树立楷模，也是向学生进行思想教育的有效方式，而那些通过自读在自己头脑里树立起来的楷模，则愈发受到学生的亲近与敬仰。

（六）自学还有利于培养学生的语感力

语感力是在长期的规范语言的运用和严格的语言训练中形成的。它既需要通过阅读、写作和有声语言的环境来积累语言经验，获得大量的感性认识，又需要联系生活经验去比较揣摩语言文字，提高语言修养来获得理性认识，而自读正是适应上述要求的。古人说："书要苦读，不读不能得其要旨，不读不能知其意味，不读不能领略语言之美。"其中的"得其要旨""知其意味""领略语言之美"，则是培养语感力不可或缺的思想营养与语言营养。如果不让学生自学（含自读与作文），光靠听教师去讲授，人为地夺去了学生感受、分析规范语言的机会，培养学生语感力的问题也就无从谈起。

自学具有活动的实践性。实践是人能动地改造客观世界的物质活动。从实践活动的机制看，又是人脑这种以高级形态存在的物质的特殊运动，因此要告诉学生进行自学特别需要自觉，特别需要发挥自己的主观能动性。主观能动性充分发挥出来了，会积极地影响自己的智力潜能向智慧行为转化，所以要把握好这能发展自己的良机，在求知长智中体现自己的价值。

二、指导自学

这个环节是伴随着自学的环节产生的，因为要让学生自学，就要帮助学生树立自学的意识；因为学生要在课堂教学之前就通过自学先完成学一篇课文的任务，这就要帮助学生解决"怎样学"的问题。指导自学应包含下列内容：

(一)引导学生认识培养语文自学能力的重要意义

要参照"第四章第一节引导学生认识培养语文自学能力的重要意义，诱发学生强烈的自学愿望"和"第四章第二节指导学生树立自主学习的观念，帮助学生更新学习方式"的精神，帮助学生认识自学的意义。这个工作虽是长期要做的工作，但宜于在贯彻本培养法之前即做好动员工作。先激发起学生积极参与的愿望，使培养自学能力的学习有一个好的开始。

(二)引导学生理解培养语文自学能力的教学过程

在师生实际进入培养语文自学能力的教学过程之前，要指导学生理解：(1)培养语文自学能力的教学要明白"教师将要怎样教，这样教的理论根据是什么，有什么好处"，"学生应该怎样学以及他们自己已完全具备了自学的实力"。(2)"教学乃是师生的双边活动。在课堂教学的过程中，不是'教师讲，学生听'，而是'学生既要学，又要教'。'既要学'是向课本学习，向教师学习，向同学学习；'又要教'是要把你的自学成果拿来向师生汇报，让老师和同学取你自学成果中之精华，弃你自学成果中之不足。"（3）这里所说的"又要教"，对学生来说是个新观念，要特别加以强调。告诉学生，在教学过程中学生可能有许多思路和见解是有新意的，足资老师和同学借鉴，不要妄自菲薄，要踊跃地参与到课堂教学中来。

（三）正确的学习方法是增强自学能力的关键

因此要指导学生逐步掌握第四章中所介绍的自学方法，特别是：自学时怎样读，为什么这样读；读时怎样想，为什么这样想；读后怎样表达。怎样积累思维组合件并建立合理的知识结构。

实践的经验告诉我们：中学生的听说读写能力低，其主要原因并非由于认字少，识词量不够，就大多数中学生而言，是他们缺乏如何分析语言、如何运用语言的知识，而这些知识在学生学习的教材中是见不到的，学生在教材上能见到的只是作者运用语言表达思想的结果，即文章。至于作者运用语言表达思想的思维过程，他为什么这样写而不那样写，在教材上也见不到，即所谓"鸳鸯绣了从教看，莫把金针度与人"。本书有鉴于此，所以在前面所介绍的第一类、第二类自学方法中和后面即将介绍的"如何汇报自学成果""如何作文"中，都把渗透在教材中作者"未度于人"的那些经验提炼出来，以供学生学习参考。

关于如何对学生进行指导，也因须结合本地本班的实际情况进行，故下面只介绍大致的步骤：

1. 指导学生掌握阅读方法

（1）指导学生逐步学会查《新华字典》和《现代汉语词典》。对《现代汉语词典》中"义界""互训""描绘""注明义场""探源"各释义方法，要让学生结合读课文时所遇到的生词，逐步理解。

（2）指导学生逐步依次掌握鸟瞰式读、理解式读、消化式读的阅读方法和各阅读方法中所提出的要领。对每种读法和要领，教师都要先作示范阅读。示范时，要和同学一起捧读课本并提醒同学："你们看我是怎样按'要领'读的，特别是要注意我是怎样思考，怎样表达思考的结果的；然后你们也要这样读，这样想，这样表达。"当然也会有这样的情况，学生和教师一起读了但提出了与教师不同的思路、见解，这就更好。可借此共同探讨：到底怎样读、怎样思考更好。教师通过示范阅读指导学生了解自学方法，要一步一步地进行，不要贪多图快，要重在落实。教师示范阅读了哪一方法、哪一要领，就放手让学生按照教师示范过的方法或要领去自学；教师未示范过的，不要向学生提出要求。要通过分步示范，日积月累的方法，让学生掌握全部自学方法。

（3）指导学生写自学笔记和积累思维组合件。自学笔记是记录自学课文后所获得的成果，参加智慧交锋用的，占每页的2/3，留1/3作为参加智慧交锋后补充自学成果之不足用。自学笔记上所记录的自学成果，将在"检查自学和精讲"环节中用到。学生学完每一篇课文之后，提倡做积累思维组合件的工作。积累什么，要由教师提示。如学生另有心得，也可自行积累。由于积累思维组合件的工作有一定难度，请教师视每班学生实际情况而定，不宜强求。

（4）指导学生理解阅读的理解率与阅读速度的辩证关系。让学生知道，在阅读中如要求理解率高，阅读速度就要慢一些；要想速度快，理解率就不能要求很高。因此用怎样的速度阅读，要视阅读目的而定。当然经过大量的阅读实践，两者都会得到提高。

2. 指导学生作文

（1）教师在开学之前应根据教材制定全学期的"作文训练计划"（向学生公布与否，由教师定；不过，这计划要符合由低到高的序列化要求）。对每篇基本课文消化式读后，即按已制定的"作文训练计划"宣讲该执行的项目。

（2）安排作文的时间可在课内，亦可在课外。

（3）按规定的时间收回作文，教师批阅。教师的批阅要掌握以下原则：①要批阅一定的量以了解同学达到该次作文要求的情况。②向全班进行讲评。讲评后，学生一律根据讲评中提示的要点自查作文，自改作文。要让学生树立作文不是写出来的而是改出来的意识，要宣传修改过程是最重要的提高过程的思想。③每位学生的作文，一学期之内至少要有被教师批阅两次以上的机会。④教师批阅作文时，要重肯定、重提示，凡学生有能力自己修改的地方，要放手让学生自己修改，也鼓励同学间互相修改。

3. 在学生自学之前，帮助学生做一些不需要他们亲力亲为的事，以便节省他们一些时间

如学生自学一篇课文时，应该先了解这篇课文的写作背景、作者情况以利于他们正确地理解课文。这样，这篇课文的写作背景、作者情况，就需要教师在学生自学之前讲给学生，因为查这些资料虽也是培养自学能力之一项，但对于刚刚起步自学的学生来说，还不是急于要去做的。应该让他们把精力先集中在对课文语言的细心体味、感悟文本的表达意向和情感态度上。不过，有一种教师帮助同学节省时间的方式是非常不可取的，即在许多介绍经验的文章中常常提到的替学生扫除文字障碍后让学生去读课文。扫除文字障碍这不正是学生作为一个阅读者获取知识、培养能力的重要关节吗？为什么要代替学生去做？可见这样做的教师是太重视对课文思想内容的分析而对语言文字的学习弃之不顾了。这是一个误区，亟待走出。

（四）调动起学生的自学积极性是培养自学能力的重要保证

（1）"一个好的教师，开始教学生时要让学生学起来感到容易。"这是许多教育家说过的名言。教师指导学生自学，也要奉行这一名言，不要操之过急。

（2）学生自学既要用思考力又要用记忆力。他们不可能一下子记许多、掌握许多，所以一定要量力而行、循序渐进。

（3）真正的教学改革，应程序简化、手段单纯、风格朴实（特别是不搞形式主义）、讲求实效。这一要求亦应贯彻在指导学中。

（4）在学生学习的过程中，要注重学情的调查与学生学法的研究，做到时时"示人以范，诫人以谬"，少走弯路，不做无用功。

三、检查自学和精讲

这个环节也是伴随自学环节而产生的，因为学生通过自学到底把课文读懂了没有，达到阅读的目的没有？对自学方法是否运用得当？这些都是需要了解的。这样，就决定了必须检查学生自学的成果；检查出了问题或发现了新鲜思路，又必须加以解决或推广，这就又决定了必须精讲。学生进行自学之后，由于他们的意识中完成学习任务的激励情境还没有淡薄，此时如能对他们有所启示，他们必能很快地唤起改进学习的愿望。这又决定了在这时检查他们的自学成果，让他们各显神通，会激发起他们新的学习动力。

检查自学和精讲是在课堂上以同学面向全班汇报自学成果，和全班同学进行智慧交锋，呈现共同研读课文的方式进行。之所以汇报要面向全班，全班进行智慧交锋，乃是为了在汇报和交锋时，如有好的见解，大家都能听到；如有值得注意的问题，也能引起大家注意；而不面向全班，采取分组讨论的方式则没有上述优势。

(一) 如何检查鸟瞰式读

教师提出本节课要检查和共同研读的课文之后, 即进行检查。检查开始, 也即师生共同研读的开始。教师要先叫一位同学, 问他"你鸟瞰式读后得出的中心思想是什么?""你是怎样概括出来的?"

前面已说过, 鸟瞰式读是"初读"又是"速读"与"略读", 要让同学回答上述问题的目的是:(1)问"中心思想是什么", 为的是培养学生能在"速读"和"略读"中整体把握信息的能力; 不论是何种文体都问"中心思想是什么", 也为的是让学生在速读中能辨文体。如检查的是一篇议论文, 学生则应答"中心论点是什么"。(2)问"第二问"是为了培养学生在"速读"与"略读"中能抓住文章重要部位上的关键句, 有根有据地回答问题。

一位同学回答了上述两问之后, 要让有不同意见者立即作出反应。对同一篇文章全班都鸟瞰式读了, 必然有不同的阅读结果。因时间有限, 只需再叫一人说出不同意见, 达到"能存疑", 造成"悬念"的目的即可。接着, 教师要说:"这两位同学的意见和你们还没有机会发表的意见是不是正确? 留待我们检查理解式读之后再定。"这样, 大家都会耐心地参与此后的研读, 以便探究出正确的结论。

检查自学和精讲的环节, 也是综合锻炼、发展学生听、说、读的能力以及智慧交锋的过程。这一过程, 自检查鸟瞰式读起就开始了。在检查每一项时, 学生都要一方面想着自己的意见(允许看着自己的自学笔记答), 一方面要听出人家的意见与自己的意见有何异同。听出不同意见, 还要立即组织语言作出口头反应; 听到人家的反应, 如果不服还要为自己辩护; 如果人家的意见好, 还要说出好在哪里, 表示赞同。因此这时的"听"和"说"都是随机的, 反映出的都是学生的真水平, 锻炼的也是真水平, 具有实战意义, 非常可贵。这种"听"后即"说"的"智慧交锋"，实为"智力杂交"（杂交之后的智力品质会"更优化"）。借此机会同学之间不仅可"互补"智慧，而且还可引出"隐蔽"于同学头脑之中但又值得解决的问题。

（二）检查鸟瞰式读后，紧接着就检查同学理解式读的情况

首先，先检查同学将全文划分成了几个部分，划分部分的根据是什么，也只选两种分法进行板书存疑。哪一种分法更合理或都不合理，也待共同研读完全文之后再定。

其次，接着转入一段一段地检查。检查一个段，要有以下几项：

（1）叫一位同学朗读这个段。朗读之后要停一下，看有人起来"正音"没有。如有人"正音"，说明朗读者自学时没有做到遇不识的字要查字典，应受批评。另外，之所以把要检查的段朗读一遍，也是为了唤起大家的回忆，为共同分析这个段作准备。如果此段中教师认为有需特别加以强调的"正音""正字"问题，亦应借着刚读完的时机加以强调。

（2）叫朗读者本人或其他同学分析这个段。分析一个段要回答五个问题：①这个段的段意是什么；②得出段意的根据是什么；③概括段意用的是哪种方法；④分析这个段时还注视了哪儿；⑤如分析的是第1段，要回答"它与标题有何联系？我在初读此段时，是怎样通过此段预测下文会怎样写的"；如分析的不是首段，则要回答"此段与上一段有何联系"。

上述问题由于在自学方法中均有指导，同学又经过了自学并写在了自学笔记上，故可一次答出。之所以要让同学回答这五个问题，有下列用意：

对答问者来说，看他（她）对"阅读一个段应达到的几项要求达到了没有？"看他（她）把指导给他们的"如何认字、识词、释句、析段的思考方法"运用得如何：

第①问，考查是否准确地获取了意义，达到了读一个段的目的没有。这一问考查的是外部语言，是结论。回答结论一般有三种情况，要视所检查的段的具体情况而定：第一只答"写的是什么"，第二要答"写的是什么，表现了什么思想"，第三是小说和有些散文要答"写的是什么，表现了什么性格、品质、特点"。

第②问，第一是考查获取意义的过程，考查所得出的段意是否有正确的依据。这一问考查的是内部语言，是思维过程。第二，这一问还考查学生是如何分析这个段的，看学生是否抓住了"关键词语"，对段中的生词难句是否正确地理解了。通过对第②问的上述考查，教师即可判定学生是否把这一段读懂了；如存在问题，也能知道问题出自何处，便于"对症下药"。此外问这第②问还有两个目的，一是可培养学生逻辑思维能力和言必有据、言必有依的习惯；二是可促进学生"段中学句，句中学词"。有些教师喜欢把难词、生词脱离开课文，单提出来进行解释。笔者以为，汉语词汇的内涵是十分丰富的。如果只学习某一词语的本义，可单独提出来学习；如分析它在一个段中的意义，还是以"段中学句，句中学词"为好，因为语言在使用中有共同性和个体性。共同性指的是它的词典意义，它是语言交流的基础；个体性指的是它在具体的言语网络中的意义。言语网络中的意义，可能是词典的"义项"中有的，也可能是词典的"义项"中所没有的，因此要知道某一词语在一个段中的确切意义，必须把它的词典意义与它所在的语言环境结合起来进行理解，才是正确的途径。

第③问也是考查获取意义，得出结论的过程。通过学生概括段意时所用的方法（如是明意段还是隐意段），可以帮助师生判断此学生对所分析段的理解程度。如学生深入地、准确地理解了它所分析的段，他概括段意的方法也必定是恰当的。如果不是这样，教师要引导其他学生或自己指出还存在着什么问题。

问第④问的原因，详见书后附文"应注视点"。

问第⑤问是为了促使学生把全文中的各段都联系起来读，不要孤立地分析一个段（理由在前文"析段"中已谈过）。此外，由于分析每个段时都要分析段与段的联系，因此哪些段"向心性"一致，联系最紧密属于同一部分，自可得到统一的认识。如果前面留下有"给全文划分部分"的分歧，这样做即可消除分歧。

检查自学让答问者回答上述五个问题，对听答问的学生来说，有下列意义：要听出人家发言的要点，学习人家是怎样分析这个段并把分析的结果表达出来的；如听出了分歧，要立即作出反应，锻炼随机辩论的能力；锻炼听与及时作出反应的能力。

再次，将全文各段通过检查得出大家认识一致的段意之后，接着检查："学生如何根据段意的'向心性'将全文划分为几个部分？""如何归纳概括'部分大意'得出全文的中心思想或中心论点？"检查过程同上。

最后，得出全文的中心思想后，要回过头去解决检查鸟瞰式读时所留下的问题，即鸟瞰式读（速读与略读）得出的那两个中心思想正确不正确、全面不全面？通过与理解式读（精读）所得出的中心思想进行比较，总结经验教训，以提高鸟瞰式读的准确率（鸟瞰式读有问题多是应该抓住的关键词语没能够抓住）。

对于检查鸟瞰式读、理解式读教学过程的几点说明：

第一，为什么一上课就检查鸟瞰式读的自学成果，而没有设疑，导入新课等环节？

笔者认为：培养语文自学能力的教学过程，应与一个人进行自学时的情境相同。一个人在进行自学时，是没有人给他设疑，没有人给他导入的。他必须有拿过需要阅读的文本来就能进入阅读情境的习惯，因此，在课堂上不设导入环节。此外，一个人进行阅读时的最大的疑是明摆着的，那就是："文本中写的是什么（表达了什么思想）？为什么这样写（创作途径）？是不是写得已然'天衣无缝'了？"笔者以为，"疑"既然已明摆在那里，就让学生通过阅读去释疑就可以了，无需再设。

第二，学生进行鸟瞰式读、理解式读时，次次都是回答那几个问题，是不是太刻板、太八股化了？

笔者以为，读书技巧的精髓在于如何根据阅读目的而选择最优的达到目的的步骤。学生要回答的那几个问题都是为最优地达到阅读目的而服务的，因此要讲求实效，不能因追求花样而改变它。另外，人的任何一个思维活动都应遵循一定的规律，否则就会变成盲动，因此问题的实质是所问的那几个问题是不是符合最优的要求，而不是次次相同。

第三，理解式读为什么不分文体，全是一段一段地读，一段一段地检查？这有什么理论依据？

这样做，也是文章本身的特点和阅读的规律决定的。拿课文来说，课文乃是作者的认识成果，它的组织结构体现了作者认识的展开和运动的过程，是作者思路的外化。此外，文本在记录方式上有一个共同点，就是信息都是按照单线的顺序记录下来的，通过单线的逻辑顺序展开情节、推出论点。由最先一段开始按照先后顺序一段一段地读，这样才符合作者单线顺序展开的特点，才能沿着作者的思路去一步一步地认识和理解段与段之间存在着的逻辑层次和有机联系，才能理清记叙、议论、说明，一事、一理、一物的先后、因果、始末的关系，从而把握中心思想或中心论点。当然读书也有倒着读的、跳着读的，那不是一般人的阅读，那是阅读水平高的人为发现问题或寻找某一问题所进行的阅读。这不在我们讲一般人之阅读的范围之内。我们指导给学生的是一般的阅读，当然要按照一般阅读的规律进行指导。检查他们的阅读成果，自然也要与他们的阅读过程一致。古人云："披文入情，沿波讨源，钻貌求神，由象入旨。"这四句话强调的也是阅读要从语言入手，一段一段地读，根据语言去分析获得文本的思想意义，其他读法都不能算是"沿波讨源"。

学生自己阅读时要一段一段地读，这是没有问题的，但是在课堂上检查学生自读的成果时会遇到这样一种情况，即有的课文特别是散文和小说，其中一两句话就成一段，小段很多。如也一段一段地检查，会显得很乱。遇到这种情况就要变通一下：教师可酌情规定一次检查三段或五段，并告诉学生这三段或五段是随意确定的，并不意味着这三段或五段就同属一个部分。比如检查的是小说，那么到底哪一段至哪一段写的是"情节的开端"，哪一段至哪一段写的是"情节的发展、高潮、结局"，还是要让学生根据内容去划分，不要由教师先划分好。此外学生在分析这规定的三至五段时，由问写的是什么之外，有的要加上表现了人物的什么性格。

(三) 检查消化式读

检查理解式读后师生已总结出了全文的中心思想，接着要检查学生自己消化式读的情况。

第一，首先让学生汇报你认为作者为了表达中心思想都采取了哪些表现手段？这样检查，一是为共同地把文章的写作特点总结出来，完成对一篇文章进行消化式读的任务。二是引导学生揣摩作者的创作过程，研究作者在本文的创作中都使用了哪些表现方法，有什么独特之处，从而为从读学写作准备。三是促进学生去总结那些在文中所运用的堪称是规律性的知识，以便把它纳入作文的思维组合件中。四是督促学生运用已学过的表现方法去分析新学的这篇文章。最后的三、四两条也可以用一句话去概括，即让学生"从大量的语言现象中用归纳的方法去取得'一'，然后再在运用语言的实践中，用演绎的方法去'举一反三'"。

第二，让学生和作者讨论以发展学生的思维独立性。和作者讨论时，同学之间可各抒己见，展开辩论。一般地说，和作者讨论这一环，不是教学重点，不宜过多地使用课内时间，教师要适时控制。有讨论不完的问题可作为一次两次作文继续讨论，也可写文章发表在壁报上（在壁报上展开争论，非常有利于烘托学术气氛）。

第三，和作者讨论后，教师要宣布作文从读学写的要点。宣布后，（1）可要求立即构思全文的写作提纲，给一定的时间构思后，即要求几位同学宣读他们的写作提纲，然后大家评论，这是一种训练方式。（2）给予充足的时间写出作文，这又是另一种训练方式。不论哪种方式，完成后都要讨论是否符合从读学写的要求。不合要求者，如反映出讲课中存在的问题，要及时弥补。

（四）在检查自学与精讲环节中教师要当好"三种人"

1. 当好参与者

所谓参与，就是教师要和同学一样进行自学，一样地参加智慧交锋。教师这样做有两方面的意义：第一，检查自学和精讲这样的课型，与"老师讲、学生听"这样的课型不同。检查自学和精讲这样的课，由于是全班同学都带着自己的自学成果进行交流，因此在交流过程中会异彩纷呈，出现许多难以预料的思路和看法，而且这些思路和看法又都需要得到评定与指导。如果教师自己自学不深入，对自学过程没有深切的体会，那么在需要自己出面掌舵时，就会期期艾艾甚至茫然无措。这无疑是应该避免的。第二，教学是富有情感性的。这情感性不仅表现在教师要向学生讲解知识、传授技能上，而且还表现在师生的相互交流上。如果教师不以参与者的身份出现，就会影响教学相长。

2. 当好矛盾论点的发现者

这主要是指在学生进行汇报和智慧交锋时，教师要能及时发现值得讨论的问题引起讨论，使学生的争疑辩难向纵深发展；教师要能捕捉住智慧火花的爆发点激起"撞击"，使众多的思路互相开拓，使新颖的思路成为大家的思路；在智慧交锋过程中，每一个学生都有其特殊性而又与其他同学互相关联着、影响着。这个学生明白了的问题，那个学生可能还不清楚。这就要求教师要随时全面地注意学生的反映，从学生的活动与表情中发现那些隐蔽着的疑点并及时加以解决，务必使每个学生都能获得丰收。

3. 当好顾问

首先要说明的是，让教师当顾问和让学生要自学一样，都不是为了削弱教师的主导作用。在检查自学过程中提倡智慧交锋，只是为了使每个学生都处于积极主动的学习之中。让他们都思考，都有表现的机会，都力求能自己解决自己的问题，而不把主要精力放在对教师的依赖上。说得再具体一些，就是不要把一切问题的解决都寄托在教师的"一锤定音"上。那么，让教师当顾问的主要意思指的是什么呢？主要指的是在学生汇报与智慧交锋之后教师要做到精讲：

（1）讲疑难，对全体学生都解决不了的问题教师要讲。

（2）讲精妙，对学生都没发现的问题，特别是文章中的精妙之处，教师要讲。

（3）讲思路，文章全文的思路有时学生统摄不起来，教师要讲。

（4）讲总结，师生共同研读之后，头绪纷繁，结论性的意见教师要讲。

总之，精讲贵"精"，贵"雪中送炭"。教师必须讲的，教师要"口若悬河"；无须教师讲、学生自己能读懂的，要"惜字如金"，重在肯定。

阅读的最根本任务，是获取意义和发现作者的思路及创造途径。指导学生阅读所要获得的，不仅是作者在文章中所表现出的"静"的结论（中心思想），而且还有体现在遣词造句、布局谋篇中的"动"的思想过程（创作途径）。要完成这一艰巨任务，必须把"指导自学""自学""检查自学和精讲"紧密地结合起来才能完成。

（五）检查自学与精讲环节中的板书要突出重点、提纲挈领，便于总结全文

1. 在这个环节中，板书要分"主体板书"与"辅助板书"

"主体板书"依次包括：（1）课文题目、作者；（2）检查鸟瞰式读时学生回答的两种答案；（3）检查理解式读时学生给全文划分部分的两种或三种答案；（4）依次检查各自然段后所得出的正确的段意（写的是什么内容，表现了什么思想或性格）；（5）根据各段段意的"向心性"划分出的全文各部分；（6）根据各部分大意归纳概括出的中心思想；（7）检查消化式读根据中心思想所分析出的表现方法。

"辅助板书"包括：（1）要正的音，要正的字；（2）要帮助学生加深印象的重点词语；（3）其他。

2. 上述各板书要达到的目的

"主体板书"中（2）（3）是为了设置悬念并准备着与（5）（6）进行对比；（4）是为给全文划分部分，为归纳概括部分大意与中心思想作凭借。

"辅助板书"是为了突出重点，加深印象。

从上述各点可以看出，这两种板书的内容比较长，是在讲完一篇文章的四至五个课时中逐步写出的。由于在检查理解式读后总结中心思想时，在检查消化式读后总结写作特点时，都要用到部分板书或全部板书，所以前几个课时的板书要分别写在小黑板上进行保留，以备进行总结需要全部板书时可一并摆出。一般地说,每个课时所写的板书只是留着作总结用的。它不是应记忆的知识,没有让学生抄写的价值。即使学生所写的自学笔记与板书所写的内容有所不同时,也不要让学生在教师进行板书时同时修改自己的笔记,要让学生把注意力集中在听讲和研读上。

另外,教师进行板书时要做到目的明确,提纲挈领,条理清晰,文句简洁(不用写完整的句子,只写重点词语,能引起对全部内容的回忆即可),书写端正。

四、练 习

练习是强化记忆、运用知识、培养语文技能的重要手段。学生每学习一篇新课文都要进行必要的练习。必要练习的内容由三方面的情况来定:一是完成课程标准规定的任务;二是根据教学过程中学生反映出的情况,需要加强练习的内容;三是贯彻"分步训练,适当反复,讲求关联,突破难点"的原则。必要练习的内容很广,小者可以是一字一音的复习,大者可以是立意选材、布局谋篇的运用。为了提高练习的质量,出练习题应尽量体现对练习答案本身的思考和认识,减少或避免重复课本上现成的知识和结论;同时要使题目富有桥梁性、典范性、全面性、综合性。总之,通过练习要充分发掘教材的智力价值,充分发挥教材的范型作用,使学生获取知识的能力、运用知识的能力、整理知识的能力在练习中不断得到提高。

第二节 运用"四环节"培养语文自学能力的意义

一、在培养语文自学能力的教学过程中，安排"四环节"符合教学过程的基本规律

教学是教师与学生的双边活动。在教学过程中，学生的主观能动性要能被引导到正确的方向上去，使他们在原有基础上获得提高，取得最好的学习效果；教师要能遵循学生的认识规律进行教学，使教与学两方面的主观能动性互相促进，实现统一。"四环节"的教学过程完全符合上述要求：

第一，"自学"环节就是把学生的主观能动性引导到正确方向上去的体现，"指导自学""检查自学和精讲"以及"练习"，则可使他们在原有基础上获得全面的提高，取得最好的效果。

第二，安排"四环节"，这又是教师遵循学生的认识规律进行教学的表现："指导自学"发挥了教师的引导起步作用，使学生把自学的要求有可能变为规范的行动；"检查自学和精讲"，促进了师与生、生与生之间的智慧交锋，不仅使学生获得了科学知识，而且培养了听说读写能力、辩论能力；"练习"又使学生把已获得的规律性知识迁移到具体的、类似的学习中去，增长了分析问题、解决问题的本领。

第三，按"四环节"进行教学，教与学两方面的主观能动性是互相促进，能实现统一的。"指导自学"促进了"自学"，"自学"又促进了教师有的放矢地精讲和布置练习；"自学"为智慧交锋奠定了基础，智慧交锋又反过来启发了教师切实地指导自学。

二、符合施教之功，贵在引导，重在转化，妙在开窍的要求

"施教之功，贵在引导，重在转化，妙在开窍。"按"四环节"进行教学，也是符合这一要求的。"贵在引导"，无疑体现在"指导自学"与"检查自学和精讲"之中。这两个环节不仅可引导学生科学地进行"自学"，而且可引导学生肯定自己读对、想对、表达对了的地方，改正读错、想错、表达错了的地方，从而积累经验，增强辨别学习的能力。辨别学习的能力对学生来说十分重要。它可使学生在学习中辨别正误，提高学习效率；但它又只有在"检查自学"这样的互相问难、切磋琢磨中才易提高。施教之功，重在转化体现在"自学"和"练习"上，这两者都是促使学生将知识转化为能力的桥梁。学生在通过这座桥梁时，一方面要将所学来的知识与方法付诸实践；另一方面又要经受转化为能力过程中必然面临的探索、适应、领悟等磨炼。通过磨炼就会进入"妙在开窍"的境界，即培养了举一反三、闻一知十的获取知识、运用知识的能力。叶圣陶先生说："教是为了达到不需要教。"吕叔湘先生说："教学，教学，就是教给学生学。"这都是希望我们的教学能进入"妙在开窍"的境界。

三、能正确处理教法与学法的关系

按"四环节"进行教学，是以学生不仅"学会"而且"会学"为目的的。这一目的就决定了：学生的"学法"决定"教法"，"教法"要引导"学法"并渗透"学法"。这是因为：（1）要让学生不仅学会而且会学，教师就得使用促使学生不仅学会而且会学的教法。这教法要受促使学生不仅学会而且会学的制约，这就是学法决定教法。（2）要让学生不仅学会而且会学，教师就要研究学生应怎样学才能不仅学会而且会学；研究出应怎样学后，就要把应怎样学教给学生，这就是教法要引导学法。（3）把应怎样学教给学生之后，学生只是知道应怎样学了，但这并不

等于真正会学了,因此教师还要在教学过程中做好三项工作:第一,要让学生按照应怎样学亲自去学;第二,在学生亲自学的过程中要不断地得到教师的指正;第三,让学生把学到的规律性知识真正运用于分析问题、解决问题,使应怎样学逐渐合乎要求。教师在教学过程中做好这三项工作就是教法渗透学法,也是促使学生向会学转化的保证。我们回顾一下"四环节"的教学过程是完全符合学法决定教法,教法引导学法并渗透学法这一要求的。由于十分易于理解,故不再举例赘述。

四、能引导学生在不断地观察问题、分析问题、解决问题的过程中学习

恩格斯说:"物体和运动是分不开的。各种物体的形式和种类只有在运动中才能认识。离开运动、离开同其他物体的一切关系,就谈不到物体。物体只有在运动中才显示出它是什么。"恩格斯的这番话告诫我们:只有从事物运动中和运动相互关系中去考察,才能认识事物的特点和本质。比如自行车在静止时会倒,所以人们当初设计它时是在后轮旁加两个小轮子把它撑住,但在运动中,由于转动产生了转动惯性,类似于陀螺运动中产生的轴向均衡力,自行车就不倒了。这样两旁的小轮子不但没有用,反而使车转弯时不灵巧了,因此后面的两个小轮子被取消,自行车才变成了今天的这个样子。再如飞机的质量必须在飞行中才能考察出来。我们中国考察一个人也讲求"疾风知劲草""患难见知交"。这些都说明了要在运动中认识事物的道理。笔者体会,按"四环节"进行教学,是符合这一道理的。它具体的体现,就是使学生的学习一直处在不断地观察问题、分析问题和解决问题的动态之中,从而使学生的学习十分扎实。

（一）"自学"就是学生独立地进行观察问题、分析问题、解决问题的动态学习

这种学习要学生独自去经历观察问题、分析问题、解决问题的全过程，要使出浑身解数去拿出自认为经得住推敲的自学成果来，因此这种学习不仅全面地磨炼了他们的意志，锻炼了他们的思维，更重要的是让他们显示出了自己的真正水平，即恩格斯所说的"显示出它是什么"。这样就不会隐藏他们学习中存在的问题，同时使教师的指导具有了针对性和准确性。经教师的指导之后，他们的学习会更深入、更扎实。

（二）"自学"之后的"检查自学和精讲"也是一种动态学习

它的集中表现是通过激烈的智慧交锋而追究出一个孰是孰非。在这场交锋中，不仅非科学性的知识问题要暴露出来得到纠正，就是思维过程中存在着的其他问题也会显示出来并得到解决。此外，在这种动态学习中，师生还能得到其他许多在"老师讲、学生听"的静态学习中难以得到的收获，如"智力杂交""教学相长""发展听说"等。

（三）"练习"更是一种动态学习

在这个学习环节中，学生既要把师生共同确定下来的认识成果，运用于进一步的观察问题、分析问题、解决问题，使其得到转化，又要将这些认识成果分门别类地纳入自己的思维组合件，完善自己的知识结构，以备不时之需。之所以称"练习"，更是因为它是一种动态学习。在这"练习"中，学生所进行的是将规律性的知识运用于新的语言实践的学习活动。此种活动还具有一定的创新性质，需要学生发挥出更高的观察问题、分析问题、解决问题的水平才能完成。如果学生在"自学""检查自学和精讲"环节中留有"夹生饭"，那么在"练习"这个环节中就会被考验出来，之后要进行补正。

"自学""检查自学和精讲""练习"这三个环节，是在一个阶段内

连续进行的,因此这也构成了学生不断地观察问题、分析问题、解决问题的学习过程。人贵在创造。渴望自己有所创造的人数以万计,然而真正有所创造的人却不多,原因就在于他们缺乏观察问题、分析问题、解决问题的能力。这种能力是一种进攻力,是一个人成就任何事业都必须具有的能力。语文作为一个基础学科,当仁不让地要培养这种能力。

附录一　作文思维组合件

　　作文这一行为过程有一个重要特性，就是双重转化。任何一篇文章的诞生，都要完成一个双重转化的过程。首先是现实生活、客观事物向认识主体，即作者头脑的转化。它依据反映论的精神，能动地、本质地、真实地将现实生活、客观事物转化为作者的认识（观念和感情）。这是由事物到认识的第一重转化。其次是作者的观念、感情向文字表现的转化。它遵循表现论的精神，有理、有物、有序、有文地将头脑所获得的观念、感情转化为书面的语言（思想的外衣）。这是由认识到表现的第二重转化。由"物"到"意"的第一重转化中，离不开作者的认识和加工生活的摄制力；而由"意"到"文"的第二重转化中，表现力又成了这一阶段的关键，因此作文训练必须承担起培养认识能力与表达能力这两重任务，既要指导学生如何从生活中发现问题、分析问题从而获得正确的认识，又要指导学生掌握文体要求与写作方法。下面所列的思维组合件，即是为完成上述两项教学任务而让学生积累的规律性知识。教师指导学生积累这些知识的根据，是语文课程标准；途径是通过初中全学段的课文教学与作文教学。由于这些知识都是从学生所学习的课文中体会出、抽取出的写作原则与经验，只要学生认真学习，他们不会因抽取这些知识感到困难，也不会因积累这些知识感到有负担。学生作文时要思考，而思考就是运用从前的经验，帮助现在的生活，更预备将来的生活。下面所列的思维组合件即是他们作文构思时要运用的"从前的经验"。由于每个人的水平不同，阅读的深广度不同，勤奋的程度不同，因此同一个班的同学所积累的思维组合件，都是"各如其面""件件不同"。下面提供的思维组合件不是样板，只是"件件不同"中的"一件"。列出这"一件"的目的，只是提供一个参照物。教师可以参照它指导学生进行积累；学生也可以参照它决定自己如何积累。内容、结构、篇幅、详略均可与它不同。这里要强调一点，如果学生有了这个材料，千万不能图省事，自己就不进行积累了，因为人记忆知识的最好方法，是外储与内储相结合。自己动手去积累，写一写，归纳概括一下，是最好的思维与记忆过程。自己积累之后，同学之间可以探讨所积累的知识是否属于规律性的知识，以人之长，补己之短。

一个人写作能力的构成因素包括：

第一，修养水平、知识基础：

世界观——社会政治观点，伦理道德观念，情感倾向，志趣爱好。

智能水平——气质，智力。

写作知识——语文知识，社会自然知识，生活经验，写作经验。

第二，感受能力：观察、感受、理解认识事物的能力。

第三，思维能力：提炼加工素材，分析综合选材，联想、推理、判断，再提炼升华主题等能力。

第四，表达能力：分析、综合、组织、布局谋篇；记忆、联想、想象，选择表达方式方法，选择使用语言。

第五，修改能力，贯穿始终。

学生积累思维组合件的过程，实际上是对他们个人写作能力的构成有积极助力的过程。此外还要注意：在阅读教学中，教师是引导学生于"无法"（即教材中没有明示写作方法）中求"得法"；在作文教学中，教师则是引导学生"于运用'所得之法'中求'超脱其法'"。思维组合件是经验概括的法式。给法式不是要求学生死守住它，而是让他们把这些法式作为使知识技能转化为能力的拐棍。它对于阅读也有重要的指导意义。

一、观察力的培养与发展

具有较强的观察力是作好文的前提之一。

能提供范例的篇目举例	怎样将受到的启发运用于写作实践	学生谈运用的体会
《北京立交桥》 《小橘灯》 《背影》 《一盆万年青》 《故乡》 《听潮》 《第二次考试》 《夜走灵官峡》 《一件小事》 《荔枝蜜》 《白杨礼赞》 《春》 《中国石拱桥》 《死海不死》 《海滨仲夏夜》 《一件珍贵的衬衫》	（一）一般地说，文本的中心思想和议论文的中心论点都是生活暗示给的，因此观察生活，一要特别精细，二要伴之以思考。不精细、不思考，不能把暗示的东西捕捉住。 1. 生活中的一句话，一个行动，一个形象，一种现象，一件事，一个细节都可能反映一个大问题。如果是人的言语、行动、细节，则可能与人的性格有关。观察时，不可因为它们"小"而有所忽略。 2. 阅读作品要尽可能地了解作者是怎样认识和观察生活的。要透过各文找出该文独出心裁的地方，也要找出各文的异中之同。要看到事物的共同点，又要看到事物的不同点。这样才能把握事物的特点。 3. 观察要从事物的形、色、声、态几方面入手。 4. 观察并非狭义地限于肉眼，在观察的同时要加上用身心去体验。 5. 并非每天都有爆炸性事件供自己去写，要善于从一般中去发现不一般。正如歌德所说："不要说现实生活没有诗意，诗人的本领正在于有足够的智慧，能从惯见的平凡事物中见出引人入胜的一个侧面。" 6. 对观察到的现象，需要进行联想，进行联想会有所发现，甚至能有所发明，否则就会见"怪"不怪。 （二）观察要抓特征。抓住了特征，观察才具有意义，也才可能有清晰而有条理地表达。 1. 对人来说，抓特征表现在：抓思想，抓个性，抓形象，抓在特定环境中的表现，抓在特定时代的表现。	1. 思考时可以与过去对比，与世俗对比。要思考"本质是什么，要害是什么，事物之间的联系是什么，原因是什么"。 2. 从具体事物中要思考"它能概括出的普遍性结论是什么，社会意义是什么"。 3. 观察细致，体现在语言运用上，是形容词、动词用得准确。 4. 观察事物后，要进行记叙、说明、议论、描写，要用联想、想象来抒发自己的感情。 5. 观察要详细了解细节，要观察到隐蔽的细节，捕捉富有个性的细节。细节越有个性就越新，这样立意才能"以小见大"。当然，细节多了，还要注意筛选和提炼。 6. 自己对生活已有看法，就是不善于发现，要学习发现，学会发现。

《驿路梨花》
《生命的支柱》
《一面》
《谁是最可爱的人》
《回忆我的母亲》
《皇帝的新装》
《我的叔叔于勒》
《我的老师》
《藤野先生》
《同志的信任》
《梁生宝买稻种》
《七根火柴》
《老山界》

2. 抓特征不仅要抓到别人尚未发现的东西，还要发现同一观察对象在不同时间、不同阶段的不同特点。

（三）观察要抓矛盾。写一个事件的发展过程，要写出各种矛盾和矛盾的发展。

1. 要注意新近发生的事，注意党和政府的新方针、新政策、新措施，注意社会上出现的教育、鼓舞、激励人同心同德进行社会主义现代化建设的典型，注意人们普遍关心、最感兴趣、有利于人民身心健康的新鲜事。

2. 注意时弊。

3. 要抓住能唤起人的崇高情感和自豪感的人和事。

4. 观察后要试着说出自己的结论，力求说出结论可促进观察。

5. 观察所面对的是社会生活，注意的中心应是现实生活中的人。要注意那些有个性、有情感、有血有肉的活生生的人，写的也应该是这样的活人，因而要观察研究这活生生的人的外貌和心灵。写人的重点是人的灵魂，这摸不着的灵魂就是通过人的细微的外部形象、外部动作来显现的，所以观察要注意外部形象、外部动作。

6. 观察人，注意他在身处困境，特别是在矛盾中显示出的精神境界，着眼于他和党与群众的关系，抓住他特征性的行动。

7. 观察不只限于用眼看，还可口尝、耳听、身感、心想。观察点可固定，亦可不固定，随时随地观察，伸手不见五指的黑夜也可以观察。

8. 观察的七字诀是：看、听、感、想、做、尝、闻。

（四）观察要注意全面性。

1. 不能只看一点，不及其余。

7. 要认识自己的生活是很有趣味的。要把自己的生活，自己的"小事情"写好。写好的关键是理解自己的生活，有感受。

8. 特征是事物特点的标志，抓住了特征，才算是抓住了事物。

9. 不满足于看到了人尽皆知的东西；要去发掘藏在乱石中的宝石。

10. 认识生活是复杂的，是充满矛盾的，不把生活简单化。

11. 要分析问题的关键。

12. 观察不是为了揭露，而是要引导矛盾向好的方面转化。

13. 有了熟悉的生活，而没能写出好的作文，这是因为对社会生活还没有深切的感受和理解。感受是指在社会生活中由各种事所激起的感情活动；理解是指对社会现实有正确深刻的认识。

《从百草园到三味书屋》 《社戏》 《石湖》 《人民英雄永垂不朽》	2．要分辨主次，一一观察清楚。 3．观察的对象可以是固定的事物，但观察点要不断变化。这样从不同的侧面来认识事物，可以更全面地了解事物的真面目。 4．观察点如是固定的，要观察出随着时间的变化而发生的变化。 5．观察时在普遍现象之外，还要想到有没有特殊现象。看到了事物这一面，还要想想它还有没有另外一面。 （五）观察要讲求顺序，要按一定顺序观察。 （六）观察要注意同一事物在不同条件下的变化。观察人要直接接触，间接打听，看外部形象，分析他（她）的内心世界，与其他人作比较，进行联想。 （七）观察要深刻，要透过现象看本质。 （八）在观察的同时炼字达意，力求准确地表达出观察到的现象。	14．一个人的观察力与他的知识水平有关，受知识水平的制约，因此提高知识水平有利于提高观察力。 15．所谓大师就是这样的人，他们用自己的眼睛去看别人，能在别人司空见惯的东西中发现出美来。 16．这种观察仍可用七字诀，在生活中很实用。 17．认识事物是复杂的，不以偏概全。观察时不能带成见，这样不易有遗漏。 18．认识一切事、物都以时间、地点、条件的变化为转移。 19．要能透过世俗偏见的迷雾，看到人身上放射出的奇光异彩。

二、构思表达力的培养

构思表达力是作文能力的重要组成部分。学习初中语文教材之后，能从"立意要高远""思路要开阔""中心要明确""内容要具体""条理要清楚""语言要通顺"几方面吸取写作营养，提高构思能力。

（一）立意要高远

读课文，一般不能直接读到作者写这篇课文时的构想，因此对各篇课文的作者是如何立意的，不易有直接了解，只能从对课文的分析中受到启发。

能提供范例的 篇目举例	将受到的启发转化为能力	学生谈运用的体会
《枣核》 《驿路梨花》 《夜走灵官峡》 《皇帝的新装》 《变色龙》 《挖荠菜》 《温馨的风》 《谈骨气》 《俭以养德》 《记一辆纺车》 《小橘灯》 《生命的支柱》 《第二次考试》	1. 立意是确立文章的中心思想，与写好文章关系极大，因为这不仅直接决定文章的思想性，而且写文章时材料的取舍、结构的安排以及语言的运用，都受它的制约，因此立意是决定文章优劣的一个关键问题。 2. 文以"意"为帅。这"意"不仅是作品的灵魂和主脑，也有统率素材的意思。从某种意义上说，立意也就是确定从某个特定的生活角度去选择题材，组织生活事件。角度选择得好，就可能自成高格；不善于选择角度的，往往流入下品。如《背影》，选"背影"这特殊的一点，就把儿子对父亲一生的零星印象以及百感交集的思绪都引向了一个中心，写得隐而不露，约而不繁，含不尽之意于背影之外，发人深思，催人联想，使文章十分感人。为了选择好角度，对生活中那些最能打动自己的一瞬不能放过。选具有凝聚性的事物和形象，选具有普遍意义的事物和形象，能调动读者的生活体验和思想感情，让读者感到"他的这些想法，不是我也有过吗？我只不过一闪而逝，他却紧紧抓住了"。 3. 从多种角度立意是突破雷同化的首要环节。(1) 对"文章写什么"要确定好。一是不要急于动笔，要先深入地理解自己要表达的中心思想或中心论点；二是要精选材料，选材料时要想"用这个材料要表现或论证什么问题，这个材料能否堪当其任"；三是对所选的材料要全面考察，看看它们之间是否有内在联系，它们之间有没有断裂甚至抵触。(2) 如果是命题作文，要认真审题。一要审题目所包含的思想内容，特别是思想重点。二要辨文体要求。	1. 要知道选材与立意有紧密的联系，不能随便捡起一个材料来写。标题与立意有一定联系，但又有明显的区别。标题是文章的名字，是文章思想内容的橱窗，通过它可以寻出文章的精华，找到把握内容的向导。 2. 作者对生活现象的判断能力，决定着他对题材的取舍和能否多角度立意。选择角度，除了要便于把分散的、孤立的东西凝聚起来之外，还要注意能表现事物的本质方面。艺术家的全部技巧，就是创造"引起读者审美再创造的刺激物或创造引起读者艺术想象的诱发物"(德——克罗奇)。 3. 要"意"新，才能突破雷同化。果戈里说："我越是把事物深思熟虑，我的作品就越是写得逼真。"充沛的感情能诱发新鲜的思想、活泼的语言和新奇的构思。文题表示思想重点，有的是直接表示，如"要珍惜时间"；有的是间接表示，如"拆墙"。后者可以从多侧面去写。

	4. 立意要"高"，思想要"新"。立意"高"指的是它能揭示一个普遍重视的问题；思想"新"指它能反映时代精神。 5. "以小见大"是立意的原则，即不要局限于自己所写的这个人、这件事，而要深入地去挖掘这个人身上、这个事件中所蕴含的深刻意义。要能从平淡无奇中写出时代的精神，表现出千百万人的精神面貌。 6. "回答时代提出的问题"，这是"立意"时一条好的思路。在回答时代提出的问题时，不能对社会生活作客观的叙述，缺乏思想的闪光，要为建设社会主义精神文明作出新的贡献。哲理性(即讲一些道理，提出一些观点)是不可忽视的特点。 7. 不重复别人表现过的主题，要从历史的高度(建设有中国特色的社会主义)，写符合时代要求的事物(包含帮助人们正确地认识自己、认识他人)，写出历史的进程，从新的角度反映变革。 8. 要说真话，说想要说的话，说自己的确懂的话，要解放思想。幻想本是人的天性，要自由自在地思索，自由自在地说。 9. 作文要有个性。形成个性的关键是用自己的观点认识分析周围的世界。 10. 生活有如平坦的沙地，好像很平淡，但沙中有黄金，一定要辛勤地去"淘"。自己接触的是平凡人、普通人，这些平凡人、普通人的心灵美，就是要着力淘洗的黄金。	4. 要高瞻远瞩，要看到本地的情况，还要关心全国的情况。 5. 有时一个小镜头，一件小事中确实能反映出一种变化。 6. 反映当前全国各族人民如何同心同德搞社会主义现代化，这是最值得写的题材，同时也要狠狠揭露那些阻碍向社会主义现代化进军的现象。 7. 要关心国家大事，关心生活，关心他人，这极为重要! 8. 人类在发展，社会在进步，在社会主义制度下人与人之间的关系也具有了新的社会内容。

(二) 思路要开阔

作文的思路狭窄，主要是不知如何展开思路。"从读学写"时要从下列几方面受到启发。

能提供范例的篇目举例	将受到的启发转化为能力	学生谈运用的体会
《回忆我的母亲》 《老山界》 《同志的信任》 《夜走灵官峡》 《故乡》 《春》 《听潮》 《白杨礼赞》 《小橘灯》 《记一辆纺车》 《枣核》 《菜园小记》 《挥手之间》 《驿路梨花》	1. 会想才能会写，这是表达的基本规律。思路是个比喻的说法。把一番话、一篇文章比作思想走的一条路，思想从什么地方出发，怎样一步一步往前走，怎样达到这条路的终点，全要想好。语言是思维的直接现实，也是思维的内核。只有想得准确清楚，才能表达得准确清楚。思维和语言是对应的关系。概念是通过词、短语表现出来的，判断是用句子表现出来，推理是通过复句和句群表现出来。准确性属于概念、判断、推理的问题。思想不清导致的表述紊乱，一般不属于语言运用问题，需要从梳理思路入手，其中大量的是属于认识问题。不要仅仅注意如何用作文表述生活，而对提炼生活和构思有所忽略。要根据中心，剪裁材料，决定孰详孰略，安排布局，推敲字句。 2. 写人时，不要被人的表面责任所局限，要着眼于他同全部生活的关系。这样就可以更高、更强烈、更集中、更典型而又更加个性化地表现人物的品质。 3. 成千上万的动人事件，从哪儿写起，写哪一件事，怎样让读者有新收获，这是首先要考虑的。构思时不要让原始过程支配，对所写的材料要具有主动性和创造性，把要表达的中心思想更好地表达出来。 4. 构思时，"当然的生活主人的位置"与"不当然的生活主人的位置"并不是固定的，要选好"切入口"；怎样切入表现力最强，即怎样切入。文章都是按单线的顺序写的，要想办法使读者最迅速地领会自己的意图。	1. 社会生活的内容是极其丰富的。它的千万个侧面都可能反映社会的本质。只要从一个侧面写出了当时具有典型意义的思想感情就行。从一滴水反映出大千世界，这正是作文的社会意义之所在。 2. 如《回忆我的母亲》就没有局限于抒发母子之情，而是把母亲作为"创造了和创作着中国的历史"的"劳动人民中的一员"来写。 3. 如《回忆我的母亲》就选择了"特别是她勤劳的一生"。 4. 如《夜走灵官峡》要表现的是成渝的长辈以及工地上热火朝天的生活，而作者直接表现的却是成渝，收到了一举多得、增加作品容量的效果。

《七根火柴》 《孔乙己》 《鲁提辖拳打镇关西》 《皇帝的新装》 《我的叔叔于勒》 《谈骨气》 《俭以养德》	5. 要采用扩展式思维，从多角度去展开思路。如以《路》为题，(1)可纵向思考，写"路是从无到有的"，由此联想出"路是人走出来的"；(2)可横向思考，写"路有曲有折"，由此联想出"人生之路无坦途"；(3)可反角度去思考，"在通往真理的路上，盲目寻找并不存在的'新路'就会偏离正确的方向"。此外还可抓"相似""因果""异同""总分""情理"诸联想。 6. 写议论文：(1)要学习正面说，反面议(或对比议)、追究为什么，指出怎样做，找证明，驳异议。(2)要透视思考，即针对某一现象或问题，分析产生原因，列其危害，抓其本质。(3)要不同寻常思考，即对常见的提法提出不同的看法或相反的看法。 7. 通过人和事反映生活是记叙文的特点。作者之所以要把某人某事写成文，不仅是这人和事有一定的意义，还在于作者要借助他(它)反映自己的感受。有的时候记叙这些人和事不是写作的终极目的，它只是一种媒介物，是作者思想感情的一种寄托。 8. 在表现人物精神品质时，不要只注重广度的扩展，而要着力于深度的开拓和刻画，要追求集中、凝练、精粹、感人。要将丰富的生活内容高度地集中起来，使所写的人和事极富含蕴。要全力去捕捉或构想人物生活中最闪光的部分，哪怕是瞬间情景，让选择的生活片断或场面凝聚着浓重的时代风云和深刻的社会矛盾，成为透视一定历史时期社会面貌和时代精神的窗口。	5. 要展开思路。一碗米在一个厨师的眼中不过是一碗饭，而在一个酿造师眼中却是一碗酒。 6. 日常生活不等于自己要写的内容。不能只写日常生活的几个切片，而是要写经过认识和评价，按照自己的艺术理想进行了加工的生活(含提炼、概括等改造制作功夫的材料)。 7. 《七根火柴》仅勾勒长征途中一个令人难忘的瞬间情景，既展示了无名战士那令人心惊目眩的内心世界，又写出了一定历史时期的生活场景。生活过程虽短暂而思想含义却深邃，做到了给读者以思想上的启迪、道德的教化和审美的满足。 8. 构思的重要原则之一是把材料使用得最恰当、最有效，并放在最好的位置上。"不着一字，尽得风流"指的是：(1)要说的那个意思并未直接说出，但已经提出了推断的必要条件，有了要抒发的那种感情。(2)含而不露，但激动人心的条件已经形成。读者根据这两条即能自己领会。

《从百草园到三味书屋》 《荔枝蜜》 《人类的语言》 《第二次考试》 《万年青》 《藤野先生》 《温馨的风》	9. 构思的二十一"要"： （1）要有吸引人的开头和结尾。 （2）要多展示、少陈述。 （3）说理要画龙点睛。 （4）一篇作文的全部思想情感和内容，要以"显露"为其主要特色。这样才便于读者明确地认识，不要都是含蓄的。 （5）为了能发人深思，增强感染力，要在文中能造成意在言外或言尽而意不尽的妙想最好。 （6）构思要开掘生活。所谓开掘生活，就是要从生活现象的具体感性形象中开掘并发现它所蕴含的内在的本质的意义，然后再通过有限的、具体的艺术形象（即所写的人和物）使之显现出来。生活是达"意"的基础，又是达"意"的手段。 （7）记人要特别重视人物的内心世界是怎样的，写事要重视矛盾冲突。 （8）作文要反映生活，反映生活应该积极主动地去反映；反映的目的是使人们生活得更美、更有趣、更乐观、更勇敢；反映生活的最终目的在于改造这个客观世界。 （9）对写的人和事要有感情。这个感情应该是健康的感情，而不是冲动性的感情、直觉的感情。 （10）对于作文，要按刘勰的话去做：作文不能像赌博，单靠碰一时的运气；而要像下围棋，既遵守一定的方法而又随机应变，达到得心应手，运用自如。 （11）要按照美的规律对自然和生活素材进行加工改造。美的规律就是美的事物本身固有的（内在的）生存和发展的规律。 （12）作文既要忠实于客观的现实，又要表现主观的理想。好作文应是主观同客观的完美结合，现实与理想的有机统一。 （13）要紧紧围绕中心思想展开情节。	9. 对情感感受做更多的酝酿、提炼，反复进行构思，直至成竹在胸。 10. 要寓感情于形象之中，用语言表达出来。要看到云层后面的太阳，要使人更加热爱生活，热爱未来，要给人以鼓舞。 11. 马克思说："人是按照美的规律来制造的。物质生产是这样，精神生产更是这样。"熟悉是生动记叙的先决条件，也是深入了解和深刻感受的结果。 12. 准确就是如实地记叙或说明一个道理，反映某种客观情况。 13. 借物说理，不要求"物"与"理"之间有相似的形象特征。它要求从"物"具有的某一种"理"引申出去，使读者产生联想，从而得出与作者类似的思考或同样的认识。

（14）人是生活中最活跃的因素。写人固然要以人为主，写事也要以人为主线，表现人的创造性，因此，要以事引人，以情感人，以真服人，以短宜人。写事着眼于写人，写人着眼于写思想，写思想着眼于通过"小事""细节"、小中见大，揭示人的精神境界。写一个普通人物的命运，一个普通家庭的际遇，也要透露出时代的气氛，揭示出社会的原因，因为人总是在特定的环境中，在一定的政策的制约下生活的。

（15）说理不要外加，要通过发生的事情讲明道理；联系实际不要着急，要在道理讲清之后再进行联系。

（16）写记叙文，文中要有声音（对话）、有颜色、有味道。对话可使读者有真实感、现场感，把读者引入活灵活现的意境，还可抒发感情。

（17）生活要丰富，思想要深刻，结构要完整，情节要紧凑，性格要鲜明。

（18）托物言志是一种打开思路的好方法。借着日常生活中常见的事物，从与它有关联的某种意义上加以引申发挥；或切合物的形象特征，以唤起某些相似的联想。让读者引起类似的思考或得出同样的认识。

（19）说明事物或道理可正面直接加以说明，也可以借貌似正确实质上并不正确的话说明以引起注意。

（20）记叙事件的过程可以按事件的先后、始末、因果、总分进行记叙；中间如有可造成跌宕起伏的因素（如先抑后扬、欲擒故纵），则要充分利用上。

（21）模仿是创造的第一步，模仿又是学习的最初形式。认同模仿只能到此为止。越过了这一步，则本为向上的垫脚石，就转而会变成绊脚石。

14. 命题作文题目的性质不外两类：一类是题目已揭示了主题；一类是题目指出了题材或问题的范围。审题时，一要把某种深邃隽永的思想灌注到题目所规定的具体描述对象中去，成为整篇的灵魂；二要分析题目中是否包含某种辩证关系。如包含某种辩证关系则可依据这辩证关系，由此及彼、由小见大展开联想，发表见解。

（三）中心要明确

作文的中心要明确，这是课标的基本要求，怎样才能做到这一点，教材上提供了如下范例。

《一件珍贵的衬衫》《一件小事》《任弼时同志二三事》《老山界》《驿路梨花》《荔枝蜜》《人民的勤务员》《从百草园到三味书屋》《故乡》《红军鞋》《梁生宝买稻种》《回忆我的母亲》《雄伟的人民大会堂》	1. 对材料本身的特点或具有的意义进行分析，把要表达的中心提炼出来，最好是一文一个中心，这样中心明确。 2. 材料多时，要众星拱月，使众多的材料为一个中心服务。构思时，原则上按开头、中间、结尾三部分考虑，这样考虑目标明显，易于使每一部分都为中心服务。 3. 要充分利用结构安排，突出中心。 （1）利用开头点明中心。 （2）利用结尾点明中心。 （3）利用首尾段点明中心。 （4）利用插叙突出中心。 （5）利用对比突出中心。 （6）段落的划分，层次的先后，落笔的轻重，以及采取何种表达方法，也关系着能否充分地表达中心。 4. 命题作文，审题要审出题目的情和意。"情"是立场、感情、态度；"意"是主要观点。审出题目的情和意，有利于突出中心。 5. 非命题作文，可以在文章写成后再定文题，这样可使文题更富有概括性。 6. 不论何种文体，利用记叙、说明基础上的议论、抒情，或从中提炼警句，均可突出中心。警句应是作者思想经历的结晶，它可使文章精炼，也能体现文章的思想性。	1. 素材是形成中心思想的基础，题材是表现中心思想的工具。 2. 在众多矛盾中要抓主要矛盾。 3. 重视思维的定向性，不中间走题，不中间改变表达中心的方向。 4. 分析题目亦可用分析中心与重点的办法。如"我最难忘的一件事"，中心是"事"，条件是"一件""我"；重点是"最难忘"。 5. 成文以后确定文章的题目时，最好让文题成为全篇文章的画龙点睛之笔，深化归结之笔。

（四）内容要具体

内容要具体，就是要言之有物，不说空话，恰当地把要写的内容表达出来，让人容易理解，做到以情感人，以知识教人，以理服人。

《老山界》《一面》	1. 写记叙文要把时间、地点、人物、事件的开端、发展、结局写清楚。	1. 说真话，用简练的笔墨，不加修饰，清清楚楚地把想说的话写出来，这是写作的基本功。

《苏州园林》 《向沙漠进军》 《人类的语言》 《谈骨气》 《俭以养德》 《藤野先生》 《晋祠》 《说谦虚》 《从百草园到三味书屋》 《社戏》	2. 写各种文体，要把代词的指代对象交代清楚。 3. 写说明文要把说明对象的特征、说明顺序、说明方法写清楚。 4. 写议论文要把论点、论点与论据之间的必然联系写清楚，能充分地摆事实，讲道理。 5. 内容要具体，并不是写人写事都全面具体地叙述，写人写事要抓重点或特征写。议论问题时论点要有代表性。 6. 凡写进文章的内容都要问一问"写它的必要性是什么？""为什么要详写？为什么要略写？"总之，不要有闲笔。 7. 要写自己已经熟悉或正在熟悉的生活素材，这样有利于把内容写具体。 8. 记叙不能架空，不能脱离中心。抒情议论不能脱离记叙。可先叙后议，亦可先议后叙，边叙边议，还可在叙述中插入议论。 9. 议论应在写人、记事、写景、状物的基础上自然地生发出来。议论抒情要突出中心，富于哲理，发人深省，含蓄简洁，不要无病呻吟。 10. 描写的要领是不仅要使人获得明确的认识，还要获得鲜明的印象。描写要充分利用各个器官。 11. 在记叙了众多事件或发表了许多议论之后，要用总结性的语言以提其要。在读者容易发生误会的地方，要写出其隐含的意思；在需要使读者加深印象的地方，要想办法加以强调。	2. 有真意，去粉饰，少做作，勿卖弄，是作文秘诀。 3. 如《藤野先生》中鲁迅去仙台途中记下的两个地名和《从百草园到三味书屋》中的长妈妈、闰土父以及教师都不是闲笔。 4. 夹叙夹议是边叙述边谈理解，要消灭流水账式的作文。 5. 篇末如意犹未尽，可进行抒情议论，但要有总括的性质。 6. 夸张和做作的词句，常常是用来掩饰空洞的内容的。 7. 抒情比议论难。抒情是流露于笔端的强烈感情，只有自己的感情发展到一定的程度才会有抒情之笔产生。抒情的语言还要有点艺术性。

（五）条理要清楚

条理要清楚就是作文要顺序得当，衔接紧密，过渡自然，结构严谨。

《谁是最可爱的人》	1. 首先要理清材料的头绪，确定先说什么，后说什么。	1. 不可知者，结构之变化；可知者，结构之规矩和模式。

《藤野先生》 《红军鞋》 《梁生宝买稻种》 《人民英雄永垂不朽》 《大自然的语言》 《从百草园到三味书屋》 《记一辆纺车》 《一面》 《进挺报》	2. 要写好开头。开头最好是突出中心或点题；如不能突出中心或点题，也要有利于引起下文，"暗蕴中篇之意"。 3. 中间部分(中篇)要正确反映客观事物的发展规律和内在联系，段落的划分、层次的先后要合理。 4. 结尾要呼应前文，引人加深对内容的理解和思考。 5. 文章的全文都是以单线的顺序展开的。根据表达中心的需要，有时要倒叙或插叙，要把倒叙和插叙安排好。 6. 写每一段要注意段的单一性，要避免把几个相对独立的意思挤在一个段中；还要注意段的完整性，每一段要把一个相对独立的意思说完。为了使条理清楚，一般情况下段落不宜过长或过短。组织一个段，要考虑好一群句子的聚合排列、衔接连贯。聚合的句子要有"先总后分""并列""承接""因果""转折""递进"等关系。 7. 安排文章的结构，可以先用"三段型"(即头、身、尾型)。"三段型"合乎事件演变的一般程序，也是许多事物的共同结构形态。用头、身、尾比喻三段，就是要求开端和结尾都要和中间相配。 8. 在观察体验、收集题材、分析研究、确立中心之后，剪裁布局、编拟提纲是保证条理清楚的重要环节，因此要把提纲编写好。编写提纲要写好题目、中心思想、结构、重点四个方面。通过提纲要能窥见全文的面貌。 9. 文章的段与段之间要衔接紧密，有内在联系。使衔接紧密的办法是： (1) 内容与内容之间有紧密联系； (2) 在内容有紧密联系的基础上还可利用"近接""远接""转接"等语接方法和利用过渡句。	2. 模式是初学写作之捷径，又是读写文章之钥匙。 3. 最忌画蛇添足。 4. 文章都是按单线的顺序展开的。要想使读者最迅速地领会你的写作意图，那就要在此基础上另想其他办法来达到目的，如"开宗明义""卒章显志""倒叙""插叙"，都是使读者迅速领会写作意图所用的办法。 5. 元代散曲家乔梦符有"凤头、猪肚、豹尾"之说。明代陶宗仪又有"起要美丽，中要浩荡，结要响亮"之说。 6. 左边8所说的三环节如再加上"起草修改"，即可以称为"写作过程的四环节"。 7. 写记叙文按开端、发展、结局顺序；写说明文按时间、空间、逻辑顺序；写议论文按提出问题、分析问题、解决问题顺序。园艺家常把太多的蓓蕾摘去，只留下二三个，这样就得到了最大的花朵，剪裁十分必要。

	10. 文章的部分与部分之间既要联系紧密,又要界限分明。部分与部分之间最好有表示部分起止的标志。有的要用"过渡句""过渡段""隔行过渡"联系。 11. 文章除首尾呼应外,后面提到的内容,前面也要有伏笔,有铺垫。 12. 记叙的事件多时,要沿着一条主要线索写。 13. 读者需要了解的内容必须交代清楚,反之,读者已经了解的内容就可以大大简化或省略。	8. 如《小橘灯》的倒数第二段即为倒数第一段作了铺垫。 9. 需不需要交代,要视所写文章内容的情况决定。

（六）语言要通顺

要运用课本上学到的语法知识分析课文,加强朗读,增强语感。

所有的课文	1. 写一句话,要有主谓齐全的意识。 2. 作文要"清""通"。把可有可无的字、句、段一概去掉为"清";自己不懂的字不用,生造的字不用,这也是"清"。"通"则为"文从字顺",指的是顺序对,先说什么后说什么合理、连贯,上句和下句连得上;前头说什么,后头要有照应,也不能前面没说,后头冒出来了。 3. 要重视词语的搭配。 4. 要重视代词的指代对象是否清楚。 5. 要重视近义词的区分使用。 6. 一般情况下多写短句。 7. 不乱用形容词。 8. 标点要正确。作文时能统观全段,把握文义,熟悉各种句式。对写出来没把握的地方要反复朗读、推敲,进行确定。	1. 黄金要经过淘洗才能得到,被表达得很好的思想也是这样。 2. 写文章是为了立言、传达思想。思之不精固不足传;思精而言不工,欲传而不逮(达不到目的)。 3. 初学写作必须以研究用词作为入门的蹊径。积累多了,潜移默化之后,就可为写好作文作准备。

最后对作文的一点建议:

自初中一年级起,作文应先作记叙文。作记叙文,应先作自然开头,自然发展,自然结束的文章。如前面举过的《小马过河》《爱因斯坦制小板凳》即是。接着再作以自然开头,自然发展,自然结束为文章主体的三种形式的:第一种,在主体部分前增加一个点明中心思想的段;第二种,在主体部分后增加一个点明中心思想的段;第三种,在主体部分前后各增加一个点明中心思想的段。要把能写这几种形式作为看家本领。

三、自能修改文章能力的培养

自能修改文章的能力，是作文能力极为重要的组成部分。严格地说，学生的作文是改出来的，而不是写出来的。"改"贯穿作文过程的始终，写的工夫比改的工夫小得多。俄国作家契诃夫说："写作的艺术，其实并不是写的艺术而是删去写得不好的东西的艺术。"托尔斯泰给契尔科特夫写信时也特别强调："最主要的是不要怕删节，要像解方程那样，使它们简化。"此外，修改文章是极好的智力锻炼与能力培养的机会，不能放弃这样的好机会。

修改自己的作文，要把重点放在以下几方面：

第一，要使自己的作文达到"清"和"通"。

第二，要修改那些把原始思维过程中的跳跃性、无序性、模糊性反映出来的地方。

第三，记事，要修改那些比较空洞，令人感到沉闷的地方；状物，要修改那些没说明白的地方；说理，要修改没有说服力的地方。

第四，对作文的通体要求是"准确"，其次是"生动"，再次是"凫胫虽短，续之则忧；鹤胫虽长，断之则悲"。要说真话，不说假话；要文风朴素，言之有物，不搞花里胡哨。

第五，修改每一处都要问一个为什么，有道理再改。

四、要抓好教师指导下的修改

所谓教师指导下的修改，是指教师批阅学生作文时要重"导"不重"改"，即对作文给予中肯的批示之后，让学生自己去改。学生根据教师的批示去改，会大大提高他们此后的自己修改作文的能力。教师批改作文，要符合下列三原则：

(一) 修枝剪叶

修枝剪叶是指在学生作文中那些"不清通、不准确、说假话"的地方画上符号,让学生自己去改。

(二) 指点迷津

指点迷津是指对学生作文中最容易犯错误的地方要特别注意加以指点。学生最容易犯错误的地方,不是指他们一时的粗心大意造成的错误,而是指初中生的思维弱点在作文中的反映。他们的思维弱点反映在作文中,一般有如下表现:

1. 缺乏思维的定向性

表现在作文中是文中各段的意义没有一致的向心性,有的作文一落笔就离题甚远,有的是中间的段落游离出去,跑了题。除讲评作文时指出外,在学生自学和进行课文教学时,要让学生分析课文中的各段是怎样服从统一的指向的。

2. 缺乏思维的深刻性

表现在作文中是写"流水账",不是写最能打动自己的那一瞬。要指导学生:作文反映生活具有很大的能动作用,不一定原原本本地写生活。对自己所反映的生活要提炼,提炼出可使读者受益的东西。

3. 缺乏思维的多向性

表现在作文中是重复表现自己已表现过的主题或者全盘套用从范文中背下来的材料。不能根据新的命题从自己的积累中去选取新的材料,不能把自己熟悉的材料写出新意。对重复表现自己已写过的主题(论点)者,要让他们重写,启发他们写出新意;对套用旧材料者,要让他们从自己的积累中选出与命题相对应的新材料。

4. 缺乏思维的条理性

表现在作文中是段与段之间衔接得不紧或顺序不合理,指导学生重新安排顺序,改写不衔接的段。

5. 缺乏思维的严密性

表现在作文中是顾此失彼,带有片面性。为学生指出,让学生重新考虑。

(三)引路登高

引路登高是指出作文中的不足或蕴含着潜力的地方,让学生思考,做进一步修改,更上一层楼。

在"引路登高"中,要强调的有以下几个问题:

(1)"朴实自有真杰作,华丽未必好文章。"作文不是生活上的一种点缀、一种装饰,而是生活本身,因而要启发学生端正写作态度,保持良好的文风。

(2)文章的中心思想(指作者对他所反映的生活的认识和评价)是由材料来表现的。材料从内容来说,有事实材料和理论材料之分。事实材料是来自生活中的观察,是社会实践中所取得的经验和调查研究中所得到的事实;理论材料是取自各门科学的定义、原理、公理和定理。

材料从它在写文章过程中所起的作用来说,有素材和题材之分。素材是形成中心思想的基础,题材是表达中心思想的工具。所谓选材就是在形成中心思想的素材中,根据逻辑基本规律的要求,选取最能表现中心思想的材料作为题材。选材很重要,因为通过选材解决了确定表现中心思想的材料问题。选材要选确凿、典型的材料,它能揭示事物的本质,具有广泛的代表性,这样才能具有说服力。另外要选新鲜的材料,要善于从不断发展的现实生活中去选,使文章具有吸引力和感染力。

题材在议论文中叫论据。论据是选来确定论题的真实性的材料。如果中心思想是文章的灵魂,那么题材则是文章的血肉。只有选好题材,文章的中心思想才能得到充分的展现,而要做到这一点,题材的取舍就要根据逻辑的要求，始终以能否表现中心为标准。

　　（3）写文章切忌平均用力，因为文章不可能写得面面俱到，总要有详有略、各尽其宜。

　　（4）所谓作文中蕴含着潜力的地方，是指下列几个方面：

①主题能够再深化。

②材料取舍还不是很得当。

③结构尚需调整。

④需把不能表现特定情景的一般化语言和"俗套子"去掉。

附录二　记叙文思维组合件

通过人和事反映社会生活是记叙文的特点。读一篇记叙文，不仅要读它表现了什么样的思想，还要读它反映了什么时代、什么人、什么样的社会生活，并且分析它还蕴含着怎样的深层内涵。与此同时还要了解作者是怎样观察和认识生活的。

一、要　素

要素指时间、地点、人物、事件（事件的发生、发展、结局）。写记叙文能把时间、地点、人物、事情的发生、发展、结局写清楚，文章就会具体、不空洞。

记叙文必须写现实生活中的真人真事，所写的时间、地点、人物、事件都应该是真实的。它与文学作品塑造典型环境、典型人物性格有质的不同。记叙文所描写的人物和事件，不允许有任何虚构。读写记叙文都要重视这些要素。

二、人　称

（一）代词所指的是说话的人，叫第一人称，如"我""我们"

第一人称有直接诉说的作用，可表达真挚的感情，如《听潮》中的"我喜欢海，溺爱着海，尤其是潮来的时候"。直接诉说还能增强文章的真实感、亲切感；不足之处在于受"我"的见闻限制，叙述描写的范围不够广阔。

（二）代词所指的是听话的人，叫第二人称，如"你""你们"

人称与抒情方式有关。第二人称有直呼作用，便于抒发强烈的感情，如《最后一次讲演》中的"特务们，你们想想，你们还有几天？你们完了,快完了!"

第二人称如面对面讲话,所以它推倒了作者和听话人之间的屏障,是感情的直接交流,叙述最贴近读者。

(三)代词所指的是自我和听话人以外的其他人,叫第三人称,如"他""她""他们"

用第三人称进行叙述,描写面广阔,不受时空的限制,展示的生活比较丰富,但缺乏第一人称的亲切感。

(四)人称的改变

有的文章,作者在叙述自己的感受或发表自己的看法时,有时突然改变人称,不是说"我怎样怎样"而是用"你怎样怎样",这种人称改变都表明作者另有用意,如《荔枝蜜》中的"喝着这样的好蜜,你会觉得生活都是甜的呢"。这里把"喝着这样的好蜜,我觉得生活都是甜的"改为"……你会觉得生活都是甜的呢"就有两个作用:一是表明"蜜太好了,你只要喝了必定会觉得十分甜";二是为了引起"你"的同感,引起"你"的共鸣。再如《最后一次讲演》中,作者反复交叉使用人称代词,使敌人没有喘息的机会,痛快淋漓地表达了作者极端愤怒和蔑视的情感,揭露了敌人虚弱的本质和必然灭亡的下场。

三、顺　序

(一)顺叙

按照时间的自然推移安排记叙内容的先后,行文同生活实际进程相一致。

《老山界》就是顺叙,爬山过程中所经历的地点、事件、情景和感受,通过写翻越过程中所克服的种种艰难险阻表现人的精神面貌,头绪十分清楚。

《藤野先生》也是顺叙,以时间的推移、地点的转换和事件发生的先后为序进行记叙,通过写发生的事件表现人,脉络也十分分明。

(二)倒叙

不按时间先后的顺序写,把事件的结果或事件最突出的部分先行展示,然后再回转来叙述发生在先的情节。

《同志的信任》把后发生的鲁迅接信写在前面,由鲁迅接信再自然地引出方志敏的事迹和方志敏决定托付鲁迅的过程,用以突出“鲁迅一定能承担起这个十分艰巨和危险的任务”“鲁迅是最可信任的同志”,此处可视为倒叙。

《驿路梨花》先把供过路人居住的小茅屋写在前面,这小茅屋的主人是谁、为什么建造这样一个方便行人的小茅屋却不交代,从而引起过路人的追问和寻找,造成全篇悬念不断,十分引人入胜。此文有倒叙的意味。

《挖荠菜》的开头不是倒叙,它只是全文的总提。理由是它不是故事的结局,结局是希望孩子们懂得什么是幸福,怎样才会得到幸福。

(三)插叙

在情节展开的过程中,插入一些与情节相关的内容,作为情节的补充。插叙的内容要根据表现主题的需要而定:(1)有的是叙述与主要事件相关的另一事件,如《驿路梨花》中“十多年前,有一队解放军路过这里”一段,《我的叔叔于勒》中“父亲的弟弟于勒叔叔,那时候是全家唯一的希望,这以前则是全家的恐怖……于是每星期日,一看见大轮船喷着黑烟从天边驶过来,父亲总是重复他那句永不变更的话:‘唉!如果于勒竟在这只船上,那会叫人多么惊喜呀’”等八段;(2)有的是对人物的身世、性格作简要介绍,如《藤野先生》中“那坐在后面发笑的是上学年不及格的留级学生”一段;(3)也有的是对某种情况产生的原因或某一事物的来历作补充性追述，如《藤野先生》中"这是《新约》上的句子罢"一段。这几种插叙的作用在于使作品内容丰富充实、波澜起伏、曲折回旋。

（四）叙述事件的发展过程必然涉及时间顺序

时间顺序是进行表述时最容易掌握的顺序。不过有四点要注意：

（1）在事件发展的全部过程中究竟截取哪一段作为记叙的骨干？也就是说，从哪儿开始写，写到哪儿结束？这一点要选好。

（2）确定了记叙的主干以后，怎样把主干以外的内容穿插、组合在主干上，即怎样利用倒叙、插叙、补叙，使全文内容集中、头绪清楚，也要想好。

（3）叙事的起讫点选得好，文章容易写得紧凑、生动。如《驿路梨花》把许多年中发生的事压缩在从傍晚到第二天清晨这一段时间之内，通过追溯把事件展开，这种组织安排是很好的。由此可以看出：叙事的起点和终点之间的时间距离短一点，便于写得集中。有一些事件不一定从头写起，落笔很远；也不一定非把事件写完，拖个尾巴。

（4）在叙述一个比较复杂的过程时，重要的时间转换必须交代清楚，特别是叙述事件的第一段话一定要写得明明白白。如《老山界》的第一段："我们决定爬一座三十里高的瑶山，地图上叫越城岭，土名叫老山界。"这一交代，就让读者知道，下面要写的是一个艰难的历程。

四、中　心

使文章所表达的思想、观点鲜明突出，应采取的方法包括：

（一）用文章的标题突出中心

如《同志的信任》这个标题，即是此文的中心思想——鲁迅是最可信任的同志的简缩。

(二)用文章的开头部分突出中心

这种方法又叫"开宗明义"。如《谁是最可爱的人》在开头部分用"谁是我们最可爱的人呢?我们的部队,我们的战士,我感到他们是最可爱的人"突出中心思想。

(三)用文章的结尾部分突出中心思想

(1)《一面》写完在内山书店所经历的难忘的事之后,结尾部分写:"这还不是我们恣情悲痛的时候""先生没有走完就倒下了,我们只有踏着他的血的足印,继续前进。"用以突出中心。

此文专在隔行之后另写一部分,也起强调作用。

(2)《老山界》利用全文写了翻越老山界十分艰险的情况后,结尾专写"翻越老山界与接着走过的金沙江、大渡河、雪山、草地比,其困难'还是小得很'"这样一段,来突出"长征全程的经历更为艰险"这个中心,有以一当十的功效。

(3)《记一辆纺车》用"跟困难作斗争,其乐无穷"结尾,可使读者的认识不停留在文中所叙述的事物上,而能有进一步的提高:读者也会与作者共同去发扬这种精神。

(4)《驿路梨花》结尾用一句唐诗"驿路梨花处处开"突出中心思想。这句唐诗点出了向雷锋学习的人的名字,代表了具有雷锋精神的人,并用"梨花处处开"表明雷锋精神大发扬。

(5)《荔枝蜜》在结尾既点出了全文要赞颂的对象——为人民作出无私奉献的劳动人民,又表态——自己也愿作无私奉献的人。

(6)《同志的信任》结尾用十分明确的语言——"鲁迅先生不是中国共产党党员,可是,在所有共产党员的心目中,他永远是一个能以生命相托付的、最可信任的同志"。点明文章的中心思想。

(7)《社戏》的结尾意味深长,用"真的,一直到现在,我实在没有吃到那夜似的好豆，——也不再看到那夜似的好戏了"。点明中心，表现了对美好生活的追求。

（8）《夜走灵官峡》《孔乙己》《七根火柴》《故乡》的结尾都深化了主题。如《夜走灵官峡》的"我把成渝紧紧地抱起来，用我的脸暖了暖他的脸蛋……向前走去。风，更猛了。雪，更大了……"突出了筑路工人为了祖国的建设事业，不畏艰险，忘我劳动的革命精神。《孔乙己》的"我到现在终于没有见——大约孔乙己的确死了"结尾，表明虽然没有确实的消息传来，但孔乙己从发展上看是必死无疑的，这就进一步揭露了封建制度的腐朽和这个社会人与人之间的冷酷无情。《七根火柴》的结尾写"在无边的暗夜里，一簇簇的篝火烧起来了"，突出了这七根火柴对革命的胜利所具有的重大价值和意义；写"用异样的声调在数着：一、二、三、四……"不仅表明了卢进勇不负革命战友的重托，更为重要的则是进一步展示了无名战士那一心想着革命、一心想着同志、唯独不考虑自己的崇高精神境界。《故乡》用富有哲理性的语言结尾——"其实地上本没有路，走的人多了，也便成了路"，强化了渴望新生活，新生活一定能到来的思想感情。

（四）用首尾呼应突出中心

《背影》文章开头点出"最不能忘记的是他的背影"，表达对父亲的怀念之情；篇末再写背影，表达对父亲的深深怀念。利用首尾两个显要位置突出父子情深。

《我的老师》开头写"最使我难忘的，是我的女教师蔡芸芝先生"，结尾写"可惜我没有上完初小，就和我的蔡老师分别了。什么时候，我再见一见蔡老师呢？"《回忆我的母亲》开头写"得到母亲去世的消息，我很悲痛。我爱我母亲。"结尾反复写"我应该感谢母亲"并以"愿母亲在地下安息"作结。两文的首尾均起到了突出中心的作用。

《白杨礼赞》开头用"白杨树实在是不平凡的,我赞美白杨树!"点明题意、总领全文。结尾用"让那些看不起民众、贱视民众、顽固倒退的人们……去鄙视这极常见、极易生长的白杨树吧,我要高声赞美白杨树!"与开头呼应。这呼应的文字大体相似,造成一种反复咏叹的效果,借以突出中心。

还有一种前后文照应,也有突出中心的作用。如《小橘灯》前文有"她送我到门外时说:'不久,我爸爸一定会回来的……我们大家也都好了!'"待到结尾,文章又有"十二年过去了,那小姑娘的爸爸一定早回来了。她妈妈也一定好了吧?因为现在我们大家都好了!"呼应,再一次肯定了小姑娘的镇定、勇敢、乐观的精神,突出了解放后,我们大家都好了这一中心。

(五) 通过对比突出中心

《从百草园到三味书屋》把百草园和三味书屋作对比,写出了两种不同的生活:百草园的生活符合儿童的特点,在这里生活趣味盎然;在三味书屋因为读的书晦涩难懂,完全不符合儿童特点,因而生活十分枯燥乏味。

《竞选州长》的开头与结尾也有对比的意味。开头说"几个月以前,我被提名为独立党的纽约州州长候选人""我总觉得我有一个显著的长处胜过这两位先生,那就是——名声还好。"结尾说"我放弃了竞选""我从前是个正派人,可是现在成了伪证犯、小偷、盗尸犯、酒疯子、舞弊分子和讹诈专家"。这一由声望比那个竞选对手还好到成为各种"犯"的变化,深刻揭露了资产阶级民主政治的虚伪性:原来民主竞选的过程就是进行人身攻击,把别人踩下去的过程。

对比有明显的对比,还有不明显的对比。这不明显的对比,也是为突出中心思想服务的。如《从百草园到三味书屋》中写百草园时提到了长妈妈和闰土的父亲，并且对他们进行了描写；写三味书屋时写到了三味书屋的教学内容和教学方法。这两者之间就是不明显的对比：长妈妈讲的故事是那样新奇，从而引起了"我"很浓厚的兴趣，而在三味书屋自己所感兴趣的"怪哉虫"是不许问的；在百草园中"我"曾经问闰土的父亲关于捕鸟得失的缘由，"他"不仅解答而且耐心、充满善意，这与在三味书屋中先生脸上带有"怒色"回答"不知道"和"普通总不过瞪几眼"，也是一个对比，从这对比中就显现出了三味书屋的生活是多么枯燥乏味。

（六）通过抒情议论句突出中心

《听潮》有时用对话，如"怕什么。这是伟大的乐章！海的美就在这里"，有时用叙述，如"我喜欢海，溺爱着海，尤其是潮来的时候"来抒发作者的感情。这些饱含感情的句子有点明中心的作用。

（七）不采取在某一处用语言凸显中心的文章，均通过全文表现中心

如《皇帝的新装》就是通过皇帝制作新衣受骗出丑的全过程，来揭露和讽刺以皇帝为代表的反动统治阶级的虚伪和愚蠢。

另外，需要注意的是，新闻用导语突出中心。

五、选材组材

选择材料有一条原则：必须选择反映事物本质特征的材料，忽略非本质特征的材料，以突出事物的本质特征。

（一）围绕中心选取典型材料

（1）写一人一事一物时，可像《背影》那样抓特定环境下的形象特征——父亲为自己买橘子时的背影。这"背影"既体现父爱子的真情，又是触发儿子产生疼惜父亲的思想感情的媒介，所以这又启发我们：选

特定环境下的形象特征时，要选那最使自己动情的形象。

（2）写一事一物时，还可像《记一辆纺车》那样，选在生活中有特殊作用的事物——纺车。纺车是普通的，但是在当年延安的火热斗争生活中，它帮助军民彻底粉碎了敌人封锁边区、妄图困死边区军民的阴谋，又为革命创造了物质财富和精神财富。

（3）选材时，选典型事例还要有重点。如《回忆我的母亲》写母亲的平凡而伟大，就选择了"特别是她勤劳的一生"为重点。

焦裕禄一生有许多事迹，而《鞠躬尽瘁》根据中心思想的需要，只选了焦裕禄同疾病作顽强斗争这个侧面来写。

（4）选写的事情要注意可见性，要选凝结了感情的事。先进人物的革命精神要通过他们的革命行动表现出来。疾风知劲草，烈火见真金。如《鞠躬尽瘁》写焦裕禄如何对待自己的病痛，《七根火柴》写无名战士如何对待七根火柴，《梁生宝买稻种》写梁生宝如何对待群众的委托，都有层次地写出了英雄模范在重大考验面前所显示出的无私忘我的精神。

（二）选材要全面，要足以表现人物性格，足以表达中心思想

《我的老师》所选的事就既注意了典型性，又照顾了全面。如课内——"她爱我们，并没有存心要打的意思"；课外——"把我扮成女孩"教我们跳舞；假日——带"我"去她的朋友家并且让"我""平生第一次吃了蜂蜜"；文学熏陶——"教我们读诗""对我的接近文学"给了"有益的影响"；帮我排除纠纷——"援助了我，批评了我的小'反对派'们"；放暑假——"梦中去找蔡老师"。上面的事例说明：蔡老师时时处处都做了令"我"难忘的事。

《春》不同于《我的老师》，是写一个季节的。一个季节包括的范围很广，如何表现？作者先写"盼春"，通过"盼春"写出了春天"一切都像刚睡醒"的特点：山"朗润起来了"，水"涨起来了"，太阳"脸红起来了"。接着"绘春",通过"绘春"从不同方面落笔,写出春天景物生气勃勃而又多彩多姿的特点,春草有旺盛的生机,春花有斗艳的繁荣,春风有和暖的清新,春雨有连绵的细密。继而写到人,写人则写人在春天表现出的特点——充满着希望。

从《春》的选材中还可得到的启示是:当选材的范围比较广时,要先抓特点,总结出几个特点之后,再围绕特点选材就好落笔了。

六、详 略

在进行记叙、说明、议论时,要根据表达中心思想的需要,当详则详,当略则略,不平均使用力量。

《背影》中的当详则详,当略则略前文已叙,不再赘述。

当一篇文章涉及几个人物、几个事例时,对于主要人物、主要事件要详写。进行阅读分析时,也要注意何者写得详,何者写得略,为什么此人此事写得详,此人此事写得略,从而找出主要人物、主要事件,分出主次。如《分马》中郭全海就写得详,老孙头就写得次详,而其他人物就写得略。就此文来说,它的详略是根据主要人物、次要人物进行安排的。

七、结 构

文章的结构就是文章的内部组织构造,也是文章内容赖以表达的重要手段。它一般指安排情节和组织材料的方式。结构好,会使主题鲜明突出,内容层次清楚,材料衔接自然,线索通贯清晰,前后起伏照应。

客观生活中的事物形态各异、变化无穷,极其复杂,但就其发展过程而言,却表现出鲜明的共同特征,遵循着一定的变化规律。这变化规律即是从产生到发展,从简单到复杂,由因到果逐渐展现,它们之间都有着不可割断的内在联系。这不可割断的内在联系,表现在文章的结构上就是文章的过渡和照应。过渡，有承上启下并推动情节（说明、论证）向前发展的作用；照应，显示着事件（说明、论证）发展的统一性与延续性，使文章集中完整而不松散。

文章的结构，不同体裁有不同的结构特点，但不同体裁又有共同之处。为了后面讲其他体裁时不再重复，下面能把"共同之处"与"记叙文独有的特点"结合在一起讲的就一并讲出。

（一）开头

开头是读者最先看到的部分，给读者的印象最深而且关系到全文的发展，所以这个部位十分重要。古人写文章要求把开头写如"凤头""起要美丽"；今人说"开头好比合唱队的领唱"，开头"领"不好，会影响全局。这两种说法是针对所有体裁的。

许多文章喜欢利用开头这一显著地位突出中心。这一点，在中心的思维组合件中已举过例。

记叙文开头有下列几种：

1. 自然开头

（1）一开始就交代事件发生的时间、地点、人物。交代这些，有的是为了自然地引出事件，因为事件的发生、发展总离不开一定的时间、环境。有的则是为了交代时代背景。如《小橘灯》开头交代时间，让读者知道这是发生在新中国成立前黑暗年代的事，对读者理解课文至关重要。《驿路梨花》开头对地点的交代，不仅让读者知道故事发生在云南省的哀牢山区，而且衬托出了"小屋"的可贵。这就为文章讴歌不同民族的男女老少打下了基础。他们虽然素不相识，但是共同的目标把他们高尚的心连接在一起。《七根火柴》开头交代气候恶劣的草地，为突出红军战士为部队保存火种的高贵品质创造了条件，《夜走灵官峡》的开头也如此。

（2）交代事件的起因，如《老山界》，见前文。

（3）制造气氛。如《故乡》的开头，虽然也有交代回故乡的原因的成分，但在交代回故乡原因之前，先写了"渐近故乡时"所见到的景色，创造了悲凉的气氛，有力地烘托了要改变这种旧生活，要有新生活这一主题。

（4）为人物出场作铺垫。如《孔乙己》的开头，写孔乙己活动的环境，通过环境介绍，为穿长衫又站着喝酒这一具有特殊身份的孔乙己的出场作了铺垫；《变色龙》的开头介绍环境则给读者以压抑之感。

2. 总括式开头

这种开头虽然未点出全文的中心思想，但概括地指出了全文要记叙的重点。看了这种开头，可以预测下文可能写什么。如《回忆我的母亲》在首段点出"特别是她勤劳的一生"，下文则完全是围绕母亲的勤劳一生写的。

3. 开头制造悬念

如《枣核》开头交代："东西倒不占分量，可是用途却很蹊跷。"这"蹊跷"事自然要引起读者读下去的兴趣。

（二）结尾

文章的结尾也有显著的地位。不论何种文体都非常重视对这一地位的利用。古人用"凤头，猪肚，豹尾"比喻文章的三个部位，就是要求任何文章的结尾都要结束得十分有力。这一点，在中心的思维组合件中也举过例。

记叙文的结尾有以下两种：

（1）自然结束。这种自然结束符合我国广大群众阅读习惯和兴趣。如《皇帝的新装》《最后一课》《变色龙》《我的叔叔于勒》都是故事讲完，文章自然结束，没在故事以外另说什么。

（2）除了自然结束以外还有他说。如《从百草园到三味书屋》虽属于自然结束，但结尾部分的文字中，还有些揭示中心思想的话需仔细分析才能辨出。如"读的书多起来，画的画也多起来；书没有读成，画的成绩却不少了"，充分说明了"我"对封建教育的厌恶和封建教育的失败。

（三）过渡

各种文体都有过渡。过渡是连接段落之间的纽带和桥梁，因此各种文体都要把这一环处理好。好的过渡，需自然巧妙，使文章前后连贯，层次清楚，结构严谨，浑然一体。

记叙文的过渡有以下几种：

（1）运用过渡性的段落连接上下文。如《从百草园到三味书屋》用"我不知道为什么家里的人要将我送进书塾里去了"这样一个过渡段，将对百草园的记叙过渡到对三味书屋的记叙；段中运用三个"也许是因为……"的排比句，对离开百草园的原因进行推测，同时表现了"我"对百草园的深深眷恋和被迫离开它时依依惜别的心情。

《藤野先生》则用"到别的地方去看看，如何呢？"由对东京的记叙过渡到对仙台的记叙。

（2）运用过渡段突出重点。过渡段从结构上说是过渡用的，但从它在文章中的地位说，绝不止于"过渡"。它除去能总结上文、开启下文之外，有的还有"点睛"之妙。如《孔乙己》中的"孔乙己是这样的使人快活，可是没有他，别人也便这么过"。这个过渡段除去总结了上文，开启了下文之外，还点出了孔乙己的悲剧性的性格，即没有社会地位，在人们生活中是一个多余的人。

（3）运用过渡性的词语句联系上下文：

《记一辆纺车》用"就因为这样，我常常想起那辆纺车"这一过渡句放在一个段落的开头，其中的"就因为这样"，可以总结上文并与上段相接。

《藤野先生》用"但他也偶有使我很为难的时候"这一过渡句放在一个段落的开头,使记叙过渡到另一个话题。

许多文章用带有"因此""然而""由此可见""事实证明""总而言之""就这样""分述如下""综上所述""另外""还有"等词语的句子充当过渡句。

(4)用"隔行"的方式过渡。如《一面》的第一部分与第二部分中间隔了一行,很自然地将具体记叙和总结上文分开,中间省去过渡性的话。

(5)用近接句、远接句过渡。

为了使段与段衔接得紧密,除去用"过渡段""过渡句"的方式外,还可用前段结句与下段起句有相同词语的办法近接或前段首句与下段首句有相同词语的办法远接。

①《记一辆纺车》第3段结句是"纺羊毛、纺棉花,是丰衣的保证",第4段首句是"大家用自己纺的毛线织毛衣、织呢子,用自己纺的棉纱合线,织布",两段是近接。《白杨礼赞》第4段结句有"然而实在是不平凡的一种树",第5段首句有"那是力争上游的一种树",两段是近接。

②《葫芦僧判断葫芦案》第1、2、3、4、5段的第一句全有"雨村",使这五段远接。《挺进报》第10、11段的首句全有"黄显声",这两段远接;第15、16、17段首句全有"宣灏",这三段远接。

(6)有的只用交代故事情节的话,也可过渡。如《夜走灵官峡》中有这样一段:

……

我鞋子上的冰雪化开了,这工夫,我才感觉到冻得麻木的双脚开始发疼。为了取暖,我跺着脚。

……

这一片断的前一个删节号部分写"成渝"的爸爸,写筑路工人顶风冒雪进行劳动的场面。后一个删节号部分,写"成渝"的妈妈顶风冒雪进行劳动的场面。小说就是靠"为了取暖,我跺着脚"这样一句话,由写"成渝"的爸爸过渡到了写"成渝"的妈妈。

小结上述文字可知:在时间、地点、表达方式将有大的转换处,在各大层次将有变化处,要用过渡句、过渡段。

(四)照应

各种文体的文章,为了使隔段、隔句相接,都要进行照应。照应就是下文与上文相呼应。照应既可使文章要强调的内容得到反复的强调,又可使文章的结构严谨。这种例子,在中心的思维组合件部分已举过,不再列举。

记叙文的照应有以下几种:

(1)首尾照应。《从百草园到三味书屋》的第1段有"现在是早已并屋子一起卖给朱文公的子孙了",最后一段有"后来,因为要钱用,卖给一个有钱的同窗了"。这首尾两段是照应的。从这照应中读者可以体会到作者幼年时期家中的困顿,这种照应既照顾了结构严谨又点明了家境。

(2)首段与下文照应。《回忆我的母亲》首段中的"特别是她勤劳的一生"与下面举的关于母亲勤劳的事迹照应;《人民解放军百万大军横渡长江》的导语与新闻的主体部分照应;《我的老师》的首段与下面举的事例照应。这种照应使首段话的意义得到了强调与具体阐述。

(3)有些文章为了使开头与下文紧密相连,常常让下文的各段一一地与首段照应。《白杨礼赞》的首段点出"白杨树实在是不平凡的"后,第4段用"然而实在是不平凡的一种树",第6段用"然而决不是平凡的树",第8段用"是不平凡的树"与首段照应。这样,不仅使各段与首段照应，而且第4、6、8段之间也有照应的作用；此外，这种照应还造成了反复咏叹的效果。

（4）具体记叙部分与总结部分照应。《一面》的第二部分是根据第一部分总结出的，因此，第二部分与第一部分照应。

（5）统率段与被统率段照应。《记一辆纺车》的第5段提出"纺线""也是一种很有趣的生活"，下面第6、7、8、9段都是围绕"纺线"是"有趣的生活"写的，被统率段与统率段照应。

（6）后文与前面的伏笔照应。伏笔是一种表现手法，是指作者在叙述描写过程中，对将要出现的人、事、物预先作出提示或暗示，以求当它出现时不显得突兀，而且还前后呼应。

①《挺进报》的开头，提到陈然"决心学习仿宋字"，后来狱中党组织又指示陈然"必须坚持写仿宋字"，这两次提到写仿宋字，都是为后来特务们核对许晓轩的笔迹作伏笔。再如"随手拿起准备好的扫帚，小心地挂在窗台下面的钉子上""党组织给了他半截铅笔""还有一些包香烟的薄纸和一个破刀片""刊头立刻取消，不许再写《挺进报》、期数和出版日期"等多处都是"伏笔"，后文都一一有照应。再如《孔乙己》第11段及之前多次写"笑声"，这相照应的笑声与孔乙己的悲剧很不协调，然而正是这不协调显示出悲剧的深刻性，写出了封建制度长期统治下的人们的麻木不仁。

②有些文章的前面必须有必要的交代，没有这交代，后面的有些记叙就会让读者感到根据不足。如《白杨礼赞》写高原"无边无垠，坦荡如砥"，读者读起来不感到突然，就是因为前面文章已作了"是黄绿错综的一条大毡子"的交代。

（7）前后文照应。《范进中举》写范进中举前胡屠户骂他："你自己只觉得中了一个相公，就癞虾蟆想吃天鹅肉，来！……像你这尖嘴猴腮，也该撒抛尿自己照照！"待范进中举后，他说："我每常说，我的这个贤婿，才学又高，品貌又好……"胡屠户这前后两段关于相貌的照应，目的是得到"黑白相并，高下相倾"的表达效果。

（五）铺垫与衬托

1. 铺垫

记叙文在表现某人、某事、某物之前先作了铺垫，可使记叙的文字波澜起伏，可以使要表现的人、事、物更加突出。如《白杨礼赞》在首段赞美白杨树之后，不接着写赞美的理由，而是写高原的"无边无垠，坦荡如砥"。写高原的"无边无垠，坦荡如砥"，就是给表现白杨树作铺垫，因为高原越是"无边无垠，坦荡如砥"，那么生长在这高原上的白杨树就越发显得"傲然挺立"。再有，写了黄土高原，可以暗示这里指的是陕甘宁边区，又为后文揭示白杨树的象征意义作铺垫。

再如上文的第7段，先写白杨树"没有婆娑的姿态，没有屈曲盘旋的虬枝。也许你要说它不美"，这实际上是欲扬先抑，为极力赞美白杨树作铺垫。这种欲扬先抑的表现方法在《荔枝蜜》中也提到了。

再如《小橘灯》的结尾，文章先写"再也没有听见那小姑娘和她母亲的消息"，这就是一笔有力的铺垫。下面说"每逢春节，我就想起那盏小橘灯"，就更突出地表达了作者深深的怀念。

2. 衬托

记叙文中的衬托是利用正面映照或反面对比的方法，通过对与某一人物或某一事物相近或相反的人物或事物的描述，来表现这一人物或这一事物的表述方法。

《皇帝的新装》中写那个天真的小孩说出真话，写那两个骗子设出圈套，都是为了衬托君臣的愚蠢和虚伪。

《背影》中的"我"，在文中虽不是专门写来起衬托作用的，但在文中写他不理解父亲的感情,觉得父亲"说话不大漂亮",还"暗笑他的迂",使"我"的认识和父亲的行为形成了鲜明的对照,这是反衬;后面写"我"受了感动,几次流泪,这是正面衬托父爱的感人之情。

(六) 层次

段落和层次是文章的基本成分。段落即自然段。各种文体的文章之所以要划分段落,分出层次,是为了使文章有行有止(有节奏)、有眉有目,有利于作者条理清楚地表达内容,也有利于读者在换行停顿中加以思索回味,更好地理解文章的主旨。

层次不像段落那样容易识别。它是根据客观事物发展的阶段性、客观事物的各个侧面或人们认识和表达事理的思维过程所划分的各个组成部分。每个部分不仅表明内容意义而且也显示其先后次序和内容之间的逻辑联系。

记叙文的层次有总分式的,如《一件小事》《背影》《春》;有连贯式的,如《老山界》(按发展经过和时间先后记叙分出各部分);有并列式的,如《从百草园到三味书屋》中的百草园部分与三味书屋部分。《在烈日和暴雨下》中的烈日和暴雨两大层,从内容上看,它们之间是并列式,如从情节的发展角度看,它们之间又可属于递进式,即痛苦的程度逐渐加深。

(七) 线索

是线索叙事性作品中的脉络,它把文中所写的各个事件联结为一个整体。分析线索可使读者弄清文章结构的特点。

记叙文中的线索有如下几种:

(1)《荔枝蜜》的主要线索就是作者对蜜蜂在感情上的变化。

(2)《挖荠菜》的主要线索是"荠菜"。文章的第一部分通过对苦难生活的回忆,写出作者对荠菜有特殊感情的原因;后半部分写"我"

和孩子们对挖荠菜、吃荠菜的不同态度和心情,从而写出两代人不同的思想感情。

(3)《七根火柴》的线索是"七根火柴"。文章就是按照卢进勇需要火、得到火、点燃火的情节展开的。

(八) 交代

表述时间关系复杂的内容,要把时间和时间变化交代清楚。交代的最好的办法是在段首交代,如《老山界》《驿路梨花》都做到了这一点。

综合上述的各个方面可以看出,文章的结构方式是千变万化的。作者安排结构的方法又可以有许多创造,但从整体上说,它有如下原则:

(1)服从中心思想的原则。

(2)适应文体特点的原则。记叙文以人物、事件和景物为主要内容,时空的处理成为它结构上的重要问题。

(3)完整谨严的原则。层次段落之间要组织严密,联系紧凑,过渡自然;全文线索连贯,交代照应无一疏漏。

八、人物描写

(一) 肖像描写

进行肖像描写要通过对人物的容貌、姿态、神情、音调、服饰等外貌特征的描写揭示人物性格。写时要抓住特征,讲求顺序,表现性格。

第一,静态描写着重描绘人物的形体、相貌以凸显人物形象的鲜明性。如《一面》中对鲁迅先生的描写:"他的面孔黄里带白,瘦得教人担心,好像大病新愈的人,但是精神很好,没有一点颓唐的样子。头发约莫一寸长,显然好久没剪了,却一根一根精神抖擞地直竖着。胡须很打眼,好像浓墨写的隶体'一'字。"此静态描写表现了鲁迅先生的"劳累"、有"昂扬的斗志"。

《老杨同志》写老杨"头上箍着块白手巾,身上是白小布衫深蓝裤,脚上穿着半旧的硬鞋至少有二斤半重"。这些描写则表现了老杨"毫无官架子,穿着朴素,与群众打成一片"的特点。

《我的叔叔于勒》写于勒是"一个衣衫褴褛的年老水手""他又老又脏,满脸皱纹,眼光始终不离开他手里干的活儿"。这样描写既点出了"他决不是菲利浦夫妇心目中的那种人",又说明了于勒的穷苦和他没有发现菲利浦夫人的合理性。于勒"眼光始终不离开他手里干的活儿",表明他很在意"这活儿",要以此活儿谋生;正因为他"眼光始终不离开他手里干的活儿",所以无暇旁顾。

《故乡》中对杨二嫂的描写:"却见一个凸颧骨、薄嘴唇、五十岁上下的女人站在我面前,两手搭在髀间,没有系裙,张着两脚,正像一个画图仪器里细脚伶仃的圆规。"这一段描写活画出一个贫困潦倒、刻薄放肆的小市民形象。

第二,动态描写着重描绘人物神态、表情,以揭示人物的心理活动和精神世界。

如《藤野先生》中"他的脸色仿佛有些悲哀,似乎想说话,但竟没有说"。这一方面表现了藤野先生对"我"要离去的惋惜和遗憾;另一方面也表现了"对'我'的抉择的尊重"。

再如《夜走灵官峡》中"成渝噘着小嘴巴,又坐在门口,双肘支在膝盖上,两手托着圆圆的脸蛋,从帘子缝里望着对面的工地"这一段描写,通过成渝的神态、表情,写出了他对天气的关心以及他觉察出被"哄骗"的恼怒。

第三,分析肖像描写时虽可分为静态、动态,但实际上这两态的描写常常是交织在一起的、相辅相成的,并且都要求抓住人物身上最富有个性的东西写。

分析肖像描写和进行肖像描写要注重其"由外显内"的深邃性和层次性,以避免肤浅地表现。如《一面》中由远及近、由粗到细六次写到鲁迅的"瘦",对这种多次的描写就要注意:第一次写,是在"我"刚进书店,从远处看暗中的鲁迅,"是一个瘦瘦的五十上下的中国人";第二次是鲁迅从里面走出来,"我"从近处明里看,他面孔"瘦得教人担心";第三次是在递《铁流》给我的时候,"竹枝似的手指";第四次是在说"我卖给你,两本,一块钱"之后,他"黄里带白的脸,瘦得教人担心";第五次在鲁迅点头默认自己的身份后,"我又仔细地看他脸——瘦!";第六次是"我"掏出银元放到鲁迅的手里,看到"他的手多瘦啊"。这样写不仅使文章有层次地连成一个整体,使鲁迅的形象深深地印在读者心里,而且使描写形成了文章的一条内在线索——这"瘦"是鲁迅顽强战斗、奋不顾身工作的结果。

(二) 语言描写

语言是表现人物性格的重要手段。性格化语言能展现人物的内心世界。读者通过人物的语言能推断出说话的人是怎样的人。

1. 语言描写要符合人物的身份

(1)《老杨同志》中"村长广聚以为他是哪村派来送信的,就懒洋洋问道:'哪村来的?'老杨同志答道:'县里。'广聚仍问道:'到这里干什么?'小元棋快输了,在一边催道:'快走棋嘛!'老杨同志有些不耐烦,便道:'你们忙得很!等一会闲了再说吧!'"这一段描写中,三个人的言语都既符合他们的身份,又符合他们的性格。

(2)《故乡》中杨二嫂见了"我",倚老卖老地说:"不认识了吗? 我还抱过你咧!""忘了? 这真是贵人眼高……""那么,我对你说。迅哥儿,你阔了,搬动又笨重,你还要什么这些破烂木器,让我拿去吧。我们小户人家用得着。""啊呀呀,你放了道台了,还说不阔? 你现在有三房姨太太,出门便是八抬大轿,还说不阔?吓,什么都瞒不过我。"这段描写,深刻刻画出了杨二嫂刻薄放肆、能说会道,有着浓厚的世俗等级观念。

(3)《孔乙己》中,孔乙己否认自己偷书是"偷",他说:"窃书不能算偷……""窃书!……读书人的事,能算偷么?""偷"与"窃"的一字之换,就勾勒出了孔乙己自认为是"读书人"死要面子的穷酸相。

2. 语言描写要富有个性特征

(1)《故乡》中"我"见到闰土说"啊!闰土哥——你来了?"而闰土却分明地叫道:"老爷!"接着又回过头去说,"水生,给老爷磕头。"一个称呼,一句短短的话,就写出了"我"待闰土一如既往,而闰土则已完全接受了封建的尊卑观念。

(2)《变色龙》中的奥楚蔑洛夫,对平民百姓装腔作势,以保护者自居。有时又出言恐吓,"你呢,赫留金,受了害,我们绝不能不管""我早晚要收拾你";对不愿遵守封建法令的新兴资产阶级代表则说,"那些老爷既然不愿意遵守法令,现在就得管管他们";对贵族则说,"这是他老人家的狗?高兴得很……把它带走吧。这小狗还不赖,怪伶俐的,一口就咬了这家伙的手指头!"奥楚蔑洛夫变化不定的语言,正是他处在沙皇俄国封建统治制度的重重矛盾之中,只求维护反动统治,不讲是非公道的表现。从对奥楚蔑洛夫的语言描写中可以领悟到,进行人物的语言描写,要考虑人物处在怎样一个特定的历史背景中,在这个特定的历史背景中又处在怎样的地位和环境中。一定要把复杂的社会矛盾对他(她)的影响,通过他(她)的语言反映出来。

写人物的对话不在多,在于句句都有表现力,如《背影》中只写了父亲的六句话,句句情深意切。

(三)行动描写

行动描写可以显示人物的内心世界,展示人物性格及其发展。优秀作品总是让人物少说话,多行动,选最能体现人物本质特征的行动进行描写。

(1)《最后一课》中对韩麦尔先生有下列描写:"我每次抬起头来,总看见韩麦尔先生坐在椅子里,一动也不动,瞪着眼看周围的东西,好像要把这小教室里的东西都装在眼睛里带走似的""他转身朝着黑板,拿起一支粉笔,使出全身的力量,写了两个大字:'法兰西万岁!'"上述描写都展示了韩麦尔先生的内心世界,表现出了他对这最后一课珍惜的心情和崇高的爱国之情;表现了他对这四十年来教授祖国语言的教室的眷恋;表现了他对祖国必胜,法国人民必胜的坚强决心。

(2)《鲁提辖拳打镇关西》中,鲁提辖得知郑屠的恶行之后,决定要打郑屠。他是怎样打又是怎样走掉的呢?①在酒楼先细心地问清了郑屠、金氏父女的住处,给了金氏父女盘缠,让他们父女次日回东京去。鲁提辖回到住处后虽然"晚饭也不吃,气愤愤地睡了",但他不误事。次日一早便来落实金氏父女离开的事。②他成功地护着金氏父女走了之后,还坐等两个时辰,以防店小二去拦截金氏父女。③估摸着金氏父女已然走成,这才到郑屠住处来。到郑屠住处后,不是上去就打,而是采取三个步骤激怒郑屠,客观上造成口角现象,这样打起来就是很正常的打架,避免了"是来存心打郑屠"的。④动手时先把郑屠引到街心,历数罪状,使自己"打得有理有据"。⑤用力过猛,失手将郑屠打死了,意识到不走要吃官司,因此"拔步便走",而且还说郑屠是"诈死",要和他"慢慢理会";"一头骂、一头大踏步去了"。上述这一系列行动描写,就写出了鲁提辖的粗中有细、嫉恶如仇、急而不乱、随机应变的性格。

(四) 心理描写

心理描写是让作品中的人物敞开自己的心扉,直接披露心灵奥秘的一种写法。它是直接揭示人物内心世界的手段。

1. 内心独白

如《从百草园到三味书屋》中"我疑心这是极好的文章,因为读到这里,他总是微笑起来……"表现了"我"对三味书屋的教学内容的不理解和"先生感兴趣的,孩子却毫无兴趣"。再如《故乡》中"我想:我竟与闰土隔绝到这地步了,但我们的后辈还是一气,宏儿不是正在想念水生么……"表现了"我"对自己与闰土之间的隔绝的悲哀。"我想:希望是本无所谓有,无所谓无的。这正如地上的路;其实地上本没有路,走的人多了,也便成了路。"则表明了"我"坚决否定旧生活,要为新生活而奋斗的思想。这些实际上是用心理描写突出了主题。

再如《皇帝的新装》,多处用心理描写君臣的打算和内心的矛盾,深刻地揭露了君臣的虚伪和愚蠢。如"这是怎么一回事呢?""我什么也没有看见!这可骇人听闻了。难道我是一个愚蠢的人吗?难道我不够资格当一个皇帝吗?这可是我遇见的一件最可怕的事情"。

2. 回忆联想

如《故乡》中"啊!这不是我二十年来时时记得的故乡?我所记得的故乡全不如此。我的故乡好得多了"。通过"我"的回忆联想,一方面写出了旧中国农村的破产,一方面显示出了自己的悲凉心情。

3. 从旁描述

如《孔乙己》中"孔乙己看着问他的人,显出不屑置辩的神气""见我不热心,便又叹一口气,显出极惋惜的样子"。这些从旁描述都写出了孔乙己自认高明和希望别人也读书的心情。再如《皇帝的新装》中"不过,当他想起凡是愚蠢或不称职的人就看不见这布的时候,他心里的确感到有些不大自然。他相信自己是无须害怕的。虽然如此,他仍然觉得,先派一个人去看看工作的进展情形比较妥当"。这就写出了皇帝的盲目自信和内心的犹豫。

注意散文写人不同于小说，不是按情节的展开完整地展示人物个性，而常常是抓特征，用白描的语言勾勒几笔，使人物神情毕现。

九、环境描写

环境描写是文学创作中对人物所处的具体环境的描写。人都是在具体环境中生存和活动的，人物思想感情的变化和性格的形成、发展都和所处环境紧密联系着，它对反映生活现实，刻画、烘托人物性格，表现主题思想具有重要作用。环境描写可以介绍人物活动的环境，揭示人物性格的特征，烘托人物的心理活动。

（一）社会环境描写，含对人物所处的时代背景、具体场所的描写

（1）《小橘灯》中"这屋子很小很黑，靠墙的板铺上，她的妈妈闭着眼平躺着，大约是睡着了，被头上有斑斑的血痕。她的脸向里侧着，只看见她脸上的乱发和脑后的一个大髻。门边一个小炭炉，上面放着一个小砂锅，微微冒着热气"。这段家境的描写就突出了小姑娘非常坦荡自然地承受着生活的重压。

（2）《夜走灵官峡》写成渝的家："绝壁上的石洞""石洞门口还挂着布帘子""抓住树枝爬上去，钻进石洞""石洞挺大，里头热腾腾的，有锅碗盆罐，有床铺。床头贴着'胖娃娃拔萝卜'的年画。墙上裱糊的报纸，让灶烟熏得乌黑"。这一系列环境描写既反映了工人生活的艰苦，又表现了他们精神生活的充实，成渝的优秀品质，就是在这个富有传奇色彩的环境中培养的。

（二）自然环境描写含景物描写

景物描写多种多样，特别是小说中的景物描写更是如此。如《故乡》的开头，写的不是作家站在他自己的角度欣赏景物，而是结合着人物当时的思想情绪，通过人物的眼睛写出人物对风景的感受。

小说中的景物描写都要与人物性格、感情的发展有必然的联系。景物描写不能像贴上去的赘疣,要"化"得像盐在水中知盐味而不见盐质那样。绥拉菲莫维奇说:"只有在事件的发展、人物的行为的说明和解释上绝对不可缺少的景物,我才选用了进去。"说的正是这个原则。

(1)如《夜走灵官峡》开头对铁路工地的描写:"纷纷扬扬"的"大雪""半尺多厚","雾蒙蒙""不见人影","只听见各种机器的吼声"。这样,小说一开始就点出了环境的艰苦,起到了表现工人们在艰苦奋战的作用。接着写进入灵官峡后的环境,"成天不见太阳""只能看见巴掌大的一块天""卷着雪片的狂风""把人团团围住,真是寸步难行",由此又写出了工人施工的难度。这两处环境描写既表现了筑路工人艰苦奋斗的精神,也为"我"要"避风"提供了依据。

(2)《七根火柴》开头写的是遍地沼泽、气候恶劣的环境。这恶劣的环境既给无名战士忍饥熬寒、给部队保存火种的行动增大了难度,同时也为他可以使用火柴提供了依据。接着写他在那么困难的条件下完好地保住了火种,在他可以使用火柴的情况下,宁可牺牲自己的生命而没有使用火柴。这样,这一恶劣环境的描写就更为表现人物的精神美增添了助力。同理,《驿路梨花》开头对"好大的山"的环境描写,也表现了修建小屋的那个人的精神美。《在烈日和暴雨下》写天气的炎热和暴雨的猛烈,凸显了祥子在烈日和暴雨下所受的折磨,形象地表现了旧社会劳动人民的苦难。

(3)《社戏》从色彩、气味、声响诸方面,对往返赵庄途中所有景物的生动传神的描写,既为孩子们看社戏时的兴高采烈的心情作了有利的烘托,同时也抒发了作者热爱农村的感情。烘托本是中国画常用的技法,即以此托彼,从旁着意渲染,使主体更加鲜明地显现出来的一种方法。

(4)《春》没有写具体的人和事,纯以景物描写来表达思想感情。

怎样表达呢?

①抓"刚睡醒"的特点,总写和分写"春天来了"。

②从不同方面落笔,分别写春草、春花、春风、春雨,表现春天景物生气勃勃而又多姿多彩的特点。写"春草"突出它的旺盛生机,写"春花"突出它的百花争艳,写"春风"突出它的和暖清新,写"春雨"突出它的润泽万物。

③写了草、花、风、雨之后,写人的活动。写人,突出他们的精神抖擞,对新一年充满希望。最后再总写春天,揭示春天的个性:是生命的开始,具有无比的魅力和无限的生命力。通过赞美春天的美好来抒发自己对生活的热爱,对美好未来的憧憬之情。

(5)《听潮》也是通过写景来表达中心思想的。不过《听潮》是通过赞美大海的神奇变化,讴歌人民的战斗精神。

(6)《从百草园到三味书屋》通过描绘百草园的景色,写在百草园获得的乐趣。

通过上述各篇的环境描写,可以总结出下列进行环境描写的原则:

①抓住环境和事物的特点写。如小姑娘的家,写了"简陋";成渝的家,写了"位置的险要"和"简朴而富有情趣";百草园则写了园中特有的"石井栏光滑""黄蜂肥胖""油蛉低唱""蟋蟀弹琴"。

②写环境中的形、声、色、味。如菜畦的"碧绿",桑葚的"紫红",黄蜂的"肥胖",鸣蝉的"长吟",覆盆子的"又酸又甜"。再如"大海的音响""像千军万马混战了起来",月光"银鳞一般"等。

③写景物要有重点,不需面面俱到。如"不必说……也不必说……,单是……"即突出了重点。

④写景物的顺序要符合人的观察习惯。如"单是泥墙根一带……翻开断砖来……"。不容易安排顺序的,要围绕某一特征从不同角度、不

同方面来落墨,《在烈日和暴雨下》即是如此。

⑤写房中之物要物物透露主人的情趣,化成揭示人物性格之景(如《夜走灵官峡》中"胖娃娃拔萝卜的年画")。物中见人,景为情设;以景写心,以景写情。

十、细节描写

细节描写是对人物的性格、肖像、语言、行动、心理及其周围环境所做的细腻、具体的描绘。细节是刻画人物、描述事件的最小组成单位。没有生动、真实的细节描写,形象就会干瘪,缺乏艺术感染力,但细节描写必须服从主题的表达。

细节描写是人物形象的细胞和血肉。细节要"细"在人物的性格行动中,要"细"得有个性。用细节表现人物,最重要的则是要传神(如《夜走灵官峡》中成渝对"我"的"跺脚"立刻做出的反应)。记叙文不像小说,不能虚构,但仅仅写人物和事件也是不够的。一定要力求找到表现人物心灵和升华作品主题的细节和情节,即找到"爆点"。如何运用细节描写下列几例可供参考。

(一)写环境

如《同志的信任》中"一九三五年冬天的一个傍晚,鲁迅先生在预先约定的地点,会见了一个陌生的女青年"。这个细节描写就写出了所处的环境险恶,同时也写出了送信人及鲁迅的警惕性、斗争经验。

(二)写人物

(1)《同志的信任》中写鲁迅"立刻"带着纸包和信"急急忙忙"走回家,表明了他不顾个人安危,为革命工作坚定不移的精神;"郑重地"打开纸包,"目不转睛"地看,"苍白"的脸色,"越来越"严肃了,表明了他对共产党人的敬爱和对敌人的愤怒;"擦干两手""小心地"翻阅文稿，表明了对烈士手稿的异常珍惜。

（2）《七根火柴》中写无名战士"同志——这声音那么微弱、低沉，就像从地底下发出来的"，表明他已奄奄一息、生命垂危。后来交火柴时是"伸开一个僵直的手指，小心翼翼地一根根拨弄着火柴，口里小声数着：'一、二、三、四……'"表现了火柴的珍贵和他高度的革命责任感。再如无名战士是处在阴雨泥湿的草地上，身子底下是"一汪浑浊的污水"，衣服"湿漉漉""胸口和衣服一样冰冷"，但他把火柴放在党证中，"揭开党证，里面并排摆着几根火柴，干燥的火柴"，这就显示了他如何不顾一切地把火柴保护好。

（3）《变色龙》中的细节描写，对刻画人物、推动故事情节向前发展都有重要作用。

①赫留金的手指头反映了他的遭遇，又从反面衬托出奥楚蔑洛夫见风使舵的卑劣品质。赫留金手指被狗咬伤，"血淋淋地伸出来像一面胜利的旗帜"。这时奥楚蔑洛夫的表现是干脆利落地说"别拖"，要严惩"疯狗"。后来听说狗是将军家的，于是赫留金的手指在奥楚蔑洛夫眼里便成了冒犯名种狗的罪证，"你这混蛋，把手放下来！不用把你那蠢手指头伸出来"。上述对手指的运用就使奥楚蔑洛夫欺下媚上、见风使舵的丑恶嘴脸一览无遗。

②一冷一热，一会儿穿，一会儿脱，一会儿起风，一会儿下雨，作者利用穿脱大衣这个细节描写，又把奥楚蔑洛夫内心恐慌又强作镇定的窘态暴露在读者面前。

（三）写实物

如《同志的信任》中写送来的信是"已经有点磨烂和破损""头尾都没有具名"，就表明信转来得很不容易和发信人的机智。

十一、场面描写

场面是指人在环境中一系列行动的画面,因此场面描写不同于自然景物静态的描写,而是属于人物活动的动态描写。它既同社会环境描写有密切的关系,又比社会环境描写小得多。它不指人与人之间的复杂关系,而是具体指人们活动的画面。场面描写的作用在于多侧面地反映丰富多彩的社会生活,展现复杂多变的故事情节,塑造鲜明突出的人物性格。场面描写也要抓住特点并紧紧地和人物内心活动结合起来写。

(1)《分马》中写"院子当中摆着一张长方桌子,郭全海用小烟袋锅子敲着桌子说:'别吵吵,分马了。'"至"到底把老孙头扔下地来"全是场面描写。《分马》的场面描写,第一写出了郭全海他们在分马的场合下各自的行为及相互间的关系;第二点面结合地写出了场面的气氛和全貌(人物中有名有姓的为"点",未指名道姓者为"面")。

(2)《挥手之间》的第1段至第14段,是写1945年8月28日这一天延安军民送别毛主席去重庆谈判的场面。文章以"送行人"和"去重庆的人"两种人的行动穿插交替着写。写"送行人"着重描述"三次涌去":第一次是毛主席乘车来到机场时,第二次是毛主席登机时,第三次是飞机发动后。通过这三次"涌去"的描写,淋漓尽致地表现了人民群众热爱和依恋领袖的深挚感情。写"被送行的人",着重写了毛主席的装束、目光、脸色、点头、走路、摘帽等动作,更浓墨重彩地写了毛主席的"挥手",这些都表现了毛主席为国家和人民利益置个人安危于不顾的革命气概和英雄胆略。

(3)《普通劳动者》的场面描写不仅为主人公活动提供了具体环境,而且还展示了时代背景、时代气氛。

十二、正面描写与侧面描写

正面描写又称直接描写。文学创作中指作者直接对描写对象（人物、事件、环境）所作的刻画、描绘。正面描写是与侧面描写相对而言的。侧面描写又称间接描写，是指通过对周围人物或环境的描绘来表现所要描写的对象。

（1）《夜走灵官峡》对成渝是正面描写，赞美了成渝（工人的孩子）的高贵品质。对成渝的父母，有一部分是侧面描写，即通过写成渝来表现成渝的父母，如"他连我看也不看，说：'爸爸说，明天还下雪，就要停工哩！'""他说：'妈妈说，我的印（任）务是看妹妹。妈妈回来，我就下班了！'"对成渝的父母也有正面描写，如"顺着光带，隐隐约约可以看见几十名工人像贴在万丈绝壁上似的，打着炮眼，仿佛在开凿着登天的梯子""只见一个人站在便道旁边的电线杆子下，已经变成一个雪人，像一尊石像"。这些都正面描写出了成渝父母的工作艰苦。

（2）《小橘灯》中"她惊异地说：'王春林，那个木匠，你怎么认得他？去年山下医学院里，有几个学生，被当作共产党抓走了，后来王春林也失踪了，据说他常替那些学生送信……'"这一段描写，对王春林来说是侧面描写，对"她"来说是正面描写。由此还可以看出，侧面描写与正面描写有的是相结合着写的。

（3）《在烈日和暴雨下》是正面描写暴雨的发生、发展过程：先写暴雨来临之前的"风"，从"一点凉风"而"几阵凉风"到"风忽然大起来"；然后，写"风"结合着写"云"；紧跟着写"雨"的来临。写烈日的威力，主要用侧面描写"热"，写"热"在"柳树""马路""便道""人脸"上的反应；同时，写烈日也用了正面描写，如"天热得发了狂""地上已经像下了火""阳光也更厉害了"。

十三、表达方式

表达方式是写文章时所采用的反映社会生活、表达思想感情的手段。常用的有记叙、说明、议论、描写、抒情五种。这几种方式可单独使用，也可互相配合使用。采用何种方式，要根据所反映的客观事物、文体特点而定，记叙文以用记叙为主。这几种表达方式也常常配合使用。

(一) 记叙

记叙包括记述和叙述。记述侧重于写事物的静态，如事物的位置、状态、性质等，其功能是如实地再现事物的样子。叙述侧重于写事物的动态，即事物的发展变化过程，其功能在于反映事物运动的情状及规律。记述和叙述既有区别又有联系，二者总是配合使用，如《老山界》的第2段至倒数第2段就记叙了红军翻越老山界的全过程。

(二) 抒情

抒情是作者的主观感受和思想感情在作品中的抒发。不同的文体，有不同的抒情方法，但基本上有两种：直接抒情和间接抒情。

间接抒情常常在写人叙事、写景叙事之中表达真情实感。如《回忆我的母亲》的第2至第13自然段，即是以质朴无华的语言，写出了母亲的平凡而伟大，抒发了对母亲无限敬爱的深情。

《白杨礼赞》的作者融情入景，在具体的景物描绘中饱含着深情。如"力争上游的树"那一段，不是一般的纯客观描写，而是透过对树的描写，让人看到了作者的赤子之心。其次是写西北高原上的白杨，这里的白杨决不同于其他地方的白杨，是我见到而别人未曾发现的画面。

直接抒情也就是直抒胸臆，直接表露自己的思想。如《回忆我的母亲》的第14至17段，作者感到对母亲很多事情的记叙（第2至13段）不足以充分表达对母亲的热爱，就采用了直接抒情，连续写"我应该感谢母亲……我应该感谢母亲……"

　　具体地分析抒情方式，可分为上述两种，但体现在一篇文章中，这两种方式又常常是结合在一起的。还应该看到：情感不是凭空产生的，情感的产生有它的思想基础和物质基础，因此抒情又常常和叙述、描写、议论紧紧地联结在一起。

　　（1）悼念性文字一般采用寄情于事的写法，把怀念渗透在对往事的回忆中。不用铺张渲染的描写，只以朴实、简洁的叙述，来表达自己深沉的感情。如《回忆我的母亲》在前面具体记叙了许多事情的基础上，转而以抒情、议论的笔触来表达自己的怀念之情。

　　（2）抒情散文一般采用寄情于物的写法。这种写法常以生动的画面、跌宕的情思感染读者。这种写法中铺张渲染的描写多于朴实、简洁的叙述。在写作上，以生动形象的艺术语言，融情于物，借物寓理，不用推理的办法让你信服，不用曲折的情节让你受吸引，只谈生活中的实感，唤起你的共鸣。寄情于物不仅要知道用什么来象征什么，更重要的是分析理解象征体与本体之间的有机联系。具体到《白杨礼赞》，则要着重领会对白杨树的描写和对抗日军民的歌颂这两者的内在联系。

　　《记一辆纺车》也是借物抒情，但是这篇文章不是让"纺车"象征什么，而是把它作为"旅伴""战友"来回忆。回忆它是为了引起对延安战斗生活的回忆，全文着重写的是延安的战斗生活。

　　抒情散文还寄情于景、借景抒情。如《听潮》，作者就把大海当作人来写：潮来之前的大海，作者把它写成入睡的美人；初潮的大海，作者把它写成被惊醒的武士；涨潮高峰的大海，作者把它写成像是愤怒的斗士。作者把大海写成"美人""武士""斗士"，这本身就体现着对大海的爱，抒发的是作者要摧毁腐朽势力的战斗豪情。

　　《老山界》是典型的记事文，但文中写夜半醒来所见到的景色的那一段，通过写见到景色的感受，抒发了红军对艰苦环境安之若素、从容不迫的豪情。

（三）记叙、抒情、议论相结合

在记叙文中，记叙与议论、抒情相结合的文字较多。记叙的主要作用是记录和叙述人物、事件的情况及其发展过程。记叙能把事件发生的背景、过程、情况交代清楚，而议论和说明则能提高记叙的思想深度，赋予它更加深刻的意义。也就是说，鲜明形象的记叙和逻辑严密的判断总是交互使用的。记叙文中的议论是以记叙为基础的。这种议论常常不需交代论据，不需进行论证，而只进行判断即可。记叙文中的议论还常因被赋予鲜明的感情色彩而与抒情相结合。

用记叙、议论、抒情相结合可以突出中心思想，如已举过的《听潮》即是。

用记叙、议论、抒情相结合可以说明道理和抒发切身感受，如《记一辆纺车》写纺车在经济上为何是丰衣足食的保证，这就是说明道理；说"穿那些华美的衣服"，反觉得"碍眼"，则是作者切身的感受。

（四）描写

描写是对人、物、环境等表述对象的形、声、色、态等具体状貌所做的形象性的表述，是使作品语言形象、生动、鲜明的重要手段。描写是由一系列最富于表现力的细节组成的，进行描写的要领是捕捉细节。

描写可分为说明性描写和艺术性描写。前者多见于说明文，这种描写要求准确地介绍事物，它注重的是事物的本质特征。后者多见于文学作品，这种描写侧重于表现作者的主观感受，并且企图从感情上感染读者。为此，这种描写也可以写真人真事。

此外，从描写的对象分，有人物描写和环境描写；从描写的角度分，有正面描写和侧面描写；从描写的情节构成分，有场面描写和细节描写。

（五）白描

白描是一种不尚修饰，以质朴的文字，抓住事物的特征，寥寥几笔即勾画出鲜明形象的写法。这种写法,色彩清淡,少用形容词和修饰语。记叙文一般全用白描记叙事实,不作任何修饰渲染,因此从语言上说,大朴需要大巧,要分析十分平常的字眼,如何用得恰到好处,使要表现的事物跃然纸上。如《老山界》中"满天都是星光,火把也亮起来了""但这是没有办法的,只得裹一条毯子,横着心躺下去。因为实在太疲倦,一会儿就酣然入梦了",这段文字就运用了白描的写法。

上述思维组合件,在作文时可以作为构思时的理论指导,可以按照思维组合件中总结出的做法、规律去观察、去立意,遣词造句,布局谋篇。在阅读时可以作为阅读的理论指导,可以按照思维组合件中总结出的做法、规律去分析课文,进行对比,取其精华,弃其不足,使思维组合件不断得到充实、扩展。

附件三、四的思维组合件,其作用亦同此,后面写到时不再重述。

附录三　议论文思维组合件

　　议论文是以议论为主要表达方式,运用事实和道理论证或反驳某种观点和主张的一种文章体裁。论点、论据和论证过程是议论文的三个要素,任何一篇议论文都是由这三个要素构成的。

一、论　点

　　论点是作者对论题所持的见解和主张。它是明确的判断,是作者看法的完整陈述,在形式上是完整的句子。它不是论题,即论述的内容(如批评与自我批评),不是疑问句(如什么是知识),不是比喻句(如太阳的光辉),不是短语,不是令人难以确定含义的词语。如《纪念白求恩》的论点是"白求恩同志具有共产主义的精神,大家要学习他的这种精神";《谈骨气》的论点是"我们中国人是有骨气的,我们要发扬这一优良传统,克服任何困难,奋勇前进"。

(一) 论点在文中的位置

　　(1)在标题中即摆出论点,如《俭以养德》,既是这篇文章的标题,又是这篇文章的论点。文章提出论点时虽未用"俭以养德"这四个字,用的是"'要富日子穷过'的原则适用于整个国家、每个集体、每个家庭,也适用于每个人",但"俭以养德"这个短句,完全可以代表论点的意思,同时在论证过程中也引用了它。

　　(2)在篇首点出中心论点,如《谈骨气》中的"我们中国人是有骨气的";《怀疑与学问》中的"学者先要会疑"均是。

　　(3)在文章结尾概括出中心论点,如《纪念白求恩》的结尾即是(文字见前文)。

（二）分论点

论证常常需要作者从各个方面周密地阐发和证明中心论点。为此，就常常需要把文章分成几个部分，每一部分各阐述一个问题，这样就形成了分论点。对于中心论点来说，各分论点都是中心论点的支撑材料。用几个分论点来阐明中心论点，是使立论增强说服力的常见方法。

（1）《纪念白求恩》全文共四段，前三段每段阐明了一个分论点。第1段是白求恩具有国际主义精神，要学习他；第2段是白求恩具有毫不利己专门利人的精神，要学习他；第3段是白求恩具有对技术精益求精的精神，要学习他；第4段总括前文得出中心论点，是白求恩具有毫无自私自利之心的精神（共产主义精神），大家要学习他这种精神。

（2）《俭以养德》是先提出中心论点，然后从"一个人的思想品质"的培养和"我国是一穷二白的国家"两个方面来论证。从"一个人的思想品质"的培养方面进行论证，又提出了三个分论点，"物质的追求和安逸的生活可以分散人的精力""你的一举一动都会对周围的人发生影响""胡花乱花可能堕落"。

（3）《怀疑与学问》也是先提出中心论点，然后用几个分论点把中心论点阐述清楚。为了证明"学者先要会疑"，第一个分论点是"有怀疑精神，是获得一切学问的基本条件"，第二个分论点是"有怀疑精神也是建设新学说、启迪新发明的基本条件"。

二、论　据

论据是用来证明论点的事实和道理。一篇议论文光有观点和主张不行，要让读者信服还要摆事实、讲道理，以此来证明自己的看法是有根据的，是正确的。论据应具有真实、充足、典型这三种特性。真实可靠、充分有力的论据，可以使所作的判断产生令人信服的力量。如果论据虚假，或选得不典型，论点就很难成立。

论据与论点之间有着密切的关系。论点是以论据为根据,靠论证来证明的。论据要为论点服务,要根据论点的需要进行选择。论据是作者作出正确判断的基础。

(一)事实论据

事实论据包括有代表性的事例、史实以及统计数字。引用这些事实时,可进行具体表述,也可以表述得比较概括。阅读议论文时,要对作者所提供的事实进行分析(对概括表述的事实也不要忽略),能够从事实中看出道理,还要再检验它与文章的论点在逻辑上是否一致。

(1)《谈骨气》在对"骨气"作了简要分析之后,列举了三个典型事例逐层论证中心论点。文天祥的事例证明"孟子说的几句话,在文天祥身上都表现出来了";"不食嗟来之食"的事例,侧重从"贫贱不能移"的角度进行论证;闻一多的事例,侧重从"威武不能屈"的角度进行论证。为了证明"有骨气"是我国人民的优良传统,作者选择事例时既选择了古代人,又选择了现代人,注意了不同的角度。

(2)《纪念白求恩》列举了"一个外国人,毫无利己的动机,把中国人民的解放事业当作他自己的事业""他对工作极端的负责任,对同志对人民极端的热忱""他的医术是很高明的""现在大家都纪念他"等事实来论证白求恩毫无自私自利之心的精神。

(3)《俭以养德》举"鲁迅的一条裤子穿了好几十年"的事实,阐述鲁迅领悟到的道理:"工作容易被安逸的生活所累。"

(4)《怀疑与学问》中谈到"应怀疑什么",就举了三皇五帝和腐草为萤两例谈到"大学问家、大哲学家都是从怀疑中锻炼出来的",就举了戴震对《大学章句》的怀疑。

(5)《从三到万》举"田舍翁之子"的故事作为论据,证明学习必须循序渐进、虚心求师。

（二）道理论据

道理论据包括导师论断、格言、谚语、原理、公理、定律、公式等。这种论据往往和事实论据结合在一起使用。

（1）《怀疑与学问》论证"对于哪一本书、哪一种学问都要经过自己的怀疑"，就举了孟子的"尽信书，则不如无书"作为论据。

（2）《俭以养德》用物质的追求和安逸的生活可以分散人们在工作、劳动、学习上的精力，还可以养成人们拖拉懒散的作风这一常理，证明俭以养德。

（3）《从三到万》举学习要循序渐进这一学习规律论证学习不能急于求成。

三、论 证

论证是组织和运用论据说明和证实论点的过程。论证要做到逻辑严密，条理清楚。下列文章的论证过程可以借鉴：

（一）《谈骨气》的论证过程

（1）全文按提出论点、论证论点、归纳总结的思路安排全文的结构。

（2）提出论点后，要让读者对论点有明确具体的认识。为了达到这一要求，在开头提出论点后，没有紧接着进行论证，而是引孟子的三句话解释"骨气"的含义，使读者知道"大丈夫的这种种行为，所表现出的英雄气概，我们今天就叫做有骨气"。

（3）提出论点后，要让读者对论点中所涉及的内容有全面而准确的认识。为了达到这一要求，使读者明确了什么叫做有骨气之后，接着又告诉读者"我国……每个时代都有很多这样有骨气的人，……我们是有着优良传统的民族"。尽管由于社会的不同、阶级的差别，骨气的具体内涵也不尽相同，但我国历史上还是有许多有骨气的人值得学习。这样就先肯定了论点，引出了下文，同时也让读者对"什么是有骨气"有了全面而准确的认识：有骨气的人必须是"坚定不移地为当时的进步事业服务"的人。

（4）引用事例进行论证，论据要能证明论点，论点能统率论据，叙议紧密结合，材料和观点有机统一。全文引用三个事例进行论证，都采用叙中有议、议中有叙、叙议有机结合的写法，但它们又有所不同：文天祥的事例是先叙后议，先叙述文天祥抵抗、被俘、拒降和被杀害，再引出"以自己的生命来抗拒压迫"的议论；"不食嗟来之食"的事例是夹叙夹议，先叙故事，评价"不食嗟来之食"这个行动的意义，继而分析"饿人""不吃这碗饭"的心态，最后评价"饿人""表现了中国人的骨气"；闻一多的事例首尾是议，中间是叙。先议闻一多是民主战士，再叙闻一多被害的事，最后用毛泽东的话评价闻一多表现了我们民族的英雄气概。叙议紧密结合，使材料和观点有机地统一起来，论据能说明论点，论点能统率论据。（摆事实也叫例证法，讲道理也叫引证法）

（5）进行论证时，引用事例的顺序要有根据。全文选三个典型事例论述"中国人是有骨气的"这一论点，三个例子各有不同的特点，各从不同的角度论证孟子的话。从这三个事例代表的方面来看，它们从古至今各代表着中国历史上的不同社会阶层，排列顺序的根据是：一条是按孟子的话的顺序依次举例，另一条是文天祥，他是代表"富贵不能淫"最全面的例子，所以放在开头。这样安排顺序十分自然，顺理成章。

（6）引用事例论证之后，注意总结、突出中心论点。本文就在最后单写一段总结全文，与开头遥相呼应，使文章的结构十分严谨。

（二）《怀疑与学问》的论证过程

（1）《怀疑与学问》也是开头提出中心论点，接着用张载的话补充论点，使论点明确、全面。由于是用古人的话作论点，因此说明这一观点古人早已认识到，使论点的提出显得坚实而有基础。

（2）提出论点后，紧接着就提出两个分论点进行论述。

（3）文章在论证之后也有总结，只是未另起一段。

（4）文章用了类比论证。类比论证是一种通过已知事物与跟它有相同点的事物进行比较类推，从而证明论点的论证方法。此文举了如何对待国难危急的传说之后，紧接着论述"做学问也是一样"，即是类比论证。

（三）《纪念白求恩》的论证过程：

（1）先叙述白求恩的感人事例，然后针对事例进行议论，指出白求恩的国际主义和共产主义精神。

（2）论述问题时，还运用了对比论证的方法。在高度赞扬白求恩毫不利己专门利人的精神之后，批评了不少人的自私自利；在热情推崇白求恩对技术的精益求精之后，又指出一些人见异思迁和鄙薄技术工作是不对的，从对比中论述了为什么要向白求恩学习。

四、议论文的结构

（一）立论文通常的结构

（1）在文章开头先摆出论点，然后论证论点的正确，如《谈骨气》《怀疑与学问》《从三到万》均是如此。这几篇文章也均可用提出问题、分析问题、解决问题表述它们的结构类型，其中尤以《谈骨气》《从三到万》最为典型。

（2）《怀疑与学问》小有不同：全文共分两部分。第1、2段为第一部分，提出中心论点：做学问要善于提出疑问。第3、4、5段为第二部分的第一层，提出第一个分论点：怀疑是获得学问的基本条件。第6段为第二部分第二层，提出第二个分论点：怀疑也是建设新学说、启迪新发明的基本条件。本文把分析问题、解决问题集中在一个部分。

（3）《俭以养德》基本上也属于提出问题、分析问题、解决问题的结构，与《从三到万》的不同之处在于，《从三到万》是开篇提出问题，《俭以养德》是先批评一种错误观点，然后引出中心论点。

（二）驳论文通常的结构

驳论文一般是先摆出对方观点，然后予以针对性的反驳。《"友邦惊诧"论》从总的轮廓来说，即属于上述写法。只是此文开头是先评述"这回学生的请愿"的原因，然后引出谬论，接着再逐一加以批驳。开头这样写的好处是先让人对学生请愿的正义性有认识，使得敌人的诬陷之词一开始就显示出是欲加之罪。这样，敌人的谬论还未攻就先站不住脚了，与先直接摆出谬论再加以驳斥有异曲同工之妙。

（三）《论雷峰塔的倒掉》不是典型的议论文，但它也是以立论为主的文章

全文分三大部分，第一部分是第1段，写雷峰塔倒掉不可惜；第二部分是第2、3段，写雷峰塔倒掉是绝大多数人所愿；第三部分是第4段至结尾，论述塔的倒掉大快人心。

（四）议论文也很讲求首尾呼应，前后呼应

如《从三到万》可作为典型代表。此文前面提出的问题是：学习文化知识能不能走终南捷径呢？后面以"必须逐渐学习，并且需要教师指导，不可能只凭什么'天才'就可以很快学会"回答。前面引用了"从三到万"的故事，后面多次提到故事中讲到的人和事；结尾也说到"'从三到万'这个故事似乎对我们有一些启发"。这种照应把文章联系成一个整体，显得十分紧凑。

《俭以养德》最后两段再次提出"每个人必须学会过穷日子"与第一部分"要富日子穷过"相呼应，用"俭以养德"与第二部分相呼应。

（五）小结前文所提到的议论性文章的开头与结尾

文 章	开头形式	结尾形式
《谈骨气》	开门见山式	结论式
《纪念白求恩》	导入式	结论式
《俭以养德》	引用式	结论式
《怀疑与学问》	开门见山式	结论式
《从三到万》	设问式	启发式
《"友邦惊诧"论》	摆出谬论式	驳完论据自然结束式

五、议论文的语言

（一）《纪念白求恩》是夹叙夹议、以议为主

"夹叙夹议"，是指在写人记事、描景状物中夹进议论成分的写法。在一篇文章中夹叙夹议，可以使所叙的内容表达得更鲜明、更有感染力，给人留下更深刻的印象。从《纪念白求恩》看，叙中所夹的议具有以下特点：1.议从叙来，议与叙有内在联系，不是空发议论；2.议论得当，阐明意义，表明主张都很妥帖；3.议论精练，不以议压叙；4.议论有理，给人启发，引人向上；5.方法多样，有的先叙后议（如第1、3段），有的先议后叙（如第2、4段），叙议、议叙均融为一体。

为了增强语言的表现力，全文多用成语。尤其是在对比论证时，运用成语是言简意赅，极富感情色彩，如"毫不利己、专门利人"对比着说；"精益求精"一语同"拈轻怕重""漠不关心""麻木不仁"三语对比着说。

为了论断有力，全文还多用双重否定句式。这种句式语意重，给人的印象鲜明深刻。如"没有一个不佩服""无不为之感动"。

（二）《谈骨气》叙述事例时显示出了议论文叙述事例的特点

如拿它和记叙文中的叙述事例对比可知：（1）记叙文中的叙述要求

形象,因而会有较多的描写;议论文中的叙述则力求简练,一般不作描写。(2)写人记事是记叙文中的主要内容,因此要求写得完整;引人、引事是议论文论证的手段,只要截取能证明观点的一个片断即可,因此不要求完整。

(三)《俭以养德》开头摆出错误论点树起靶子,简练而鲜明

这样的开头可使批驳的目标集中。树靶子的话很能代表对方的立场、观点、态度,让人一看就觉得有批驳之必要。虽如此,进行批驳时还要注意防止片面性。

(四)《论雷峰塔的倒掉》是杂文

杂文说理与一般议论文又有不同。它是以议论为主,兼用叙述、描写、抒情多种表达方式。如开头一段,上来叙述所闻,接着就进行描写,"破破烂烂的掩映于湖光山色之间,落山的太阳照着这些四近的地方",之后又用了议论,"并不见佳",到第4段又用了抒情:"现在,它居然倒掉了,则普天之下的人民,其欣喜为何如?"

杂文的说理和一般议论文相同的地方是都讲求严密。如"凡有田夫野老,蚕妇村氓,除了几个脑髓里有点贵恙的之外,可有谁不为白娘娘抱不平,不怪法海太多事的?"这段话中的"凡有""除了……之外"都是不可少的,少了就会造成片面性。

《论雷峰塔的倒掉》中增强语气的副词和表达鲜明态度的句式用得很好,这些也适用于议论文。前者如"那么""当然""仍然"(见"那么,里面当然没有白蛇娘娘了,然而我心里仍然不舒服,仍然希望它倒掉"句);后者如"我对于玉皇大帝所做的事,腹诽得非常多,独于这一件却很满意"这一转折复句(先抑后扬,突出了自己在这件事上的态度)。

（五）《最后一次讲演》是直抒悲愤，痛斥敌人罪行，赞颂英雄的讲演

文章语言的感情色彩十分鲜明强烈。讲演中反复交叉使用人称代词，表现出了讲演者鲜明的思想感情和坚定的立场。

文章中感叹句用得较多。如"这几天，大家晓得，在昆明出现了历史上最卑劣最无耻的事情！""我们不怕死，我们有牺牲的精神！我们随时像李先生一样，前脚跨出大门，后脚就不准备再跨进大门！"这些感叹句充分表现出了演讲者大无畏的精神。

重复句、反问句在这篇讲演中也用得比较多，起到了强调和加强语气的作用。重复句如"无耻啊！无耻啊！""你们完了，快完了！"一句比一句重。反问句如"你们以为打伤几个，杀死几个，就可以了事，就可以把人民吓倒了吗？""希特勒、墨索里尼，不都是在人民面前倒下去了吗？"这些反问句充分指出了敌人必败的趋势，起到了一般陈述句起不到的作用。

从文章中还可看出短句的优势：有力、极富揭露性和鼓动性。

（六）议论文也十分讲究详略得当，特别是在处理论说与叙述的关系时最为突出

详细而深入地剖析事理、论证问题，是论说文的主要任务，但是在论证问题时，往往以事实为根据，这就需要加入叙述的成分。议论文又是用概念、判断、推理的方法阐明观点，重在论说的，所以作为论据的事实往往写得简略概括；而推理、判断的议论则写得详细充分，如《从三到万》就是这样写的。

附录四　说明文思维组合件

说明文是以说明为主要表达方式的文章体裁。说明文与记叙文、议论文的区别在于：

从写作目的、效果上看，记叙文通过写人记事，交代事件、人物的来龙去脉，用鲜明的形象、生动的故事感染读者，使人有所感；议论文通过"例证""引证"，运用严密的逻辑推理论辩是非、阐明观点进而去说服读者，使人有所信；而说明文则是通过对事理的解说，对事物的阐释，从而传播有关该事物（事理）的知识，开阔读者的眼界，使人有所知。

从表达方式上看，记叙文主要用叙述和描写的方法，议论文主要用议论的方法，而说明文主要用说明的方法。

从语言特色上看，记叙文的语言形象生动，议论文的语言准确鲜明，而说明文的语言则比较准确平实。

说明文以说明为主要表达方式指的是：第一，语言的表达功能具有解说事物、阐明事理的特性；第二，文章中运用说明的表达方式介绍事物，不需详细地记叙事实或分析论证。如果使用记叙、描写和议论的表达方式，亦必须从属于说明，作为说明的辅助手段。使用记叙、描写和议论的目的，是使说明更生动、更深刻，而决不改变全文主要思想，这是说明的性质。

说明文因旨在阐明事理、解说事物，故必须持科学的态度，客观冷静地介绍，不掺杂作者的主观色彩。说明事物要突出特点，突出什么特点要考虑不同的写作目的。

一、说明要突出说明对象的特点

说明文要介绍事物的形状、构造、效能、用途，解说事理的性质、关系等。介绍解说的主要点应是事物的特征、本质及其规律性，因此阅读一篇说明文，首先要关注说明对象的特征是什么，本质是什么；写说明文首先要考虑如何写出说明对象的特征或本质。

第一，许多说明文为了使说明对象的特征给读者以突出的印象，常常在文章的开端即点出说明对象的特征或本质，因此在阅读时要重视开头。

（1）《人民英雄永垂不朽》在第1段即点出"人民英雄纪念碑""巍峨、雄伟、庄严"的特点。《松鼠》在第1段即说"松鼠是一种漂亮的小动物，驯良、乖巧、很讨人喜欢"。《死海不死》首先用标题点出"死海"的特征——既"死"又"不死"；接着第1段利用介绍"死海"得名的原因，讲它的"死"；第2段又用"人在这个海中""不用担心会被淹死"，讲它的"不死"。《雄伟的人民大会堂》除去在标题中点出人民大会堂"雄伟"的特点之外，接着在第1段通过介绍它的方位又一次点出它的特点：巍然耸立、雄伟壮丽。

（2）《人类的语言》不像《人民英雄永垂不朽》等文章那样在第1段用概括的语言把说明对象的特征点出来，而是先肯定"语言是一件了不起的大事"，接下来把"语言"与"吃饭""走路"作类比，指出"语言"是人类独有的特征。《统筹方法》在第1段先对统筹方法下了一个科学的定义，接着概述统筹方法的广泛应用；在第2段再点出统筹方法应用的实质——主要是把工序安排好。

第二，未在开头点出说明对象特征或本质的，文章会在后文点出，因此阅读说明文应一直关注说明对象的特征或本质是什么，如《中国石拱桥》就是在后文点出"中国石拱桥的特点是'用料省、结构巧、强度高'"。如果自己写说明文，一定要把说明对象的特征或本质归纳概括出来，然后选择适当位置提出。

第三，有的说明文，如《向沙漠进军》是说明沙漠对人类的危害以及人类对沙漠的改造的，《食物从何处来》是介绍食物的来源的，《从甲骨文到缩微图书》是说明书籍长期复杂的演变情况的，均不概括它们的特征是什么。对这样的说明文，阅读时要把握住它所说明的事理和发生发展过程。自己作文时要把应说明的内容讲清楚。

二、说明顺序

说明文为了把要说明的事物写清楚，必须认真考虑先写什么、后写什么，按照什么样的顺序把材料组织起来。文章是客观事物的反映，客观事物是丰富而复杂的。每一事物，每一件事情都有它区别于其他事物、其他事情的具体情况。恰当地决定材料的组织顺序，是反映上述具体情况的重要手段。

第一，《人民英雄永垂不朽》是要读者能认识具有历史意义的、我国最大的人民英雄纪念碑，这就涉及要了解它的位置、形状、特点、兴建过程、结构、题词、碑文雕刻和造型等。作者为了把上述各个方面都说明清楚，按照瞻仰纪念碑的行踪和纪念碑自身的空间顺序来安排材料：（1）写作者由东长安街走到天安门广场是由远及近；（2）写作者瞻仰纪念碑的全过程是由总到分（先写见到纪念碑的整体，后写走到纪念碑近前）；（3）写从近处瞻仰纪念碑是由下到上，从东、南到西、北；（4）从东、南到西、北瞻仰浮雕，这又涉及浮雕的历史顺序，即由近代到现代。这样安排顺序既主次分明、井井有条，又符合人的认识规律。

第二，《雄伟的人民大会堂》也是采用了参观路线与空间方位顺序相结合的说明顺序，但此文的说明顺序与《人民英雄永垂不朽》又有不同。它写作者参观不是从第1段开始，而是用第1、2段来写人民大会堂的方位所在和人民大会堂的建筑面积、体积及外观轮廓，这样就先给读者一个整体印象。此文介绍万人大礼堂的顺序也很有特色，这特色就是根据人们观察的难易程度安排顺序。如介绍万人大礼堂的整体，是先介绍最易看清的"顶部"，其次介绍较易观察清楚的"座席"，再次介绍较难理解的"音响"，最后介绍屋架藏于顶上难以看见的结构；介绍大礼堂的"顶部"，又采取了由中心向外逐一介绍的方法。由此可见即或运用相同的说明顺序，也要根据不同的说明对象灵活地加以安排。

第三，《从甲骨文到缩微图书》由于是介绍书的演变过程的，因而是按时间顺序进行介绍：第1、2段介绍书籍的雏形，第3、4、5段介绍"我国最早的书籍"——简书、帛书，第6、7、8段介绍发明纸以后出现的雕版书籍，第9~15段介绍近代和现代的书。这前15段是时间顺序。第16段由于又突出了书的发展和作用，有总结性质，所以从全文的写作顺序来说又可看成是"由具体到概括顺序"，第1至15段是"分述"，第16段是"总述"。

第四，《苏州园林》由于不是介绍一园一地，而是对苏州的园林作总的介绍，所以不能采取参观路线结合方位进行说明的顺序。作者采取了"概括具体顺序"，即在第1段先对苏州园林作总的评价：是我国各地园林的标本；第2段讲苏州园林的特点："游览者无论站在哪个点上，眼前总是一幅完美的图画"。这第1、2段是概括说明苏州园林。自第3段起分别讲苏州园林特点在布局、山水、花木栽培、花墙、廊子各方面的体现，这些段落是具体说明苏州园林。《苏州园林》的这种概括具体的顺序，由于有总说与分说、是什么和为什么的关系，因此又可称为逻辑顺序。

第五，《松鼠》属于哪种说明顺序有不同的看法。笔者认为它的第1段的总说只能统率到第2、3、4、5段，第6段讲的内容属于松鼠的次要特点，在第1段的总说中没有把第6段概括进去，因此文章应是主要次要顺序（即逻辑顺序）：第1～5段讲主要特点，第6段讲次要特点。

第六，《向沙漠进军》是讲如何向沙漠进军的，因此第1、2、3段先写"沙漠是人类最顽强的自然敌人之一"，摆出向沙漠进军的原因；接着第4～6段结合沙漠向人类进攻的方式，又讲了人类抵御沙漠进攻的方法，说明了怎样向沙漠进军；到底能不能征服沙漠呢？第7、8段讲了我们有充分的条件向沙漠进军；自第9～13段又讲了我们能够征服沙漠。这样从第1～3段、4～6段、7～8段、9～13段这四个部分的联系看，它们讲的是"为什么向沙漠进军""怎样向沙漠进军""有条件向沙漠进军""确实能征服沙漠"，因此可以认为此文的说明顺序属于逻辑顺序。

第七，《食物从何处来》是说明食物从哪里来的，因为回答"食物是从哪里来的"这个问题涉及专业知识比较复杂，读者会产生疑问，为了避免读者产生疑问，就决定了全文的说明顺序是：先讲"一切活的生物都离不开食物"，这就引出了"食物是一种什么性质的物质"；接着讲"如何获得食物"，这又引出了"一切活的生物获得食物的两种不同的途径和方法"，讲了这"两种不同的途径和方法"后，"一切生物除了极个别的细菌之外都靠绿色植物的光合作用来获得食物"这一点就明显了；因此最后总结出"靠绿色植物的光合作用来获得食物"这一结论。由此可知，本文是按照人们对客观事物从部分到整体、由现象到本质的认识规律进行说明的（亦属逻辑顺序）。文章如果不按这样的顺序分三步写，上来就用所得出的上述结论来回答"食物从何处来"，读者会觉得与自己心目中的食物来源距离比较远，不易接受。

第八，《统筹方法》是讲数学知识的，一开始就指出了统筹"是一种安排工作进程的数学方法""它的实用范围极为广泛"。接着讲的是"如何应用"。由于仅从时间统筹方面讲如何应用，怕读者以偏概全，所以文章的第三部分又补充说明了利用这种方法还可考虑其他方面的许多问题。

第九,《人类的语言》的说明顺序,是按照"语言是使人类不同于别的动物的特征""人类语言的特点"和"人类语言采用声音为手段的道理"的顺序进行说明的。这样的说明顺序也符合人的认识规律:先说语言是使人类不同于别的动物的特征,读者必然会问为什么;接着说明人类语言的特点,读者就明白了为什么人类语言的特点是其他动物所不具备的;最后再说明人类语言之所以采用声音为手段的道理,使读者认识人类语言采用声音为手段不是偶然的。本文是按由现象到本质的顺序进行说明的,所以也是逻辑顺序。

第十,安排说明顺序,除去考虑好先写什么、后写什么之外,还要写好结尾。如《蜘蛛》的结尾重在"解疑",即回答读者读完全文还可能有的疑问,即"蜘蛛的丝为什么不拿来织东西";《食物从何处来》的结尾重在"归纳全文"以回答前面第3段提出的问题;《晋祠》和《人民英雄永垂不朽》的结尾重在与首段呼应;《宇宙里有些什么》重在启发读者去揭露更多的宇宙秘密;《奇特的激光》则既归纳全文,又启发读者去进一步探索激光的奥秘。

阅读说明文要注意掌握说明的顺序。把说明顺序弄清楚了,全文的层次结构也就清楚了。

第十一,写按照空间关系安排顺序的说明文,一定要找好空间方位的基准点,才不致写乱。如《雄伟的人民大会堂》一开始先以天安门为说明空间方位的基准点,点明人民大会堂的位置,接着又以天安门广场为基准点由远及近介绍了大会堂正门的外观,接着又以正门为基准点按空间位置介绍人民大会堂的内部布局、结构、设备及其特点。

小结以上诸顺序,可以看出说明文的说明顺序(也可以说是结构形式)大体上分为三种:(1)纵式结构,即按事物发展的自然进程、时间先后顺序依次进行说明；（2）横式结构，即按照事物不同的空间部位（或同一问题的诸方面）安排层次进行说明，各层次间无隶属关系，也无必然的先后顺序；（3）逻辑结构，即按人们认识事物的规律或分析问题的逻辑关系来安排层次。（人们认识某一事物，总是要由此及彼、由表及里或由主到次地追本求源，理清事物的关系，掌握事物的本质。按这样的思路安排层次，即是按逻辑关系。）当然，客观事物自身的特点是说明文结构的本原。客观事物的无限多样性决定了说明文的结构是丰富多彩的。用上述三种结构来概括所有说明文的结构，肯定有简单化、固定化的缺点，如何科学地表述说明文的结构，有待于进一步扩展。

三、说明方法

为了突出被说明事物的特点，加深读者的印象，使读者更容易理解和把握，就要采取适当的说明方法。

第一，作比较的说明方法。该方法是通过一事物与另一事物的比较来说明事物的方法。平时所说的"类比"和"对比"都含有"比较"的因素。进行比较的，不论是同类事物还是异类事物，都应注意两样事物可以作比这个条件。

一是作比较。

（1）"门柱有25米高，柱身要四个人才能合抱过来。"这句话中，"柱身"用的是比较说明。这样说明既可避免也用数字说明与"门柱"重复，又可免去读者的换算，并给读者以鲜明印象。

（2）"大礼堂顶上藏着比北京新扩建的长安街路面还要宽的十二榀钢屋架。""宴会厅"的面积有7000平方米，比一个足球场还大。大礼堂和宴会厅用数字结合比较进行说明，使读者得到真切的印象。

（3）"那里的日照时间又特别长，一年达到三千小时，而长江流域只有一千五百小时，华北地区也不过两千五百小时。"这样用多地区进行比较，沙漠地区日照的强烈程度就突出了。

（4）为了说明统筹方法的应用，《统筹方法》设计了一个"想泡壶茶喝"的例子，然后提出特定条件的"办法甲""办法乙""办法丙"加以比较，从而使最省时间的一种显现出来。

（5）"水和矿物质盐类"是人必须"吃"的东西，容易让人当成"食物"。把它拿来和真正的食物一比较，它们"虽然也是生物体所必需的，而且也参与躯体的构成，但是它们不能供应能量"，所以"跟一般食物不同"。这一比较，读者才知道它们不是具有科学意义的食物。

（6）为了说明人民英雄纪念碑的"巍峨、雄伟"，说纪念碑"比天安门还高四点二四米"，因为天安门在读者心目中已是很"巍峨"的了，这样一比较，可以突出纪念碑更巍峨。

（7）"永定河发水时，来势很猛，以前两岸河堤常被冲毁，但是这座桥却从没出过事。"用"桥"与"河堤"作比较，突出了"桥"的坚固。

（8）在介绍布局时，将苏州园林内亭台轩榭的布局跟宫殿和住宅相比，突出了苏州园林讲究"自然之趣"的特点。在介绍花草树木时说"没有修剪得像宝塔那样的松柏，没有阅兵式似的道旁树"，这样与外国花园相比，显示出苏州园林的民族特色。

二是对比。

"别的动物都吃生的，只有人类会烧熟了吃。别的动物走路都是让身体跟地面平行，有几条腿使几条腿，只有人类直起身子来用两条腿走路，把上肢解放出来干别的更重要的活儿。同样，别的动物的嘴只会吃东西，人类的嘴除了吃东西还会说话。"这一对比突出了人类区别于其他动物的特征。将人类语言与鹦鹉、猩猩的所谓语言作对比，说明了人类语言的本质特点。从"对光线的依赖程度""距离远近的效果""能否一边说话一边劳动""快慢""稳定性和持久性"等五个方面,将视觉手段与听觉手段进行对比,说明了人类语言采用声音为手段"不是偶然的"。

第二,举事例的说明方法。通过举具体例子说明事物特征,可增强说服力,使读者对事物的特征了解得具体、形象。

一是举例。

(1)为了说明沙漠的危害,举"西方文明的摇篮""地中海沿岸""有些部分逐渐变成荒漠了","我国陕西榆林地区""关外三十里都变成沙漠了"为例。为了说明植林种草抵御沙丘进攻是可行的,举陕北榆林、内蒙磴口、甘肃民勤地区沙层的水含量"足够供应固定沙丘植物的需要"。这两个举例说明,是先提出观点,后举例加以解说印证。

(2)还有一种情况是"先摆出事例,后作结论"。如先举"河西走廊、柴达木、新疆北部准噶尔"等地"有大量的积雪",然后得出"不但有收复失地的把握,而且能在大沙漠里开辟出若干绿洲来"的结论。

上述说明方法,是"以'理'为纲目,以'例'作解说",表现出一定的议论方式,有一定的议论因素。这是多数说明事理的说明文常用的一个方法。

(3)《食物从何处来》给食物下定义后,因为定义比较概括,不易理解,因此紧接着就举例说明:"例如碳水化合物(包括糖、淀粉、纤维素)蛋白质、脂肪等等,它们既能构成躯体,又能在呼吸时被氧化而放出能量。"这样一举例读者就好理解了。

二是设例。

设例和举例不尽相同,它的重点在假设,表示某种可能性的情况;举例举的则是确凿的事实。举例往往是对某种观点提供支持的材料,带有证明的性质,目的是让人信服;而设例则是用浅显熟知的事例,来解释比较复杂难懂的道理,带有举一反三的类比性质,目的是让人容易懂。《统筹方法》就是用烧水泡茶这样一件事,解释了统筹方法的运用。

不论是举例还是设例,例子一定要典型,要有代表性。

第三,下定义的说明方法。下定义,是把某一个概念放在另一个更广泛的概念里。下定义能够简明扼要地揭示事物的性质特点。由于下定义是一种概括说明,因此要具体地、清楚地说明事物,还要辅之以其他的说明方法。

(1)"统筹方法是一种安排工作进程的数学方法。"这就是下定义。这里把"统筹方法"这个概念放在"数学方法"这个更广泛的概念里,并用"安排工作进程"来加以限制,这样就让读者了解了统筹方法究竟是什么。

(2)"食物就是一种能够构成躯体和供应能量的物质。"这也是下定义。通过下定义读者就明白了"食物"并不只是可以进口的东西,还必须是能够"构成躯体"又"供应能量"的"物质"。

第四,打比方的说明方法。通过打比方来说明事物,可以把陌生的抽象事物的特点说得准确清楚,使抽象的道理具体化、深奥的东西浅显化。说明文中打比方要力求准确,不得夸张。

(1)"石拱桥的桥洞成弧形,就像虹";赵州桥"桥洞不是普通半圆形,而是像一张弓"。前一个比喻说明了石拱桥的形式优美和拱桥的特征;后一个比喻形象地说明了赵州桥"大拱上面的道路没有陡坡,便于车马上下",如不用这个比喻而又要说出赵州桥便于车马上下的特点,恐怕要费许多口舌。

(2)《食物从何处来》在介绍"自养"时,把根毛比为原料采集站,茎干比为运输干线,叶子比为食品工厂,叶绿体比为合成车间,把整个"自养"过程比为工厂采集原料进行运输到生产、合成的过程,使十分复杂而又不好理解的现象通俗化、形象化、简明化了。

第五，列数字的说明方法。用数字对事物的特点加以说明，用数字来说明事物和事理，容易让人感到确切、具体。

（1）《死海不死》用"各种盐类加在一起，占死海全部海水的百分之二十至二十五"说明死海的盐含量，写出了死海的本质特征。正因为如此，死海才"无鱼无草"；也正因为如此，人到了死海里才会不死。

（2）《雄伟的人民大会堂》有20多处引用数字辅助文字说明，使读者对人民大会堂的雄伟，有了更具体确切的感觉。如介绍万人大礼堂"宽七十六米，深六十米，中部高三十三米，体积达八万六千立方米"，给人的立体感特别强。

（3）《中国石拱桥》对赵州桥存在的时间、长度、宽度、拱圈的道数等都用了具体的数字，使人对中国石拱桥可有精确的了解。特别是说明"大拱由二十八道拱圈拼成""每道拱圈都能独立支撑上面的重量，一道坏了，其他各道不致受到影响"，足见赵州桥的结构合理、支撑力的持久。

第六，分类别的说明方法。将被说明的事物按照一定的标准划分成不同的类别，一类一类地加以说明，可以显示被说明对象的轮廓，给人以概貌的了解；可以区分出各个类别的差异，帮助读者掌握说明对象的各个特性；可以使比较复杂的事物头绪清楚，层次分明。

运用分类说明，应了解说明对象的全貌及各个方面，应弄清说明对象的各个特征以找到正确的分类标准；表达时要分清层次，逐类说明。

（1）说明如何获得食物，把获得食物的途径和方法分类，可以分成"自养"和"异养"，然后按"什么是自养""什么是异养"进行说明。

（2）说明沙漠对人类的危害，按风沙进攻的方式，分成"游击战"

和"阵地战"。说明防治沙漠的方法，按"消极防御"和"积极进攻"分；在"消极防御"中又分为培植防护林、培养草皮和植林种草两类。

这样分类说明，使说明对象条分缕析，事物的特征也非常明显。

第七，引用的说明方法。引用资料（诗、神话等）来说明事物的规律、意义、价值、特征，可以使所说明的内容更加充实丰富。运用引用说明，引用的资料要针对性强，对引用的资料要解说明白。引用前要对引用的资料核对清楚，不出错误。

（1）《中国石拱桥》引用了唐朝张嘉贞说的"制造奇特，人不知其所以为"；引用了唐朝张鷟说的"初月出云，长虹饮涧"。这些引用既说明了赵州桥的雄伟壮观，又说明了它高超的技术水平和不朽的艺术价值。

（2）《死海不死》引罗马统帅狄杜杀俘虏而未成的神话传说，显示出死海的浮力之大，是说明死海浮力大特征的生动例证。

第八，用图解的说明方法。借助表格、插图、照片进行说明，可使说明对象直观形象并能补充文字说明的不足。如《统筹方法》用图表说明，把工作环节太多的时候如何做能省力、省时间，显示得十分清楚。

四、说明文的语言

第一，要十分准确；表示估计、程度、限制的词语要用得恰当。

（1）"旅人桥""可能是有记载的最早的石拱桥了"，"可能"表示估计，"有记载"表示限制，"最早"表示程度，说明得准确而又严密。

（2）词语之间何者在前，何者在后？选用什么关联词语？这都要有正确的依据。如"这种桥不但形式优美而且结构坚固"，是先写形式，写桥给人的直观印象，写感性认识；后写对桥的进一步理解，即理性认识。它们之间的关系是递进关系，这也决定了形式优美与结构坚固不能颠倒；两个关联词也不能省略，省略了就不能确定它们的递进关系了。

（3）对于不能肯定的东西，不能贸然下结论，可以用有所保留的提法，如"在当时可算是世界上最长的石拱"中的"可算"一词即是。

（4）"一切生物，只要活着就要消耗能量""所有的动物和大部分微生物都是这一类""世界上除了极个别的细菌能不依赖阳光而靠化学能来合成食物以外"，以上各句都从数量上作了严格限制。还有一种限制是从类别、性质上加以限制，如"绿色开花的植物有庞大得惊人的根系"，这"绿色开花"即排除了"藻类""苔藓类"，使说明做到了严谨。

第二，限制，是准确说明事物，做到表达严谨的重要手段。尤其是表达观点的句子，要一个字都不能差，如"沙漠是人类最顽强的自然敌人之一"，其中的哪个限制词都不能少，也不能变动。

第三，在说明时，用提出问题的方式可以使读者便于把握文章的内容和它的内在联系。如《食物从何处来》，第1自然段即提出"这些有机物质从哪里来？能量从哪里来？"引出第2自然段的"食物就是一种构成躯体和供应能量的物质"；第3自然段提出"如何获得食物？"又引出下文的"自养"与"异养"。这样就使全文以简驭繁，繁而不乱，显示出了全文的目的性与条理性。

第四，说明语言要以准确为前提，以平易为基础，进而讲求从不同方面、不同角度进行生动地说明。

（1）在引用的说明方法中已举过的："我国的诗人爱把拱桥比作虹"是泛引；唐朝张鷟所说的"初月出云，长虹饮涧"是特引；"芦沟晓月"是广为流传的说法；马可波罗所说的"世界上独一无二"是外国人的赞语。

（2）把拱桥比作"卧虹""飞虹"，把水上拱桥形容为"长虹卧波"，做到了动静结合，构成了色彩鲜艳的风景图，同时能引起读者丰富的想象。

（3）《苏州园林》中"他们唯愿游览者得到'如在画图中'的实感，而他们的成绩实现了他们的愿望。游览者来到园里，没有一个不心里想着口头说着'如在画图中'的"。这就是从设计者的设计意图和观赏者的感受这两种角度写的。

第五，说明文中的议论、描写与抒情都服务于说明。

（1）说明文中的议论与描写与其他文体中的议论与描写不同。说明文中的描写不是为了刻画形象，而是为了把说明对象的特点写得更具体。说明文中的议论与议论文中的议论也不同，不是为了证明什么论点，而是要画龙点睛地点出说明对象的某一特点。如《苏州园林》中的"池沼或河道的边沿很少砌齐整的石岸，总是高低屈曲任其自然""高树与低树俯仰生姿"，这些描写就是为了使说明更具体好懂，十分客观，无夸饰成分；再如"因为依据中国画的审美观点看，这是不足取的"，就指出了苏州园林的民族特色。这简明的议论，深化了对园林特色的说明。

（2）有的说明文不用抒情语言反映事物，如《食物从何处来》即是。有的说明文有抒情成分，如《雄伟的人民大会堂》中的"大礼堂的体形如此完美，色调如此清新，我们不能不赞叹建设者杰出的创造与智慧"，此抒情句主要还是要说明"大礼堂的体形富有创造性"。

（3）说明文的笔墨是集中在说明上，同时也可以运用叙述、议论乃至抒情。说明文中的说明，常常是议论的前提，而议论则是说明的深入；说明文中的叙述、议论与抒情，又都是为了阐明说明对象的特征。

第六，进行说明要突出重点，有详有略。

（1）《人民英雄永垂不朽》在说明石碑的各个部分时突出了对碑身的说明。这是因为碑身的正面有毛主席的题字，这题字是整个建筑的中心和主题；碑身背面有周总理书写的碑文，是对正面题字的具体说明，是整个建筑的第二个重要组成部分。作者指出这些都是为了突出纪念碑的庄严。

《故宫博物院》对太和殿是重彩描绘，对保和殿则只写一两句。这是因为太和殿是皇帝举行重大典礼的地方。从建筑的角度讲，它也最为宏伟。

（2）与说明对象关系紧密的材料要详写，关系不紧密或不相关的材料则少写或不写。如《食物从何处来》，详写了绿色植物通过光合作用获得食物的过程；一般动物和人如何获得食物的过程相对来说比较次要，也比较容易理解，写得就比较简略，使文章主次分明，重点内容突出。

（3）根据特定的读者对象处理材料。对读者知道的或知之较多的材料少写，对读者不知道的或知之不多的则多写，如《苏州园林》即多写了游览者不易概括出的"着眼于画意"的特点。

附录五　学生阅读时的应注视点

　　培养法在指导学生一段一段进行理解式读时，除去让他们读出"这一段文字写的是什么""回答这一问题的根据是什么""这段文字与上文（或与标题）有什么联系"之外，还可以让他们找"应注视点是什么"。何谓应注视点？应注视点就是在阅读时应该多看两眼、多琢磨一下的地方。

　　学生在阅读一段文字时，即或不指导他要有意识地找应注视点，他们有时也会在难字、难词、难句处多看两眼，多琢磨一下。这种情况也属于找应注视点的范围，但指导他们在阅读一段文字时要有意识地找应注视点，还有以下的几点考虑：

一、让学生克服自己作文中的弱点

　　根据统计，笔者认为学生作文中的一个很明显的弱点，就是容易把自己构思时的"原始思维过程"反映到作文中来。

　　人所共知，人的思维过程与表达之间是存在着矛盾的。人进行思维时用的是内部语言。一般地说，内部语言乃是无序的、凝缩的、无语法形态的语言。当人们把自己的思维结果，即把自己对事物的认识、感情、态度转换生成与之相应的语音、词汇、句法和特定的语调，成为人们可以理解的外部语言时，很容易把原始思维过程中的无序性、跳跃性、粗疏性表现出来。这无序性、跳跃性、粗疏性表现在说话或作文中就是"语病"，因此一般的人作文后都要修改。人们常说的文章是改出来的而不是写出来的，恐怕也是由上述现象而总结出来的经验。根据笔者对初中学生大量作文的多年观察发现：一般人在表达时存在的上述弱点，在中学生的作文中不仅存在，而且更为突出。由此笔者想到：要让他们通过阅读去从典范作品中吸取那些能克服自己弱点的写作营养。

典范作品（比如选为教材的课文），一般都是出自"写作行家"之手。由于他们的写作水平高，再加上他们在作品发表之前，已精心修改过，因此一般人在写作时容易出现"语病"的地方，在这些"行家里手"的作品中都已处理得很好。让学生在阅读时找应注视点，实际上就是找自己写作时容易出现语病，而在所读的作品中则已经处理得很好的地方。让学生注视人家处理得很好的地方，吸取了人家的写作经验，自己再表达时就会有所警惕、有所遵循，从而提高自己的写作能力。那么引导学生在阅读时应注视哪些"点"呢？哪些"点"是学生容易出现语病或处理不当的地方呢？

（一）在涉及"语序"的地方学生容易出现问题，因此要让学生注视为什么它在前，它在后

（1）今天想来，她对我的接近文学、爱好文学，是有着多么有益的影响。

（2）在一个孩子的眼睛里，他的老师是多么慈爱，多么公平，多么伟大的人啊。

（3）第一批敌人，是杂草。杂草是植物界的殖民主义者。……第二批敌人，是啮齿类动物，包括黄鼠、田鼠和家鼠，它们都是谷物的侵略者。……第三批敌人，就是害虫和病菌，也包括病毒在内。

学生注视了上述的语序排列，分析了如此安排的原因，以后自己作文安排语序时就会减少随意性，会有根据地遣词造句。

（二）注视"同中骤变"

注视"同中骤变"，即要思考在写"有什么""为什么"时中间突然发生的变化，如下列这段话就要注视"另外"一词：

"据统计，死海水里含有多种矿物质：有一百三十五亿四千六百万吨氯化钠（食盐）；有六十三亿七千万吨氯化钙；有二十亿吨氯化钾；另外还有溴、锶等。"

此中的"另外"就用得非常恰当。之所以这样说，是因为"溴""锶"不是"盐类"，是"另类"了。为了准确表达，为了加以区别，这个"另外"非加不可。

(三) 注视"同中见异"

这样做，既可深入理解课文，又可学习如何遣词造句。

第一，要思考在同一篇文章中近义词的不同运用，即为什么在这个语境中用这个词，在那个语境中用那个词。如：

(1) 便排出九文大钱。……他从破衣袋里摸出四文大钱，……

(2) 上帝决定惩罚他们，便暗中谕告鲁特，叫他携家眷在某年某月某日离开村庄，并且告诫他离开村庄以后，不管身后发生多么重大的事故，都不准回过头去看。

(3) 但是两三千年来，这个区域不断受到风沙的侵占，有些部分逐渐变成荒漠了。……由于长城外的风沙侵入，榆林城也受袭击，到解放以前，榆林地区关外三十公里变成沙漠了。

(4) 总之，一切都要为构成完美的图画而存在，决不容许有欠美伤美的败笔。他们唯愿游览者得到"如在画图中"的实感，……

第二，要思考同一个词在同一篇文章中所表达的不同含义。如：

即使她写字的时候，我们也默默地看着她，连她握铅笔的姿势都急于模仿……我还记得，放假前我默默地站在她的身边，看她收拾这样那样东西的情景。

第三，要思考一词连用要达到什么目的。如：

(1) 他身材很高大；青白脸色皱纹间时常夹些伤痕；……孔乙己便涨红了脸，额上的青筋条条绽出，……孔乙己立刻显出颓唐不安模样，脸上笼上了一层灰色，嘴里说些话；……

他脸上黑而且瘦，已经不成样子；……

（2）自此以后，又长久没有看见孔乙己。到了年关，掌柜取下粉板说，"孔乙己还欠十九个钱呢！"到第二年的端午，又说"孔乙己还欠十九个钱呢！"到中秋可是没有说，再到年关也没有看见他。我到现在终于没有见——大约孔乙己的确死了。

注视上文中的几次"脸色变化"可以理解孔乙己的悲惨遭遇；注意五个"到"，可以理解人们逐渐地把孔乙己淡忘的过程。

（四）注视"代词"

要思考"代词"所指代的对象是谁，所指代的范围管到哪儿，特别是对离所指代的对象较远的代词更要注意。

（五）注意读来平常，但作者确实花了心思的地方

（1）"纺线、劳动量并不太小。"（为什么不写"不小"？）

（2）《夜走灵官峡》介绍成渝的家为什么单单介绍"床头贴着'胖娃娃拔萝卜'的年画？"

二、让学生学习"行家里手"如何炼字、炼句

对写作的"行家里手"来说，他们在写作时常常会碰到的一个难题就是人们通用的词句有过于公共性与普遍性，这两性与他们要用通用词句承载个人的独特意思之间有矛盾，觉得有时不能表达自己的独特意思，因此他们就在作品中"活"用某些词句，使这些词句在特定的语境中扩展内涵，以达到"书能尽言，言能尽意"的目的。

笔者认为，指导学生阅读的任务之一，就是要引导学生学习作品中那些"书能尽言，言能尽意"的地方。这些地方是作品对语言的发展作出贡献的地方，更是具有智力价值的地方。引导学生注视这些地方，思

考作者这样写的蕴意,能帮助学生积累写作经验,同时也能开阔他们的眼界,提高鉴赏能力。为此,在教学中应指导学生注视课文中的下列各"点":

(一) 平字见奇,即很平常的字眼一经运用,即收到了"出奇制胜"的功效

(1)汽车在望不到边际的高原上奔驰,扑入你的视野的,是黄绿错综的一条大毡子。("扑"既呼应了"望"和"奔驰",又写出了汽车行进时人们感觉到的车外景物的动态,非常准确且言简意赅。)

(2)树叶儿却绿得发亮,小草儿也青得逼你的眼。("逼"既写出了直扑的动态,又反衬出了小草青的程度很深。)

(3)原以为茶花一定很少见,不想在游历当中,时时望见竹篱茅屋旁边会闪出一枝猩红的花束。("闪"写出了茶花的有情。游人原以为茶花少见,如今茶花却"闪"出来让游人看,表现了茶花对游人的情谊,同时也把静态的茶花变成了动态的茶花,很有神韵。)

(4)不信,请看那朵流星,是他们提着灯笼在走。(用"朵"不用"颗",可以把流星与群花、白云联在一起,把流星写得美丽可爱;同时也自然地降低了流星的速度,与前文的"闲游"所表现出的情趣一致。)

(二) 常字见险。由于用别的词"言不尽意",所以用了"像是不该用"的词

(1)我用儿童的狡猾的眼光察觉,她爱我们,并没有存心要打的意思。("狡猾"是贬义词,像是不该用的,但用在这里很贴切地写出了孩子的机灵劲儿和判断准确。)

(2)《从百草园到三味书屋》中用的德语"ade"。

学生必定要问:"为什么不用汉语的'再见'而要用一般人都不懂的德语?"据熟谙德语的专家说:ade乃"告别之口语",是分别时简单的口语呼号，多用于儿语中，表示一种亲昵、随意的语气，声音简单，但感情色彩很浓。这是规范的"再见"一词所无法代替的。只有用"ade"一词，才能表现出少年的鲁迅对小动物、植物，对有趣的自然界恋恋不舍的稚态和依依惜别的深情。

（3）有一件小事，我不知道还值不值得提它，但回想起来，在那时却占据过我的心灵。（"占据"是用强力取得或保持地域、场所。这里说是"一件小事""占据"了心灵，可见"小事"威力之大，使"我"的印象之深。）

（4）其他如"他正向古代典籍钻探""他想吃尽消化尽我们中华民族几千年来的文化史"。上述"钻探""吃尽消化尽"诸词语都属此类，分析从略。

（三）陈字见新，所用的词比其他词更切合特定的语境要求

（1）一走近"大厦"，只见成群结队的蜜蜂出出进进，飞去飞来，那沸沸扬扬的情景会使你想，说不定蜜蜂也在赶着建设什么新生活呢。（"飞去飞来"是由"飞来飞去"改变来的，改变以后，更适应蜜蜂是由"大厦"飞出的这一情景。）

（2）他，是口的巨人。他，是行的高标。（"口的巨人"常与"行动上的矮子"并用，表示贬义，用在这里变成褒义了。）

（3）甚而至于榨出皮袍下面的"小"来。（"小"用在这里引起了读者的想象从而具有了丰富的含义。）

（4）其他如"我因此也时时熬了苦痛，努力的要想到我自己"，"一九三〇年到一九三二年，'望闻问切'也还只是在'望'的初级阶段"。上述的"熬""望"都属此类，分析从略。

（四）朴字见色，很普通的词用上以后就带上了感情色彩

（1）我不禁一颤：多可爱的小生灵啊！（"生灵"本指人，这里把蜜蜂当人看待了。)

（2）小草偷偷地从土里钻出来。（"偷偷地"和"钻"连用，不仅是把"小草"人格化了，而且表达出了作者对春草神不知、鬼不觉地很快就长出来了的欣悦之情。）

（五）语序有变化

如"'雷峰夕照'的真景我也见过，并不见佳，我以为。"（"并不见佳"移前，强调了对"雷峰夕照"的不以为然。）

（六）一词占一段

如让"活该"独占一段。（独占一段，也是得到了强调。）

（七）前后似有矛盾

（1）其中似乎确凿只有一些野草。（表现了对野草的并不在意）

（2）我到现在终于没有见——大约孔乙己的确死了。（前文分析过）

（八）该"止"不"止"，说"进"不"进"，另有他意

如《夜走灵官峡》的结尾："风，更猛了。雪，更大了……"（小说已到结尾，像是该"止"了，但后面又有省略号；有省略号像是还要"进"，但又无明确的文字。这是在引人注视，发人深思：原来"风"和"雪"没这么大的时候，想"避一避"；如今"风""雪"都大了，反倒不"避"了。读者一想，就明了了，真是一个省略号胜似千言万语。）

三、学生应掌握的两个重要阅读方法

这两个方法：第一是重视发现，第二是注意精微。

所谓重视发现，就是"凡阅读，都应进行主动性的阅读、发现性的阅读"，在阅读时不仅要注意和讲究"读得仔细""读了多少"，更为重要的是要注意和讲究"如何发现"。注意和讲究了"如何发现"，不仅会促进学生集中注意力，增强求知欲和学习兴趣，而且能使学生加深理解和记忆，以扩大阅读面。让学生在阅读时找应注视点，就是促进学生重视发现的措施之一。从上述找应注视点的举例分析中已可看出，学生真能找到并且分析了那些应注视点，他们必可有较多的阅读收获。相反地，在阅读中如不要求他们找应注视点，他们很可能在阅读中与这些富有智力价值的"点"失之交臂，不能获得应有的阅读质量。

所谓注意精微，就是告诉学生：人进行阅读总是呈螺旋式进展的。这螺旋式进展的表现形式就是既要有整体阅读又要有精微阅读，在整体阅读中理解精微，又在阅读精微中理解整体。让学生在阅读时找应注视点，也是为了使学生读一段文字时重视斟酌，不遗漏任何有分析价值和吸收写作营养的地方，使"读得仔细"真正落到实处。不过在这里再强调一遍：阅读文章本是有"大"有"小"的。"大"指的是阅读文章的最主要目的，即读出文章的中心思想是什么，因此在理解式读时，首要的是集中全力去分析出文章的中心思想，即"抓'大'"。理解式读时，也会有对词句的"注视"，但此时对词句的"注视"，乃是为了弄清该词句的意思后以利于理解文章的中心思想，而不是为了研究用该词该句的表现力如何（把研究表现力放在消化式读中）。一般地说，百分之八九十以上的阅读，都是把文章的中心思想是什么弄清楚了，"抓了'大'"，就达到了目的，因而也就结束了对一篇文章的阅读，至于文章的表现方法如何、遣词造句是否恰当就不问了。那么阅读文章的"小"又指的是什么呢？即百分之八九十的人都不问的"那些"。对"那些"语文教学可要问，不仅要问，而且与"抓'大'"同等看待。像消化式读中问为了表达文章的中心思想此文都采取了哪些表现手段？《孔乙己》中连用的这五个"到"为何用得好？这些都是阅读中的"小"，但因为弄清了这些对学习作文有好处，所以在语文教学中这些"小"丝毫不受轻薄。就是有一点要注意：在阅读时虽然既要"抓'大'"又要"抓'小'"，但这两者不可同时抓。特别是阅读教学中检查理解式读的成果时，不要涉及"表现方法"和"用词是否准确"这一类的内容；同理，检查消化式读的成果时，也不要涉及"分析文章的中心思想"的内容。这样做，主攻方向明确，精力集中才能收到好的效果。笔者听过许多阅读课，见教师进行阅读教学时都不是先集中精力分析中心思想，后集中精力分析表现方法，而是两者同时抓。同时抓是错误的阅读方法，学生受这种教法的影响，会养成很不好的阅读习惯。这是应该引起重视的。

四、在找应注视点时应灵活处理的两个问题

第一，正确处理"应注视点"与"关键词语"的关系。什么是"应注视点"已如上述。那么，什么是"关键词语"呢？笔者认为，"关键词语"乃是在文章中表明作者主要倾向的词语，是点明一句、一段、一文之中心意思的词语（严格地说，它是一句、一段、一文语义中心的焦点）。从阅读过程来说，阅读的人在阅读中是应该找这些"关键词语"（也称"焦点词语"）的。通过找这些"关键词语"，把作者在一段、一文中要表达的意思加以定位，因为表达的意思和读物的内在逻辑是隐含在洋洋数千言甚至数万言的文本之中的，不用找"焦点词语"将作者要表达的意思加以定位的方法，则不利于对一段、一文的理解。此外一个段的段意，一篇文章的中心思想，也是通过概括这个段中、这篇文章中的"焦点词语""焦点段落"而得出来的。这样人们就会提出一个问题：会阅读的人在阅读时已然找"焦点词语"了，如果再让他找"应注视点"，会不会有"焦点词语"与"应注视点"重复找的现象？对这个问题，笔者在教学中的处理办法是：（1）由于某些词语既可能是"焦点词语"又可能是"应注视点"，因此在找"应注视点"时确实可能出现重复找的情况。笔者认为重复找了也不是浪费，因为这两次找各有各的目的，找"焦点词语"是为了归纳概括段意或中心思想，找"应注视点"则是为了深

入理解课文和学习作文。（2）重复找了不是浪费，找的不准确也不是浪费。这是因为培养成找应注视点的意识和能找准应注视点都不是一朝一夕之功，都需要有一个过渡时期，有过渡时期就要有损耗。遇有找不准的情况，不要挫伤学生的积极性，要结合所找的文章或段落告诉学生，此文此段还应注视哪些词语就是了；如果此文此段中没有"应注视点"，则明确地告诉学生"没有'应注视点'"。总之要立足于指导，力求学生能学会这一阅读方法。

第二，应该引导学生在阅读中找"应注视点"的理由以及"应注视点"的种类都可能还有很多，有待广大师生补充和发展，不要受本文举例的局限。